Frank Viola

Ur-Christen

Frank Viola

Ur-Christen

Eine außergewöhnliche Chronologie der Ereignisse des Neuen Testaments

GloryWorld-Medien

2. Auflage 2024

Originally published in English under the title „The Untold Story of the New Testament Church" published by Destiny Image, 167 Walnut Bottom Rd., Ship-pensburg PA, 17257-0310, USA.

Bibelzitate sind der Elberfelder Bibel, Rev. Fassung von 1985, entnommen.

Das Buch folgt den Regeln der Deutschen Rechtschreibreform. Die Bibelzitate wurden diesen Rechtschreibregeln angepasst.

Übersetzung: Andreas Kröll
Lektorat / Satz: Manfred und Janet Mayer
Umschlaggestaltung: Kerstin & Karl Gerd Striepecke, www.vision-c.de
Foto: istockphoto
Druck: Schönbach-Druck GmbH, Erzhausen

Karten: H.H. Rowley: Atlas zur Bibel © 1997 SCM R.Brockhaus im SCM-Verlag GmbH & Co. KG, Witten.

Printed in Germany

ISBN: 978-3-936322-52-1

Bestellnummer: 359252

Erhältlich beim Verlag:

GloryWorld-Medien
Beit-Sahour-Str. 4
D-46509 Xanten
Tel.: 02801-9854003
Fax: 02801-9854004
info@gloryworld.de
www.gloryworld.de

oder in jeder Buchhandlung

Stimmen zum Buch

Frank Viola gibt uns mit seinem Buch eine neue Art von „Kirchengeschichte" an die Hand: Es ist nicht die Geschichte einer Institution, sondern die eines Leibes. Er legt den Schwerpunkt auf die Nachfolger Jesu und deren Kämpfe. Wir erfahren mehr über Paulus und seine Konvertiten, Feinde, Jünger und Freunde oder über Petrus und Johannes und die Gemeinden, die sie gegründet und aufgebaut haben. Das Buch stellt heraus, was die Gläubigen unternommen haben, um ewige Werte zu erzeugen, und weniger, was politisch ablief, um die Kirche der folgenden Jahrhunderte zu schaffen. Der Großteil geschichtlicher Literatur wurde von den Siegern geschrieben, um ihren Sieg zu rechtfertigen, doch Ur-Christen erzählt die Geschichte der ersten Gemeinden als Gottes eigenes Volk, ob sie nun siegreich waren oder in Bedrängnis.

Hal Miller, Autor

Viele unter uns wurden schon durch die ersten Bücher von Frank herausgefordert, in denen er das Gemeindeleben und die Gemeindepraxis der ersten Christen unter die Lupe genommen hat. Dieses Buch nun gibt einen Überblick über die chronologische Entwicklung der Gemeinde des ersten Jahrhunderts und ist damit eine große Hilfe, die verschiedenen Bücher des Neuen Testaments besser zu verstehen. Wenn man erkennt, vor welchem Hintergrund die Briefe von Petrus, Paulus und Johannes usw. entstanden sind, wird nicht nur viel klarer, weshalb sie die Briefe geschrieben haben, sondern auch, wie die Inhalte zu verstehen sind. Lesen Sie dieses Buch am Stück, und Sie werden darüber staunen, wie sich die Geschichte der frühen Gemeinde vor Ihren Augen entfaltet.

Tony Dale, Autor und Gemeinde-Praktiker

Mit diesem Buch werden zum ersten Mal viele wichtige und notwendige Informationen über die ersten Christen zusammengefasst. Lesen Sie es wie ich mit einem Textmarker in der Hand. Danke, Frank, dass du dich vom Herrn gebrauchen lässt, diese Informationen uns allen zur Verfügung zu stellen.

Ralph W. Neighbour Jr., Gemeindeaufbauexperte

Frank hat einen hilfreichen und fesselnden Bericht über die neutestamentliche Gemeinde geschrieben. Er stellt die vorkommenden Menschen und Ereignisse in einen hilfreichen Zusammenhang. Über manche Details der geschichtlichen Rekonstruktion und theologischen Interpretation kann man zwar geteilter Meinung sein, doch lässt sich das bei einer solchen Aufgabe auch gar nicht vermeiden. Dennoch hilft uns dieses Buch, die erstaunliche Dynamik unserer frühesten christlichen Vorfahren viel stärker wertzuschätzen.

Howard A. Snyder
Autor u. a. von „The Community of the King"

Frank Viola ist es wieder einmal gelungen. Dieses Mal nimmt er die einzelnen Bücher des Neuen Testaments und webt sie zu einer einzigen chronologischen Geschichte zusammen. Das gefällt mir. Ich werde das Buch bekanntmachen und es an unsere Freunde verschenken.

Nate Krupp
Autor von „God's Simple Plan for His Church"

Frank Viola hat der Welt einen riesigen Gefallen getan. Er hat sozusagen das Neue Testament für uns „geradegebogen"! Die Bibel, die wir heute haben, ist zwar vollständig inspiriert, aber die Briefe im Neuen Testament sind statt in zeitlicher Reihenfolge der Länge nach angeordnet!

Sie werden zum ersten Mal das „epische Drama" mitverfolgen können, wie der ewige Gott seinen Gesamtplan für alle Zeitalter entfaltet. Direkt vor Ihren Augen werden die Menschen und Ereignisse aus dem Strudel des ersten Jahrhunderts ihren Platz einnehmen und Sie werden stark ermutigt werden. Warum? Weil das Drama noch nicht vorbei ist. Heute sind Sie und ich erneut aufgerufen zu vollenden, was unsere Brüder und Schwestern im ersten Jahrhundert begonnen haben: Jesus Christus in offenen, rettenden und heilenden Gemeinschaften, die das Reich Gottes bauen, sichtbar zu machen und zum Ausdruck zu bringen.

James H. Rutz,
Autor von "Megashift"

Inhalt

In tiefer Liebe und Wertschätzung
für einen auf Erden lebenden Engel:
meine Mutter Jeanette.

Man kann immer eine beliebige Bedeutung in einen Vers der Bibel hineinlesen. Aber wer verstanden hat, dass die Bücher des Neuen Testaments vor fast 2000 Jahren an ganz bestimmte Menschen an ganz bestimmten Orten geschrieben wurden, der weiß, dass das keine gute Idee ist.
Wenn nämlich die Texte des Neuen Testaments geschrieben wurden, um für Menschen im ersten Jahrhundert Sinn zu machen, dann müssen wir versuchen, uns in ihre Situation hineinzuversetzen. Nur so können wir herausfinden, was die Verfasser der Schriften des Neuen Testaments ihren Lesern wirklich vermitteln wollten.
Wenn wir allerdings versuchen, die Bibel zu verstehen, ohne etwas über die Menschen zu wissen, die sie geschrieben und gelesen haben, und über die Gesellschaft, in der sie gelebt haben, dann werden wir immer dazu neigen, die Werte und Vorstellungen unserer eigenen Gesellschaft in die Schrift hineinzulesen.
Das wäre ein großer Fehler, denn unsere Kultur unterscheidet sich völlig von derjenigen der alten Römer.[1]

---

[1] James Jeffers, *The Greco-Roman World of the New Testament Era: Exploring the Background of Early Christianity* (Downers Grove: InterVarsity Press, 1999), Seite 11.

Vorbemerkung

Die folgenden Seiten entfalten das spannende Geschehen der neutestamentlichen Gemeinde in chronologischer Abfolge. Ein großer Teil dieses Dramas basiert auf den Berichten von Lukas. Lukas ist der Autor eines zweibändigen Werkes, das wir als Lukas/Apostelgeschichte kennen. Der erste Band, das Lukasevangelium, erzählt die Geschichte von Jesus in den Tagen, als er auf der Erde wandelte, von Galiläa bis Jerusalem. Der zweite Band, die Apostelgeschichte, erzählt die Geschichte von Jesus – der jetzt im Geist durch seinen Leib wirkt – von Jerusalem bis Rom.[1]

Ur-Christen ist insofern einzigartig, dass es den Bericht der Apostelgeschichte mit dem Rest des Neuen Testaments zusammenführt und so einen ununterbrochenen Erzählfluss herstellt. Weiter führt es den Leser in zeitlicher Abfolge durch alle Briefe des Neuen Testaments und gibt ihm dabei jeweils den geschichtlichen Hintergrund an die Hand, vor welchem der Brief geschrieben wurde. Insofern ist das Buch eine Mischung zwischen einem erzählenden Kommentar und einem Bibel-Handbuch.

Nun könnte man meinen, die Geschichte der Christen im ersten Jahrhundert sei bei all denen, die ihre Bibel lesen und studieren, allgemein bekannt. Doch das ist nicht der Fall. Noch schlimmer: Die große Mehrheit der Pastoren, Bibellehrer und Theologieprofessoren haben praktisch keinerlei Wissen darüber. Die Ursache dafür hat mit der Art und Weise zu tun, wie moderne „Geistliche" heute ausgebildet werden. Dies bedarf der Erklärung.

Auf den meisten theologischen Seminaren oder Bibelschulen besteht eine grundsätzliche Trennung zwischen Kirchengeschichte

---

[1] Das Lukasevangelium und die Apostelgeschichte umfassen eine Zeit von etwa 32 Jahren (das Lukasevangelium etwa von 4 v. Chr. bis 30 n. Chr., die Apostelgeschichte von 30–62 n. Chr.). Beide Bände sind etwa gleich lang. Die Geschichtsschreiber in der griechischen Tradition haben versucht, die verschiedenen Bände einer historischen Serie, die sie schrieben, etwa gleich lang zu halten. Interessanterweise geben die letzten 23 % des Lukasevangeliums die Ereignisse wieder, die zur Verurteilung und Hinrichtung von Jesus führten. Die letzten 24 % der Apostelgeschichte beschreiben die Ereignisse, die zur Verurteilung und Inhaftierung des Paulus führten.

und den Briefen des Neuen Testaments. Der Student befasst sich mit den Ereignissen, die in der Apostelgeschichte erwähnt werden, im Fach „Kirchengeschichte". Dann erlernt er Exegese (Interpretation und Auslegung) der neutestamentlichen Briefe in einem Fach „Exegese des Neuen Testaments" oder ähnlich. Im Ergebnis hat der Mensch wieder getrennt, was Gott zusammengeführt hat.[2] Was in diesem Bildungsplan bedauerlicherweise völlig fehlt, ist der geschichtliche Erzählstrang, welcher die Erzählung der Apostelgeschichte mit den Briefen des Neuen Testaments zusammenführt.

Eine wertvolle Fähigkeit, die den Studierenden vermittelt wird, ist die Fähigkeit zur Auslegung der Schrift. Auf diese Weise werden sie zu Meistern in der Analyse der einzelnen Bücher der Bibel. Sie sind wie Ökologen, die den Aufbau eines Baumes analysieren. Sie sind dafür ausgebildet, die Rinde abzulösen, den Pflanzensaft zu untersuchen, die Wurzel unters Mikroskop zu legen und die Blätter zu sezieren. Aber sie verlieren dabei vor lauter Details den Blick für das Gesamte, in diesem Fall den Wald!

Wenn sie dagegen ein paar Schritte zurücktreten und den ganzen Wald betrachten, dann sind sie auch in der Lage zu erkennen, wie jeder einzelne Baum entstanden ist, an welcher Stelle im Wald er gepflanzt ist und in welcher Beziehung er zu den anderen Bäumen steht. Genauso ist es, wenn wir im Folgenden die *ganze Geschichte* der Gemeinde des Neuen Testaments kennenlernen: Es wird uns eine viel umfassendere Perspektive ermöglichen.[3]

Bitte bedenken Sie beim Lesen der folgenden Seiten, dass die Wissenschaftler sich über den Ursprung und die Abfassungszeit einiger Bücher des Neuen Testaments nicht einig sind. In dieser Hinsicht habe ich mich größtenteils an die Erkenntnisse und Folgerungen von F. F. Bruce, Donald Guthrie und John A. T. Robinson angelehnt. In der zeitlichen Reihenfolge und Datierung der

---

[2] Die Apostelgeschichte und die Briefe sind Teile desselben Kanons des Neuen Testaments. Daher sollten wir die Informationen in den Briefen nutzen, um die Lücken in der Apostelgeschichte zu füllen; in gleicher Weise sollte die Apostelgeschichte genutzt werden, um Licht auf die Briefe zu werfen. Dieses Buch versucht beides zu erreichen.

[3] Für eine Diskussion der (erschütternden!) praktischen Folgen dieser Geschichte siehe auch die anderen Titel meiner Buchreihe über grundlegende Gemeindereform: *Heidnisches Christentum?, Ur-Gemeinde, Ur-Schrei, Ur-Praxis.* Näheres S. 218.

Ereignisse im Neuen Testament orientiere ich mich größtenteils an der Chronologie der *Berkeley Version of the New Testament* sowie an dem Werk von Ben Witherington: *The Acts of the Apostles: A Socio-Rhetorical Commentary.*

Das Buch ist in fünf Teile gegliedert. Jeder Teil repräsentiert einen bestimmten „Akt", den Gott unternommen hat, um seinen ewigen Ratschluss zu erfüllen. Dies sind die fünf Teile:

- Erster Akt: In der ewigen Vergangenheit fasst Gott einen ewigen Ratschluss.
- Zweiter Akt: Gott sendet seinen Sohn auf die Erde, um das Fundament für seinen ewigen Ratschluss zu legen. In Galiläa geben Jesus und die Zwölf einen ersten Eindruck von Gottes ewigem Ratschluss.
- Dritter Akt: Die Gemeinde wird geboren, und Gottes ewiger Ratschluss findet sichtbaren Ausdruck auf der Erde. Die Kapitel 6–8 sind größtenteils eine Nacherzählung von Apostelgeschichte 1–12. In Kapitel neun kommt das Buch richtig in Schwung, ab hier entfaltet sich der Hintergrund jedes einzelnen Briefes im Neuen Testament.
- Vierter Akt: Gott sendet seinen Sohn zurück auf die Erde, um seinen ewigen Plan zu vollenden.
- Letzter Akt: Gottes ewiger Ratschluss wird in der Ewigkeit fortgeführt.[4]

Alle Quellen, die ich bei der Zusammenstellung der Geschichte verwendet habe, finden Sie im Literaturverzeichnis am Ende des Buches. Auch habe ich mich entschlossen, den Umfang der soziologischen und geschichtlichen Details zu beschränken, damit Sie als Leser nicht vom eigentlichen Fluss der Geschichte abgelenkt werden. Wer Interesse an mehr Details hat oder meine Schlussfolgerungen überprüfen möchte, dem sollte das Literaturverzeichnis weiterhelfen. Die Fußnoten enthalten wichtige biblische und historische Verweise, die meine Schlussfolgerungen sowohl ergänzen

---

[4] In der deutschen Übersetzung haben wir mit Zustimmung des Autors als Anhang einen Index der neutestamentlichen Briefe sowie der im NT erwähnten Gemeinden hinzugefügt, um das Buch zusätzlich zu einem praktischen Nachschlagewerk und einer Hilfe für das Bibelstudium zu machen (Anm. des Herausgebers).

als auch stützen. Wichtige Informationen über jeden einzelnen Brief des Neuen Testaments, die apostolischen Reisen des Paulus und das gesellschaftliche Umfeld im ersten Jahrhundert erscheinen grau hinterlegt. Diese Informationen sind ein wichtiger Teil der Geschichte.

Beachten Sie bitte auch, dass, wenn in diesem Buch das Wort „Gemeinde" vorkommt, damit nicht eine Denomination, ein Gebäude oder ein religiöser Gottesdienst gemeint ist. Das Wort „Gemeinde" im Neuen Testament ist die Übersetzung des griechischen Wortes *ekklesia* und bedeutet die Versammlung (oder Zusammenkunft) der Mitglieder einer Gemeinschaft. Anders ausgedrückt: Die Gemeinde (auch Kirche genannt) ist die *Gemeinschaft* derer, die an Jesus Christus glauben und sich *versammeln*, um ihn zum Ausdruck zu bringen. Dies ist die ursprüngliche Bedeutung des Wortes und auch diejenige, die in diesem Buch gebraucht wird.

Abschließend möchte ich erwähnen, wie sehr ich Gene Edwards dafür zu Dank verpflichtet bin, dass er mich inspiriert und herausgefordert hat, ein ganzheitliches Modell der frühen Gemeinde zu erarbeiten. Seine Pionierarbeit in der Forschung und sein tiefer Einblick in diesen allzu vergessenen Bereich bildet ein festes Fundament, auf das meine Arbeit und die anderer aufbaut.[5] Auch F. F. Bruce, Donald Guthrie und Ben Witherington möchte ich für ihr herausragendes Fachwissen und ihre sorgfältige Analyse der Geschichte der frühen Gemeinde danken. Ein besonderer Dank geht auch an Frank Valdez und Mike Biggerstaff für ihre Lektoratsarbeit.

Ich schreibe dieses Buch in der Hoffnung, dass der Herr es gebrauchen möge, um seinem Volk einen neuen und wirkungsvollen Einblick in die Geschichte der frühen Gemeinde zu schenken ... die ja in Wirklichkeit seine Geschichte ist.

Frank Viola

[5] Gene Edwards hat eine Buchreihe mit dem Titel „*First Century Diaries*" (SeedSowers) verfasst, welche die Geschichte der Gemeinde des ersten Jahrhunderts in Romanform erzählt. Seine Bücher sprechen die rechte Gehirnhälfte an, während das vorliegende Buch auf die linke Gehirnhälfte abzielt.

Die Briefe des Paulus im Neuen Testament sind fast alle der Länge nach angeordnet. Ordnet man sie dagegen chronologisch und stellt sie so weit wie möglich in ihren Zusammenhang mit der Apostelgeschichte, geben sie plötzlich ihre Schätze viel leichter preis. Sie werden dann viel stärker selbsterklärend, als wenn man diesen Hintergrund ignoriert.[1]

[1] G. C. D. Howley in „The Letters of Paul", *New International Bible Commentary* (Grand Rapids: Zondervan, 1979), Seite 1095.

Einleitung

Haben Sie jemals in der Bibel gelesen, ohne wirklich genau zu verstehen, was Sie da lasen? Haben Sie sich schon einmal in einen der Paulus-Briefe vertieft und sich dabei gefragt: *Was wollte Paulus damit sagen, als er diesen Vers schrieb? An wen genau war dieser Brief gerichtet? Wo befand sich Paulus, als er den Brief schrieb, und was bewegte ihn dabei? Was waren das für Menschen, an die er schrieb? Welche Umstände brachten Paulus eigentlich dazu, diesen Brief zu schreiben?*

Haben Sie schon einmal die Apostelgeschichte gelesen und sich gefragt: *Wann genau fanden diese Ereignisse statt? Zu welchem Zeitpunkt in diesem fesselnden Epos schrieben Paulus, Petrus, Jakobus, Johannes und Judas ihre Briefe? Wie passen die Bücher des Neuen Testaments eigentlich zusammen? Welche besonderen historischen Ereignisse fanden im ersten Jahrhundert statt und welchen Einfluss hatten sie auf die frühe Gemeinde?*

Dieses Buch beantwortet diese und viele ähnliche Fragen. Es beinhaltet eine chronologisch-soziologisch-historische Zusammenfassung des gesamten Neuen Testaments. Mein Ziel ist, einen panoramaartigen Blick auf die Gemeinde des ersten Jahrhunderts mit ihrem zeitlichen und sozio-historischen Hintergrund zu ermöglichen. Der Wert eines solchen Überblicks ist kaum zu ermessen!

Zunächst einmal werden Sie, wenn Sie die Geschichte der neutestamentlichen Gemeinde verstehen, auch jeden einzelnen Brief des Neuen Testaments viel besser verstehen. Sie kennen dann die genauen Details und werden geradewegs in die lebendige Atmosphäre unter den Christen des ersten Jahrhunderts hineinversetzt. Sie können nachempfinden, was im Herzen der einzelnen Autoren vor sich ging, als sie ihre Briefe zu Papier brachten. Es wird deutlich, welche Umstände sie dabei ansprachen. Auch die Menschen, an die sie schrieben, werden für Sie als Leser plötzlich wie lebendig werden.

Sie werden die Briefe nicht mehr länger als eine sterile und komplizierte Lektüre betrachten. Stattdessen werden sie zu lebendigen

Stimmen, die Teil einer ebenso lebendigen und spannenden Geschichte sind. Das Resultat? Sie werden das Neue Testament verstehen können, wie niemals zuvor!

Der neutestamentliche Gelehrte F.F. Bruce stellte einst fest, dass wir beim Lesen der Paulusbriefe in einer ähnlichen Lage sind, als wenn wir nur eine Seite eines Telefongesprächs mithören. Dieses Buch rekonstruiert sozusagen die „andere Seite".

Als Zweites wird das Verständnis der Geschichte Ihnen dabei helfen, das „größere Bild" zu sehen, welches hinter den Ereignissen bei der Entstehung der ersten Gemeinde und ihrem darauffolgenden Wachstum liegt. Dieses „größere Bild" zeigt als zentrales Thema ein durchgängiges Muster von Gottes Handeln. Und dieses Muster spiegelt Gottes eigentliches Ziel wider: eine Gemeinschaft von Heiligen auf dieser Erde zu haben, die sein Wesen und seinen Charakter auf *sichtbare* Weise widerspiegelt. Dieses Thema einer von Gott eingesetzten Gemeinschaft bildet den roten Faden, der sich durch die gesamte Bibel vom ersten Buch Mose bis zur Offenbarung zieht. Daher wird das Lesen dieses Buches nicht allein zu einem besseren Verständnis des Neuen Testaments führen, sondern es wird Ihnen auch einen ganz neuen Einblick in Gottes ewigen Plan ermöglichen – also auf das, was Seinem Herzen am nächsten liegt.

Drittens wird Ihnen die Kenntnis der Geschichte der neutestamentlichen Gemeinde den korrekten historischen Hintergrund vermitteln, der Sie dazu befähigt, die Schrift *in richtiger Weise* auf Ihr eigenes Leben anzuwenden. Viele Christen reißen gewohnheitsmäßig Verse aus dem Zusammenhang und wenden sie dann in ihrem täglichen Leben völlig falsch an. Wenn Sie die Schrift dagegen im richtigen historischen Kontext sehen, kann Sie das vor diesem leider allzu verbreiteten Fehler bewahren.

Als Viertes wird die Kenntnis der ganzen Geschichte Sie vor dem „Kopieren-und-Einfügen"-Ansatz beim Bibelstudium befreien, der das evangelikale Denken heute weithin beherrscht. Was meine ich mit „Kopieren-und-Einfügen"-Ansatz? Damit ist die verbreitete Praxis gemeint, wie mit Schere und Klebstoff an das Neue Testament heranzugehen: Man schneidet einzelne unzusammenhängende Sätze (Verse) aus Büchern – deren Abfassung zeitlich oft mehrere Jahrzehnte auseinanderliegt – heraus und reiht sie anschließend einfach aneinander.

Dieser „Kopieren-und-Einfügen"-Ansatz hat eine Fülle von geistlichen Gefahren hervorgebracht. Eine davon ist die populäre Praxis, einfach irgendwelche Verse aneinanderzuklatschen und daraus bestimmte Lehrmeinungen abzuleiten. Ein anderes ist der Versuch, mit Hilfe von „Beweis-Versen" theologische Streitgespräche zu „gewinnen". Eine große Mehrheit in der westlichen Christenheit führt sich auf, als würde das bloße Zitieren von zufälligen und aus dem Zusammenhang gerissenen Bibelversen jede Diskussion über praktisch jedes denkbare Thema beenden.

Im Mittelalter nannte man diese Methode des „Kopieren-und-Einfügens" übrigens „Perlenkette": Man nimmt einen Text, sucht irgendeine entfernte metaphorische Verbindung zu einem anderen Text, und schon ist eine in Stein gemeißelte Lehrmeinung geboren! Aber dies ist in Wirklichkeit ein armseliger Ansatz, die Bibel verstehen zu wollen. Er ist zwar großartig dazu geeignet, die eigenen Vorurteile in den Text hineinzulesen, aber katastrophal, wenn es darum geht, die Intention der biblischen Autoren zu verstehen.

Es stimmt: Reißt man Bibelverse aus dem Zusammenhang, kann man damit im Grunde *alles* beweisen. Lassen Sie mich mit einem kurzen Beispiel demonstrieren, wie man „biblisch" beweisen kann, dass es Gottes Wille für jeden Gläubigen ist, Selbstmord zu begehen. Man muss dazu nur zwei aus dem historischen Zusammenhang gerissene Verse nehmen und zusammenfügen:

> *Und er (Judas) ... ging hin ... und erhängte sich* (Mt 27,5).
>
> *Und Jesus sprach: ... Geh hin und tue desgleichen* (Lk 10,37b).

Auch wenn dies ein übertriebenes Beispiel für den „Kopieren-und-Einfügen"-Ansatz sein mag, so wird doch eines klar: Ohne den historischen Kontext des Neuen Testaments wirklich zu verstehen, haben Christen es geschafft, Lehrgebäude aufzubauen und Praktiken zu erfinden, die den Leib Christi in Tausende von Denominationen aufgespalten haben. Zu verstehen, wie die Bücher des Neuen Testaments zeitlich aufeinander folgen und welcher sozio-historische Hintergrund eine Rolle spielt, stellt einen Teil zur Lösung dieses Problems dar.[1]

Ich habe nun viele Gründe genannt, weshalb die Wiederentdeckung der Geschichte des Neuen Testaments aller Mühe wert ist. Doch es gibt noch einen weiteren: Die Chancen stehen nicht schlecht, dass dadurch Ihr Leben als Christ und Ihre Beziehung zu Ihrem Herrn völlig verändert wird!

[1] Die Bücher des Neuen Testaments sind zum großen Teil völlig willkürlich angeordnet. Als der Kanon des Neuen Testaments im zweiten Jahrhundert zusammengestellt wurde, wurden die Briefe des Paulus nach ihrer Länge sortiert, anstatt nach der Zeit der Abfassung. Die Unterteilung in Kapitel wurde im Jahr 1227 hinzugefügt und die Verseinteilungen im Jahr 1551. In meinem Buch *„Heidnisches Christentum? Über die Hintergründe mancher unserer vermeintlich biblischen Gemeindetraditionen"* wird in Kapitel 11 detailliert ausgeführt, wie dies geschah und welche Folgen es hatte.

Wir gehen grundsätzlich davon aus, dass ein Autor versucht, seiner Leserschaft etwas von Bedeutung zu vermitteln. Deshalb versuchen wir, herauszufinden, wer einen bestimmten Text geschrieben hat, wann er geschrieben wurde und welche damals aktuellen Themen der Text ansprechen wollte. Nur wenn wir die historische Situation von Autor und Leserkreis erfasst haben, können wir erhoffen, dass wir die mitgeteilte Botschaft verstehen.[1]

[1] David L. Barr, *An Introduction: New Testament Story* (New York: Wadsworth Publishing Company, 1995), S. 6.

Prolog

Wir sind nun bereit, uns auf den Weg zu machen. Suchen Sie sich einen bequemen Platz und legen Sie Ihre bevorzugte Übersetzung des Neuen Testaments bereit. Ich möchte Ihnen nun die bemerkenswerteste Geschichte der Welt vorstellen – die nie erzählte Geschichte der Gemeinde des ersten Jahrhunderts.

Die Geschichte beginnt in der zeitlosen Vergangenheit ...

KAPITEL 1

Erster Akt: Gott in der ewigen Vergangenheit

Damit sie alle eins seien, wie du, Vater, in mir und ich in dir, dass auch sie in uns eins seien, damit die Welt glaube, dass du mich gesandt hast. Und die Herrlichkeit, die du mir gegeben hast, habe ich ihnen gegeben, dass sie eins seien, wie wir eins sind – ich in ihnen und du in mir –, dass sie in eins vollendet seien, damit die Welt erkenne, dass du mich gesandt und sie geliebt hast, wie du mich geliebt hast (Joh 17,21-23).

... um ans Licht zu bringen, was die Verwaltung des Geheimnisses sei, das von den Zeitaltern her in Gott, der alle Dinge geschaffen hat, verborgen war; damit jetzt den Gewalten und Mächten in der Himmelswelt durch die Gemeinde die mannigfaltige Weisheit Gottes zu erkennen gegeben werde, nach dem ewigen Vorsatz, den er verwirklicht hat in Christus Jesus, unserem Herrn (Eph 3,9-11).

... in der Hoffnung des ewigen Lebens – das Gott, der nicht lügt, vor ewigen Zeiten verheißen hat (Tit 1,2).

Dies ist eine Zeit vor aller Zeit. Es existiert nichts außer der Gemeinschaft der Dreieinigkeit: Gott der Vater, Gott der Sohn und Gott der Heilige Geist. Gott ist alles. Unter den drei Personen der Gottheit[1] besteht mittels des Heiligen Geistes eine ununterbrochene Gemeinschaft zwischen dem Vater und dem Sohn. Die drei beraten sich miteinander. Gott fasst einen Plan. Er hüllt den Plan in ein Geheimnis und verbirgt es im Sohn. Der Plan wird zu einer

[1] „Gottheit" ist der biblische und theologische Begriff für das, was wir allgemein als die „Dreieinigkeit" kennen – den Vater, den Sohn, und den Heiligen Geist. Vgl. Apg 17,29; Röm 1,20; Kol 2,9.

festgesetzten Zeit weit in der Zukunft enthüllt werden. Paulus von Tarsus wird diesen zeitlosen Plan später den „ewigen Ratschluss“[2] und „das Geheimnis“[3] nennen.

Worin besteht nun dieser Plan? Darin: Noch vor Beginn aller Zeit legt sich die Gottheit fest, ihre Gemeinschaft eines Tages auf ein Volk auszuweiten, das noch nicht erschaffen ist. Anders ausgedrückt: Gott fasst den Entschluss, auf der Erde eine Gemeinschaft zu schaffen, welche die Gemeinschaft widerspiegelt, die zwischen dem Vater, dem Sohn und dem Heiligen Geist besteht.[4]

Gott, der schon von Anfang an das Ende sieht, unternimmt nun den ersten Schritt zur Verwirklichung seines Planes. In dem ewigen Sohn sind diejenigen bereits verborgen, die Gott auserwählt hat, Teil seiner beabsichtigten Gemeinschaft zu werden.[5] Die Namen dieser noch Verborgenen sind in einem ewigen Buch niedergeschrieben, welches das „Buch des Lebens“ genannt wird.[6]

Innerhalb der Gottheit gibt es ein Lamm. Dieses Lamm ist Gott, der Sohn. Zu einem zukünftigen Zeitpunkt wird Gott ein Tier erschaffen, das dieses Lamm symbolisiert und denselben Namen erhalten wird. Das (eigentliche) Lamm existiert bereits – in der ewigen Vergangenheit – und es ist geschlachtet.[7] Gott bringt bereits alles zur Vollendung, noch bevor er alle Dinge erschafft.[8]

Gottes „ewiger Ratschluss“ ist der Anlass, dass er ein Universum und die Erde erschafft. In seine Schöpfung lässt er Bilder und Symbole seines Sohnes und der noch zukünftigen Gemeinschaft einfließen, welche einmal sein Wesen zum Ausdruck bringen wird. Dann erwählt Gott ein Volk für sich: die Nation Israel. Israels gesamte Existenz und Geschichte ist eine „Vorschattung“ der geistlichen Gemeinschaft, die eines Tages das ewige Wesen Gottes auf der Erde widerspiegeln wird.[9]

---

[2] Eph 1,11; 3,11; 2 Tim 1,9.

[3] Röm 16,25; Eph 1,9; 3,3-9; Kol 1,26; 2,2.

[4] Vgl. auch: Milt Rodriguez, *Dreieinig – Gottes gemeinschaftliches Leben: Vorbild für die Gemeinde und alle Beziehungen,* GloryWorld-Medien 2011.

[5] Eph 1,4.

[6] Offb 17,8; 20,12; 21,27.

[7] 1 Petr 1,19-20; Offb 13,8.

[8] Hebr 4,3.

[9] Apg 7,38; Röm 2,28-29; 1 Kor 10,1 ff.; Gal 6,16; Kol 2;16; Hebr 10,1 ff.

KAPITEL 2

Zweiter Akt: Der Sohn wird auf die Erde gesandt

Als aber die Fülle der Zeit kam, sandte Gott seinen Sohn, geboren von einer Frau, geboren unter dem Gesetz (Gal 4,4).

Die festgesetzte Zeit ist gekommen. Gott der Vater sendet den ewigen Sohn auf die Erde. Der Sohn wird die Verwirklichung all dessen sein, was in der Schöpfung bereits symbolhaft enthalten ist. Er wird auch all das zur Erfüllung bringen, was das Volk Israel „vorgeschattet" hat.[1]

Der Sohn wird auf die Erde kommen, um Gottes ewigen Plan für die Menschheit zu offenbaren und in sich zu verkörpern. Er wird auch für die Sünden der Welt sterben und als das Haupt eines neuen Geschlechts (od. einer neuen Rasse) auferweckt werden – eines Geschlechts, das schon vor Grundlegung der Welt auserwählt war – eines Geschlechts, das sowohl Juden als auch Heiden umfasst.[2]

Der Sohn wird in die Welt kommen, um die Gemeinschaft ins Leben zu rufen, die Gott schon vor Beginn der Zeit beschlossen hat.[3]

---

[1] Hos 11,1; Mt 2,15; Kol 2,16-17; Hebr 6–10.

[2] Kol 1,2; Eph 1-3; 1 Korinther 10,32. Die Christen des zweiten Jahrhunderts nannten sich selbst das „dritte Geschlecht" (mit Juden und Heiden als den ersten beiden Geschlechtern).

[3] Mt 16,18; Eph 5,25-27.

Kapitel 3

Die Nazareth-Chronik

4 v. Chr. bis 28 n. Chr

Und sie wird einen Sohn gebären, und du sollst seinen Namen Jesus nennen; denn er wird sein Volk erretten von seinen Sünden. Dies alles geschah aber, damit erfüllt würde, was von dem Herrn geredet ist durch den Propheten, der spricht: „Siehe, die Jungfrau wird schwanger sein und einen Sohn gebären, und sie werden seinen Namen Emmanuel nennen", was übersetzt heißt: Gott mit uns (Mt 1,21-23).

Gott nimmt Menschengestalt an. Maria wird durch den Heiligen Geist schwanger mit dem Sohn Gottes. Dieser kommt in Bethlehem zur Welt. Er wächst in der verrufenen Stadt Nazareth[1] auf und wird später als „Jesus von Nazareth" bekannt. In Nazareth erlebt Jesus die Gemeinschaft mit seinem himmlischen Vater – genauso, wie er es schon vor aller Zeit kannte. Jesus erlernt den Beruf eines Baumeisters[2]. Er lebt dreißig Jahre auf dieser Erde, bevor er seinen irdischen Dienst beginnt.[3]

Die Gemeinschaft der Dreieinigkeit ist auch in der menschlichen Gestalt unseres Herrn gegenwärtig, und er bleibt durch den innewohnenden Geist mit seinem Vater in Verbindung. Die Gemeinschaft des Vaters, des Sohnes und des Geistes wohnt in ihm.[4] Die

[1] Vgl. die Reaktion des Nathanael in Joh 1,46.

[2] Im griechischen Grundtext steht hier das Wort „*tekton*". Wenn man den normalen Sprachgebrauch der damaligen Zeit betrachtet, ist ein „*tekton*" ein „Häuserbauer" – was in mittelalterlicher Zeit zwar gleichbedeutend mit „Zimmermann" war (damals gab es fast nur Fachwerkhäuser), zu biblischen Zeiten aber eher die Tätigkeit eines Steinmetzen oder Maurers beschrieb (Anm. d. Übersetzers).

[3] Mt 1–3; Mk 6; Lk 1–4.

[4] Kol 2,9.

ewige Gemeinschaft innerhalb der Gottheit besteht ungebrochen weiter. Sie kommt einfach aus den Himmeln auf die Erde, wo Jesus Wohnung genommen hat.

Kapitel 4

Die Galiläa-Chronik

28–30 n. Chr.

Und er steigt auf den Berg und ruft zu sich, die er wollte. Und sie kamen zu ihm; und er berief zwölf, damit sie bei ihm seien und damit er sie aussende, zu predigen (Mk 3,14).

In Galiläa beruft Jesus zwölf Männer, drei Jahre lang mit ihm zu leben.[1] Er bildet sie dafür aus, einmal seinen Platz einzunehmen, wenn er die Erde wieder verlassen hat. Die zwölf Männer sind: [2]

- Andreas, der Bruder des Petrus
- Bartholomäus, auch Nathanael genannt
- Jakobus, Sohn des Zebedäus
- Jakobus, Sohn des Alphäus
- Johannes, Sohn des Zebedäus
- Judas Iskariot
- Judas (Sohn des Jakobus), auch Lebbäus genannt, mit dem Beinamen Thaddäus
- Matthäus, auch Levi genannt
- Petrus (aramäisch „Kephas"), auch Simon genannt
- Philippus
- Simon der Zelot[3]
- Thomas, auch genannt Didymos (griechisch für „Zwilling")

---

[1] Mk 3,13 ff.

[2] Mt 10,2-4; Mk 3,14-19; Lk 6,13-16.

[3] Die Zeloten waren eine Gruppe von jüdischen Revolutionären, die mit Gewalt gegen die römische Fremdherrschaft im Heiligen Land kämpften. Dieser militante Flügel der jüdischen Unabhängigkeitsbewegung führte später, im Jahr 66 n. Chr., den Aufstand gegen Rom an.

Drei Jahre lang führt der Herr Jesus die Zwölf in genau dieselbe Erfahrung hinein, die er selbst in Nazareth kannte:[4] So, wie der Sohn Gemeinschaft mit seinem Vater hat, lernen die Zwölf nun, Gemeinschaft mit dem Sohn zu haben.

Er führt die Zwölf auch in eine Vorab-Erfahrung der Gemeinschaft, die Gott auf dieser Erde haben möchte. Die Zwölf werden der einfache „Embryo" dieser Gemeinschaft sein. Sie haben informelle, einfache Treffen um Jesus herum, wobei er selbst im Mittelpunkt steht und Ziel der Anbetung und Gemeinschaft ist.

[4] Lk 6–23.

Kapitel 5

Golgatha – der Dreh- und Angelpunkt des Dramas

30 n. Chr.

Denn ich habe euch vor allem überliefert, was ich auch empfangen habe: dass Christus für unsere Sünden gestorben ist nach den Schriften; und dass er begraben wurde und dass er auferweckt worden ist am dritten Tag nach den Schriften; und dass er Kephas erschienen ist, dann den Zwölfen. Danach erschien er mehr als fünfhundert Brüdern auf einmal, von denen die meisten bis jetzt übriggeblieben, einige aber auch entschlafen sind (1 Kor 15,3-6).

Frühjahr 30 n. Chr.

Es sind noch vier Tage bis zum Passahfest.[1] Jede israelitische Familie hat ein makelloses Lamm bereitgestellt. Die Lämmer werden für eine viertägige Zeit der Vorbereitung abgesondert. An eben diesem Tag betritt Jesus, der Christus (Messias), die Stadt Jerusalem.[2]

Freitag, 7. April 30 n. Chr.[3]

Von 12 Uhr bis 15 Uhr ist Jerusalem vom Schreien der makellosen Lämmer erfüllt, die für das Passahfest geschlachtet werden. Zur

[1] Das Passahfest ist in 2 Mo 12–13 beschrieben.

[2] Mt 21,1 ff.; Mk 11,1 ff.; Joh 12,1 ff.

[3] Der 7. April 30 n. Chr. wird traditionell als das Datum angenommen, an dem Jesus starb. Einige Gelehrte halten den 3. April 33 n. Chr. für das genauere Datum. Andere glauben, dass Jesus an einem Mittwoch oder Donnerstag gekreuzigt wurde. Genaueres führt Harold Hoenher in seinem Klassiker „Chronological Aspects of the Life of Christ" (Zondervan) aus.

selben Zeit wird auch Jesus Christus (= Messias) – das *wahre* Lamm Gottes – gekreuzigt.[4]

Als Jesus seinen letzten Atemzug tut, erschüttert ein Erdbeben das Land, und der Vorhang, der das Allerheiligste im Tempel verhüllt, reißt entzwei – von oben nach unten.[5] Dies deutet darauf hin, dass der Weg in die erfahrbare Gemeinschaft mit dem Vater nun für alle Menschen offen ist.[6]

Durch seinen Tod löst Jesus das gesamte Problem des Sündenfalls und der Rebellion Satans.[7] Joseph von Arimathäa, ein wohlhabendes Mitglied des Sanhedrins und ein Jünger Jesu, bringt den Leichnam Christi in ein neues und noch unbenutztes Grab.[8]

Sonntag, 9. April 30 n. Chr.

Das Fest der Schwingopfer der ersten Garbe ist gekommen. Einer der Israeliten geht mit einem Schnittmesser aufs Feld und sucht das erste reife Gerstenbüschel. Das Schnittmesser zeigt, dass nun die Ernte bevorsteht. Der Israelit schneidet das Büschel ab, bindet es zu einer Garbe und bringt diese zu einem Priester. Der Priester schwingt die Gersten-Garbe im Tempel als Opfer vor dem Herrn. In diesem Augenblick verlässt der Herr Jesus Christus das Grab – als die Erstlingsfrucht all derer, die von den Toten auferstehen werden.[9]

Jesus war wie ein Weizenkorn in die Erde gelegt worden und hatte ganz allein den Tod erlitten. Aber an diesem Morgen ist er

---

[4] Mt 26,2; Joh 19–21; 1 Kor 5,7; 1 Petr 1,19; Hebr 9,14.

[5] Mt 27,50-51; Mk 15,37-38.

[6] Hebr 10,19-20. Historisch gesehen wohnte Gott über der Bundeslade im Allerheiligsten des Tempels, wo er Gemeinschaft mit den Menschen hatte (vgl. 2 Mo 25,22 ff.; Hebr 9,1-8). Bis zu diesem Zeitpunkt war der Hohepriester die einzige Person, der es erlaubt war, hinter den Vorhang zu gehen, der das Allerheiligste verhüllte. Und auch er konnte nur einmal im Jahr hineingehen. Als Jesus starb, bahnte er einen Weg für jeden Einzelnen im Volk Gottes, in das Allerheiligste hineinzugehen (geistlich gesprochen) und so Gemeinschaft mit Gott zu haben.

[7] Röm 5-7, Gal 6,14; Kol 1,20; 2,14-15; Eph 2,14-16; Hebr 2,14-15.

[8] Mt 27,57-60; Mk 15,42-46; Lk 23,50-53; Joh 19,41-42.

[9] 3 Mo 23,10 ff.; 1 Kor 15,23.

als ein neues, keimendes Korn auferstanden – und viele werden ihm folgen.[10]

Nach seiner Auferstehung zeigt sich Jesus den Jüngern und haucht den Heiligen Geist in sie hinein.[11] Jesus Christus wohnt nun in den Zwölf, genau wie sein Vater in ihm wohnte.

Jesus bleibt weitere vierzig Tage auf der Erde und erscheint in dieser Zeit immer wieder den Jüngern. Er zeigt sich auch weiteren 500 seiner Nachfolger. Wann immer er auftaucht, spricht er zu ihnen über das Reich Gottes.[12]

Als die vierzig Tage vollendet sind, trifft sich Jesus mit den Jüngern auf dem Ölberg. Er sendet sie aus, das Evangelium zu predigen und seine Gemeinde zu gründen.[13] Allerdings sollen sie in Jerusalem bleiben, bis ihre Sendung „aktiviert" wird: Er befiehlt ihnen, auf den verheißenen Geist zu warten.[14]

19. Mai 30 n. Chr.

Jesus Christus verschwindet in einer Wolke und fährt zum Himmel auf, wo er seinen Platz zur Rechten des Vaters einnimmt.[15] Jesus beginnt seinen heutigen Dienst als Hohepriester für sein Volk.[16] Während die Jünger ihm noch mit zusammengekniffenen Augen nachschauen, stehen plötzlich zwei weiß gekleidete Männer neben ihnen und versichern ihnen, dass Jesus genau so zurückkehren werde, wie er zum Himmel aufgefahren ist.

Die Jünger gehen einen Sabbatweg weit (etwa 1,2 km) vom Ölberg in die Altstadt von Jerusalem. Gut hundert weitere Jünger (Nachfolger) von Jesus begleiten sie.[17]

Jesus Christus ist nun der gekreuzigte, auferstandene, aufgefahrene Herr der Herrlichkeit auf dem Thron! Sein Werk auf

---

[10] Joh 12,23-24.

[11] Joh 20,21-22.

[12] Apg 1,3; 1 Kor 15,4-7.

[13] Das Wort *Apostel* bedeutet „Gesandter". Apostel, oder apostolische Arbeiter, sind Menschen, die Gott dazu berufen hat, Gemeinden zu gründen. Das bedeutet, sie sind „Gemeindegründer". (Mehr dazu in meinem Buch *Ur-Praxis;* siehe S. 218).

[14] Lk 24,49; Apg 1,1-12.

[15] Röm 8,34; Eph 1,20; Kol 3,1; Hebr 1,3; 8,1; 10,12; 12,2; 1 Petr 3,22.

[16] Hebr 2,17-10,21.

[17] Apg 1,9-15.

Golgatha hat den Weg bereitet, sodass nun seine Gemeinde gebaut werden kann – die Gemeinschaft, die sein Wesen auf der Erde sichtbar machen wird!

KAPITEL 6

Dritter Akt: Die Gemeinde wird geboren

Das Leben ist geoffenbart worden, und wir haben gesehen und bezeugen und verkündigen euch das ewige Leben, das bei dem Vater war und uns geoffenbart worden ist – was wir gesehen und gehört haben, verkündigen wir auch euch, damit auch ihr mit uns Gemeinschaft habt; und zwar ist unsere Gemeinschaft mit dem Vater und mit seinem Sohn Jesus Christus (1 Joh 1,2-3).

Und in ihm haben wir auch ein Erbteil erlangt, die wir vorherbestimmt waren nach dem Vorsatz dessen, der alles nach dem Rat seines Willens wirkt (Eph 1,11).

... und ans Licht zu bringen, was die Verwaltung des Geheimnisses sei, das von den Zeitaltern her in Gott, der alle Dinge geschaffen hat, verborgen war; damit jetzt den Gewalten und Mächten in der Himmelswelt durch die Gemeinde die mannigfaltige Weisheit Gottes zu erkennen gegeben werde, nach dem ewigen Vorsatz, den er verwirklicht hat in Christus Jesus, unserem Herrn (Eph 3, 9-11).

Er hat uns errettet und berufen mit heiligem Ruf, nicht nach unseren Werken, sondern nach [seinem] eigenen Vorsatz und der Gnade, die uns in Christus Jesus vor ewigen Zeiten gegeben ... (2 Tim 1,9).

Die folgenden Seiten beinhalten die Geschichte der frühen Gemeinde. Die Gemeinde – die *ekklesia* – ist genau die Gemeinschaft, die Gott seit Ewigkeit im Sinn hat, eine Gemeinde, die sein göttliches Wesen auf der Erde zum Ausdruck bringen wird. Die

Gemeinde besteht aus den vielen, die vor aller Zeit auserwählt und im Sohn verborgen wurden. Mit der Entstehung der Gemeinde werden die Verborgenen nach und nach offenbar. Der ewige Ratschluss Gottes – die göttliche Gemeinschaft zu erweitern, die innerhalb der Gottheit besteht – erfüllt sich in und durch die Gemeinde.[1]

[1] Eph 3,9-11; vgl. auch Eph 1,4; Kol 3,3.

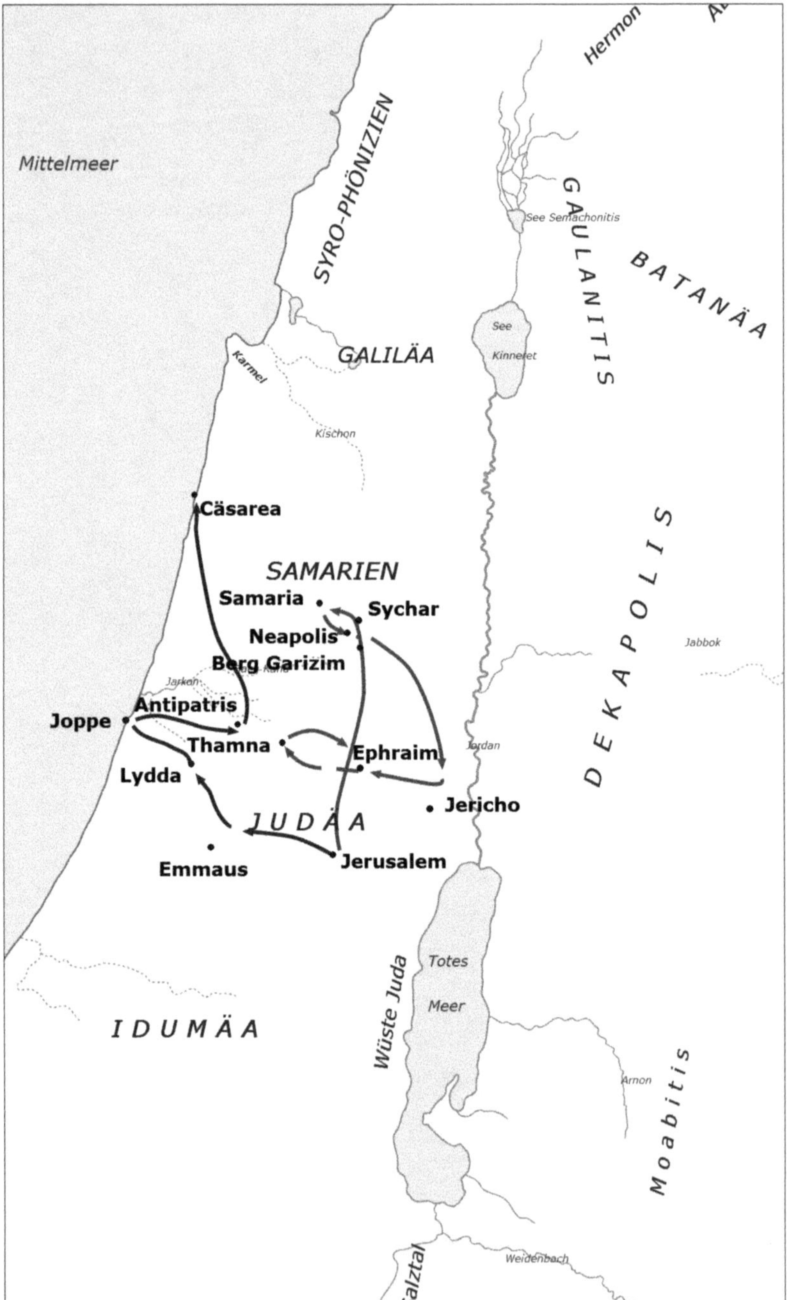
Mittelmeer
Hermon
SYRO-PHÖNIZIEN
See Semachonitis
GAULANITIS
BATANÄA
Karmel
GALILÄA
See
Kinneret
Kischon
Cäsarea
SAMARIEN
Samaria
Sychar
Neapolis
Berg Garizim
Jabbok
Jarkon
Antipatris
Joppe
Thamna
Ephraim
Jordan
Lydda
DEKAPOLIS
Jericho
JUDÄA
Emmaus
Jerusalem
Totes
Meer
Wüste Juda
IDUMÄA
Arnon
Moabitis
Weidenbach
Salztal

Kapitel 7

Die Jerusalem-Chronik

30–41 n. Chr.

Die nun sein Wort aufnahmen, ließen sich taufen; und es wurden an jenem Tag etwa dreitausend Seelen hinzugetan. Sie verharrten aber in der Lehre der Apostel und in der Gemeinschaft, im Brechen des Brotes und in den Gebeten (Apg 2,41).

Im Obergeschoss des Hauses in Jerusalem, in dem sie in letzter Zeit gelebt haben, halten etwa 120 jüdische Nachfolger Jesu eine Gebetsversammlung ab. Das Haus gehört vermutlich Maria, der Mutter des Johannes Markus.[1] Die Elf sind auch dabei,[2] genauso wie Maria, die Mutter Jesu, seine Brüder (Jakobus, Judas, Josef und Simon)[3] und einige Frauen.

Petrus spricht zu der Gruppe und erinnert sie an eine Prophetie aus den Psalmen, dass jemand den Platz des Judas Iskariot einnehmen müsse. (Judas hat Selbstmord begangen, nachdem er Jesus verraten hatte.) Joseph (auch bekannt als Barsabbas oder Justus) und Matthias werden nominiert, um Judas zu ersetzen.[4] Beide Männer waren von Anfang seines Dienstes an mit Jesus gezogen. Die Elf beten, dass Gott den richtigen Mann auswählt. Sie werfen Lose[5] und das Los fällt auf Matthias, der fortan zu den Zwölfen gezählt wird.[6]

---

[1] Apg 12,12. Dies könnte sehr wohl dasselbe Haus sein, in welchem Jesus am Vorabend seines Todes das Passahmahl feierte (Mk 14,15 ff.; Joh 20,19.26).

[2] Apg 1,12-15.

[3] Mt 13,55; Mk 6,3.

[4] Nach der Überlieferung war Joseph Barsabbas einer der 70, die Jesus während seines irdischen Dienstes ausgesandt hatte (Lk 10,1 ff.).

[5] Lose werfen war ein hebräischer Brauch, um den Willen des Herrn für eine bestimmte Sache zu erfahren (Sprüche 16,33). Nachdem der Geist an Pfingsten ausgegossen

Sonntag, 29. Mai 30 n. Chr.

Es ist der Tag der Pfingsten. Hebräisch sprechende Juden, Griechisch sprechende Juden und Proselyten (zum Judentum konvertierte Heiden) aus dem ganzen Römischen Reich sind in großer Zahl nach Jerusalem gekommen, um hier das Fest zu feiern. Unter den vertretenen Völkern sind Parther und Meder, Elamiter, Einwohner von Mesopotamien, Judäa und Kappadozien, Pontus, Kleinasien, Phrygien, Pamphylien, Ägypten, Libyen, Rom, Kreta und Arabien.

Hintergrundinformationen

Das Römische Reich genießt gegenwärtig die „Pax Romana" (den „Römischen Frieden"), den Kaiser Augustus (Regierungszeit 27 v. Chr. bis 14 n. Chr.) von Spanien bis ans Schwarze Meer und von Ägypten bis an den Ärmelkanal aufgerichtet hat. Das Leben und der Handel im Römischen Reich sind weitgehend sicher. Im gesamten Reich leben zwischen 70 und 100 Millionen Menschen. Die Hälfte davon sind Sklaven. Das Reich lebt von Sklavenarbeit. Sklaven haben keine Rechte und werden als das persönliche Eigentum ihrer Herren betrachtet. Einige sehr wohlhabende Römer besitzen bis zu 20 000 Sklaven. Nur wenige im Römischen Reich sind Teil der wohlhabenden Senatorenklasse.[7] Die meisten Menschen gehören zur armen Klasse der Plebejer. Die Hälfte der Bevölkerung ist abhängig von der regelmäßigen Verteilung kostenlosen Getreides. Neunzig Prozent der Erwerbstätigen im Reich sind mit Landwirtschaft und Viehzucht beschäftigt.

Es gibt im Römischen Reich zwischen drei und acht Millionen Juden. Zwei Drittel von ihnen leben außerhalb des Heiligen Landes, in der sogenannten „Diaspora". Wegen ihres seltsamen Glaubens (sie dienen nur einem einzigen Gott) und ihrer fremden Sitten (sie halten den Sabbat und essen kein Schweinefleisch)

---

war, wird nicht mehr berichtet, dass die frühen Christen Lose geworfen hätten, um Gottes Willen zu erkennen.

[6] Apg 1,16-26.

[7] Diese waren in der Regel „Patrizier" und gehörten damit zum römischen Adel (Anm. des Übers.).

werden die Juden von den meisten Griechen und Römern verachtet. Viele Griechen und Römer betrachten Beschneidung als Verstümmelung, den Sabbat als eine Ausrede für Faulheit und die jüdischen Speisegesetze als Dummheit. Dennoch wird das Judentum durch das römische Gesetz geduldet und geschützt.

Jerusalem ist eine Stadt mit einer Fläche von etwa zwei Quadratkilometern. Die normale Einwohnerzahl wird auf 60 000 geschätzt, der größte Teil davon Juden. Während des Pfingstfestes befinden sich schätzungsweise 125 000 bis 500 000 Menschen zusätzlich in der Stadt. Lukas erwähnt sechzehn verschiedene Nationalitäten, die beim Fest vertreten sind. Die Stadt ist bevölkert von den ganz Reichen und den Mittellosen, von Handwerkern und Kaufleuten. Jerusalem ist im ersten Jahrhundert die angesehenste Stadt im Osten.

Das Neue Testament gebraucht den Ausdruck „hinaufziehen" für diejenigen, die nach Jerusalem reisen – die Stadt liegt etwa 700 m über dem Meeresspiegel. Die meisten Einwohner sprechen und verstehen nur Aramäisch. Zehn bis zwanzig Prozent der Bevölkerung sprechen Griechisch. Einige davon sind zweisprachig, mit Griechisch als ihrer zweiten Sprache, andere sprechen nur Griechisch. Die Gebildeten sowie die Kaufleute lernen Griechisch für das Geschäftsleben. Auch die Römer haben mit der Burg Antonia eine Präsenz in Jerusalem, aber sie bleiben meistens unter sich und mischen sich nicht unter die Bevölkerung.

Es ist 9 Uhr vormittags. Ein Priester hat zwei Laib gesäuertes Brot vorbereitet. Er gießt Öl darauf und schiebt sie in einen Ofen, um sie gemeinsam zu backen.[8] Zur gleichen Zeit kommt der Heilige Geist in den Obersaal herab, wo sich die 120 aufhalten. Der Geist kommt mit dem Geräusch eines mächtigen Sturmes in den Raum. Er erfüllt die 120 mit seiner Gegenwart und Kraft.[9] Feuerzungen erscheinen auf ihren Köpfen und sie sprechen in Sprachen, die sie

[8] 3 Mo 23,15-17.

[9] Die Jünger wurden bereits nach der Auferstehung innerlich vom Geist erfüllt. An diesem Tag werden sie äußerlich „mit Kraft angetan". Die anderen Anwesenden empfangen sowohl die innere Erfüllung als auch die äußerliche Befähigung durch den Geist.

nie erlernt haben.[10] In der Folge hören die, welche aus dem ganzen Römischen Reich nach Jerusalem gekommen sind, wie Gott in *ihrer eigenen* Sprache und *ihrem* Dialekt verherrlicht wird!

Interessanterweise wurde das Pfingstfest ausdrücklich zur Erinnerung an die Gesetzgebung eingeführt. Nach der jüdischen Überlieferung wurde das Gesetz vom Sinai aus auf übernatürliche Weise in den 70 Sprachen der Völker der Welt verkündet.

Die Gemeinde in Jerusalem ist geboren

Mit dem Kommen des Heiligen Geistes tauft Jesus Christus – das *Haupt* – 120 Juden in seinen *Leib*. Die erste Gemeinde auf der Erde entsteht! Nun gibt es eine Gemeinschaft von Menschen, die Gottes Leben in sich tragen und Gottes Wesen zum Ausdruck bringen! Jesus Christus wird in Jerusalem sichtbar dargestellt!

Geistlich gesprochen ist nun einer der Brotlaibe gebacken. Zehn Jahre später wird der Herr auch Nichtjuden in denselben Leib hineintaufen und die *zwei* ölbestrichenen Brotlaibe, die am Pfingsttag in den Ofen geschoben wurden, werden ihre Erfüllung finden. Juden und Heiden werden in *einen Leib* hineingetauft und bilden ein neues Geschlecht und eine neue geistliche Gemeinschaft.[11]

Durch den Lärm im Obersaal sammelt sich eine große Schar von Juden, um zu sehen, was dort geschieht. Die Juden sind verblüfft, denn sie hören 120 Bewohner Jerusalems in ihren eigenen Dialekten aus den verschiedenen Nationen sprechen. Einige fragen sich, was dieses seltsame Phänomen bedeutet. Andere behaupten, die 120 seien betrunken.

Begleitet von den elf Aposteln steht Petrus mitten im überfüllten Jerusalem. Er predigt Jesus Christus zu einer jüdischen Zuhörerschaft und drängt sie, Buße zu tun und sich im Namen Jesu taufen zu lassen. Dreitausend Juden reagieren darauf und werden zu der neu gebildeten Gemeinde hinzugefügt. Die Gemeinschaft

---

[10] Apg 2,1-12.

[11] 1 Kor 12,13; Eph 2,11-19.

der Dreieinigkeit hat sich nun erweitert von 12 zu 120 und nun 3000.[12]

Der erste Instinkt dieser neuen Christen ist es, sich zu treffen, und zwar ständig. Die galiläische Erfahrung informeller Treffen mit Christus als Mittelpunkt ist durch die Jünger nach Jerusalem gelangt. Und sie breitet sich nun unter 3000 Menschen aus.[13] Die Menschen in der Gemeinde widmen sich der Lehre der Apostel, dem Abendmahl, dem Gebet und der Gemeinschaft. Die Zwölf vollbringen in der Stadt Zeichen und Wunder. Die Gemeinde ist von Ehrfurcht erfüllt, während sie erlebt, wie Gottes Macht sichtbar wird.

Viele der zum Pfingstfest nach Jerusalem angereisten Juden entscheiden sich, in der Stadt zu bleiben. Sie wollen lieber von den zwölf Aposteln lernen, als nach Hause zurückzukehren (Jerusalem hat die einzige Gemeinde auf der Welt!). Diese Pilger verlassen ihr Zuhause, ihre Arbeit und lassen sich in der Stadt nieder. Die Gläubigen in Jerusalem verkaufen ihren Besitz und legen alles in einen Topf zusammen, um für ihre neuen Besucher zu sorgen.

Die Gemeinde in Jerusalem ist in ihrer Zusammensetzung ein Spiegelbild (Mikrokosmos) der Stadt selbst. Es gibt Reich und Arm, auch eine nennenswerte Anzahl von Juden, die ausschließlich Griechisch sprechen (Hellenisten) sowie Juden, die ausschließlich aramäisch[14] oder auch beide Sprachen sprechen (Hebräer).

Das Gemeindeleben beginnt (30–31 n. Chr.)

Jeden Tag dienen die Zwölf großen Menschenmengen in der Säulenhalle Salomos.[15] Die Halle Salomos ist ein großer offener Bereich, der auf der Ostseite des Tempelvorhofes liegt. Es handelt sich einfach um einen großen, überdachten Vorhof.[16] Dort betet die Gemeinde den Herrn an und hört die Apostel predigen. Die Gemeinde trifft sich auch in den einzelnen Häusern. Dort feiern

---

[12] Apg 2,14ff.

[13] Apg 2,41-47.

[14] oder Mischnaisches Hebräisch.

[15] Die Botschaft, die sie predigen, ist der Christus (1 Joh 1,1-3).

[16] Apg 3,11; 5,12.

sie das Mahl des Herrn, essen miteinander, haben Gemeinschaft und beten Gott an. Täglich kommen Menschen zum Glauben und werden zur Gemeinde hinzugefügt. Die Gemeinde hat Gunst bei den Einwohnern der ganzen Stadt.[17]

Eines Tages, es ist 3 Uhr nachmittags, d.h. Gebetszeit bei den Juden, sind Petrus und Johannes auf dem Weg zum Tempel, um ebenfalls am Gebet teilzunehmen. Als sie sich dem Tempel nähern, treffen sie auf einen Mann, der von Geburt an gelähmt ist. Er bettelt täglich an der Pforte des Tempels, die man „die Schöne" nennt (vermutlich das „Nikanor-Tor").[18]

Als Petrus und Johannes den Tempel betreten wollen, bittet sie der Mann um Geld. Petrus und Johannes geben ihm kein Geld, denn sie haben keines. Stattdessen heilen sie den Mann im Namen Jesu. Völlig überrascht springt dieser auf seine Füße und beginnt herumzuhüpfen und Gott zu loben. Dann betritt er zusammen mit Petrus und Johannes den Tempel.

Diejenigen, die den Mann laufen sehen, sind verwundert und entsetzt. Sie drängen in die Halle Salomos hinein, wo der Mann bei Petrus und Johannes steht. Petrus und Johannes nutzen die Gunst der Stunde und predigen den Leuten Jesus Christus.[19]

Die Priester, die Tempelwache und einige Sadduzäer[20] hören, dass Petrus und Johannes den Christus und seine Auferstehung

---

[17] Apg 2,46-47.

[18] Josephus berichtet, dass es neun Pforten gab, die mit Gold und Silber überzogen waren. Eine Pforte war jedoch aus korinthischem Kupfer gemacht und übertraf die Pforten aus Gold und Silber bei weitem. Es wird angenommen, dass dies die Pforte ist, welche „die Schöne" genannt wird (Anm. d. Übers.).

[19] Apg 3.

[20] Im Israel des ersten Jahrhunderts gab es zwei religiöse Hauptgruppen: Pharisäer und Sadduzäer. Die Sadduzäer beherrschten die Vorgänge im Tempel. Sie glaubten weder an die Auferstehung und ein Leben nach dem Tod noch dass die Seele, Engel oder Geister existierten. Sie hielten sich einzig an das Gesetz Moses (die ersten fünf Bücher des Alten Testaments) und lehnten alles andere ab. Die Pharisäer dagegen nahmen das gesamte Alte Testament ernst und glaubten an Geister, Engel, die Seele und die Auferstehung der Toten. Sie waren sektiererische Vertreter der „reinen Lehre", besessen von strenger Gesetzlichkeit, besonders in Bezug auf die jüdischen Speisegesetze und rituelle Reinheit. Von den etwa 500000 jüdischen Einwohnern des Heilgen Landes waren mehr als 6000 Pharisäer. Die Sadduzäer saßen dagegen an den Schalthebeln der politischen Macht. Sie waren das „Establishment" ihrer Zeit. Sadduzäer fanden sich unter den wohlhabenden Landbesitzern und den aristokratischen

predigen. Sie sind wegen ihrer Lehren über die Auferstehung sehr beunruhigt und lassen die beiden festnehmen und ins Gefängnis werfen. Viele jedoch, die den Aposteln zugehört haben, werden gläubig. Die Gemeinde in Jerusalem wächst schnell auf 5000 Männer an. Rechnet man Frauen und Kinder dazu, zählt die Gemeinde mindestens 10 000 Personen.[21]

Am nächsten Tag werden Petrus und Johannes zum Verhör vor den Hohen Rat (Sanhedrin) gebracht. Der Hohe Rat ist der Senat (Abgeordnetenhaus) und das oberste Gericht des jüdischen Volkes. Er hat sowohl religiöse als auch politische Autorität. Er zählt 71 Mitglieder und wird vom Hohepriester geleitet. Der Hohepriester wird als die Stimme Gottes auf der Erde angesehen. Die meisten Mitglieder des Hohen Rates sind Sadduzäer. Hannas, der vorige Hohepriester, ist anwesend. Sein Schwiegersohn Kaiphas ist der amtierende Hohepriester.[22]

Der Hohe Rat fordert Petrus und Johannes auf, ihnen zu sagen, in welcher Vollmacht sie dieses Wunder vollbracht haben. Erfüllt vom Heiligen Geist predigen Petrus und Johannes Jesus Christus vor dem Hohen Rat!

Der Hohe Rat ist über die Kühnheit von Petrus und Johannes erstaunt und erkennt, dass die beiden „mit Jesus gewesen" waren. Da der Geheilte mitten unter ihnen steht, kann der Hohe Rat auch das Wunder nicht leugnen. Sie lassen Petrus und Johannes aus dem Raum bringen, um sich zu beraten. Im Wissen, dass sie das Wunder nicht leugnen können, beschließen sie, Petrus und Johannes das Heilen und Predigen im Namen Jesu zu verbieten.

Hohepriesterfamilien. Die Pharisäer waren größtenteils Kunsthandwerker und Kaufleute aus den mittleren und unteren Schichten der Stadtbevölkerung.

[21] Lukas zeigt in der Apostelgeschichte das beständige Wachstum der Jerusalemer Gemeinde auf. Am Tag der Geburt der Gemeinde kommen 3000 zum Glauben (Apg 2,41). Die Gemeinde zählt nun eine „Menge" von Gläubigen (Apg 4,32). Nicht lange danach wächst sie auf 5000 Männer. Aus der „Menge" sind ganze „Scharen" geworden (Apg 5,14). Danach vermehrt sich die Zahl der Jünger in kurzer Zeit sehr stark (Apg 6,7). Mit der Verfolgung unter Saulus löst sich die Gemeinde auf. Aber 20 Jahre später ist sie auf „viele Tausende" gewachsen (Apg 21,20).

[22] Die Amtszeit des Kaiphas dauerte von 18–36 n. Chr. Zu dieser Zeit gelangte der Hohepriester nicht mehr länger durch Erbfolge ins Amt, sondern durch Ernennung. In der Zeit Jesu wurde der Hohepriester durch Pilatus ernannt.

Die beiden Apostel werden wieder hereingerufen und der Hohe Rat teilt ihnen die Entscheidung mit. Petrus und Johannes antworten, dass sie Gott mehr gehorchen müssen als den Menschen. Sie erklären, dass sie nicht aufhören können, darüber zu sprechen, was sie mit Christus erlebt haben.

Der Rat droht den zwei Männern noch mehr. Dann lässt man sie jedoch gehen, da man nicht weiß, wie man sie bestrafen soll, ohne einen Aufstand zu riskieren. Petrus und Johannes berichten der Jerusalemer Gemeinde sofort, was geschehen ist. Die Gemeinde trifft sich gerade zum Gebet. Die Gläubigen bitten um Kühnheit, Kraft zur Heilung und die Fortsetzung der Wunder. Der Heilige Geist kommt mit Macht in das Gebäude herab und erschüttert den Ort, wo es steht. Die Gemeinde wird erneut mit dem Heiligen Geist erfüllt und die Apostel fahren fort, Jesus Christus mit Kühnheit zu predigen.

Die Gemeinde in Jerusalem ist ein Herz und eine Seele. Die Gläubigen haben alles gemeinsam. Die zwölf Apostel geben mit großer Macht Zeugnis von der Auferstehung Christi. Niemand in der Gemeinde leidet Mangel. Von Zeit zu Zeit verkaufen diejenigen, die Besitzer von Land und Gütern sind, ihren Besitz und bringen das Geld vor die Zwölf. Die Zwölf verteilen den Erlös an alle, die bedürftig sind.

Ein solcher Mann ist Josef, ein auf der Insel Zypern geborener Levit. Josef verkauft von sich aus einen Acker und bringt das Geld zu den Aposteln.[23] Josef ist ein Ermutiger, so geben ihm die Apostel den Beinamen „Barnabas“. Das bedeutet „Sohn der Ermutigung“.[24]

Die Verfolgung beginnt: 31–33 n. Chr.

Hananias und seine Frau Saphira verkaufen ebenfalls ein Stück Land und bringen einen Teil des Erlöses zur Gemeinde. Aber sie lügen gegenüber den Aposteln und geben an, sie hätten den gesamten Erlös der Gemeinde geschenkt. Gott offenbart Petrus

---

[23] Der „Acker“ des Barnabas bezieht sich auf einen mittleren oder größeren Landbesitz. Entgegen den Vorschriften im Gesetz war den Leviten in dieser Zeit Landbesitz gestattet.

[24] Die Begebenheit wird in Apg 4,36-37 beschrieben.

ihren Betrug. Petrus bringt ihre Sünde ans Licht und offenbart ihnen, dass sie Gott und nicht Menschen belogen haben. Kurz nacheinander fallen Hananias und Saphira zu Boden und sterben. Und es kommt große Furcht über die ganze Gemeinde.[25]

Durch die Hand der Apostel geschehen viele Zeichen und Wunder, während die Zwölf weiterhin in der Halle Salomos den Christus predigen. (Die Apostel verlassen die Stadt Jerusalem nicht, und scheinbar predigt außer den Aposteln niemand das Evangelium.) Es werden Scharen von Kranken und Dämonisierten aus Jerusalem und den umliegenden Dörfern auf die Straßen hinausgetragen und auf Betten und Matten gelegt, um durch die Apostel geheilt zu werden. Alle werden geheilt.[26] Einige werden schon dadurch geheilt, dass der Schatten von Petrus auf sie fällt. Scharen von Menschen, Männer wie Frauen, werden zum Herrn geführt.

Der Hohepriester und seine Freunde (die Sadduzäer sind) reagieren mit gewaltiger Eifersucht. Die Zwölf werden verhaftet und ins Gefängnis geworfen. Doch in der Nacht befreit sie ein Engel aus dem Gefängnis. Der Engel sagt den Aposteln, sie sollen zurück in den Tempelvorhof gehen und weiter den Christus predigen. Die Zwölf gehorchen und kehren bei Tagesanbruch in den Tempel zurück, wo sie wieder zu lehren beginnen.

Als der Hohe Rat davon Wind bekommt, verhaftet der Hauptmann der Tempelwache mit seinen Leuten sie erneut und führt sie vor den Hohen Rat. Die Zwölf werden verhört, doch sie antworten, dass sie Gott gehorchen müssen und nicht den Menschen.

Wutentbrannt wollen die Sadduzäer die Zwölf zum Tod verurteilen. Doch Gamaliel, der damals einflussreichste und bedeutendste Lehrer der Pharisäer und Experte für das religiöse Gesetz, überzeugt den Rat, die Männer in Ruhe zu lassen. (Rabbi Gamaliel ist der größte Lehrer seiner Zeit und wird von allen geachtet. Er ist auch Leiter einer eigenen Schule in der Tradition Hillels[27], und Saulus von Tarsus ist einer seiner Schüler.[28])

---

[25] Apg 5,1-11.

[26] Apg 5,15-16.

[27] Die Schule des Hillel war der liberale Flügel der Pharisäer, im Gegensatz zur Schule des Shammai als dem konservativen Flügel.

[28] Apg 22,3.

Die Apostel werden geschlagen. Das bedeutet, sie bekommen „vierzig Schläge weniger einen".[29] Die Peitsche, mit der sie geschlagen werden, wird als Geißel bezeichnet. Sie besteht aus 39 Lederriemen, die zu drei Strängen von jeweils dreizehn Riemen zusammengeflochten sind. Die Riemen sind mit kleinen Knochen- oder Metallstücken beschwert und an einem stabilen Holzgriff befestigt. Die Apostel werden an Brust und Rücken ausgepeitscht.

Der Rat befiehlt den Aposteln, nicht mehr im Namen von Jesus zu reden. Nach ihrer Freilassung freuen sich die Zwölf, dass sie würdig erachtet wurden, für den Namen des Herrn zu leiden. Ohne Furcht verkünden die Zwölf jeden Tag im Tempel und in den Häusern der Gläubigen Jesus als den Christus.[30]

Krise in Jerusalem

Dann ist die Gemeinde in Jerusalem mit ihrem ersten internen Problem konfrontiert. Während die Gemeinde zahlenmäßig schnell wächst, fangen die griechischen (hellenistischen) Juden an, sich über die hebräischen Juden zu beklagen.[31] Täglich wird das Essen gleichmäßig unter den Mitgliedern der Gemeinde verteilt. Die griechischen Juden haben allerdings den Eindruck, dass ihre Witwen dabei übersehen werden.

Um das Problem zu lösen, rufen die Zwölf die gesamte Gemeinde zusammen. Sie erklären, dass sie keine Zeit zur Lösung dieses Problems aufwenden können, da sie alle Hände voll damit zu tun haben, mit dem Wort zu dienen. So weisen sie die Gemeinde an, sieben Männer auszuwählen, welche die Essensverteilung beaufsichtigen sollen. Die Männer müssen geistlich sein (voll des Heiligen Geistes) und praktisch begabt (voller Weisheit). Die Gemeinde ist zufrieden mit diesem Vorschlag und wählt sieben Männer aus. Alle sind griechische Juden. Ihre Namen sind:

---

[29] Das war die normale Strafe, die ein jüdisches Gericht verhängte (5 Mo 25,2-4).

[30] Apg 5,12-42.

[31] Die griechischen (hellenistischen) Juden sind Juden, die außerhalb des Heiligen Landes geboren wurden. Sie sprechen ausschließlich Griechisch und haben griechische Kultur und Sitten angenommen. Die hebräischen Juden sprechen nur Aramäisch oder Hebräisch (oder Aramäisch und Griechisch) und haben die jüdische Kultur und die jüdischen Sitten angenommen. Die meisten hebräischen Juden sind im Heiligen Land geboren.

- Stephanus, ein Mann „voll Glaubens und Heiligen Geistes"
- Prochorus
- Parmenas
- Nicolaus aus Antiochia, ein Proselyt (zum Judentum konvertierter Heide)[32]
- Timon
- Nikanor
- Philippus

Die Gemeinde stellt diese sieben Männer vor die Zwölf. Die Zwölf legen „den Sieben" unter Gebet die Hände auf. Das Wort Gottes verbreitet sich und die Gemeinschaft der Gläubigen wächst stark. Auch eine große Zahl jüdischer Priester wird gläubig und zur Gemeinde hinzugefügt.[33]

Stephanus stirbt als Märtyrer

Stephanus, einer der „Sieben", beginnt, in Jerusalem Christus zu predigen. Er vollbringt Zeichen, die das Wort bestätigen. Stephanus besucht eine der 365 Synagogen in der Stadt – die Synagoge der „Freigelassenen" (auch Synagoge der Libertiner genannt).[34] Er debattiert mit den griechischen Juden, die dort sind. (Die Synagoge der Freigelassenen wird regelmäßig von Juden aus Kyrene, Alexandria, Asien und Zilizien besucht. Auch Saulus von Tarsus besucht diese Synagoge und hört Stephanus predigen.)

Die griechischen Juden versuchen mit Stephanus zu diskutieren, aber sie können der Weisheit und dem Geist, mit dem er spricht, nicht widerstehen. So überreden sie heimlich einige Leute, falsche Anklage gegen ihn zu erheben. Sie beschuldigen Stephanus der Lästerung gegen den Tempel und das Gesetz des Mose.

---

[32] Nach Irenäus (180 n.Chr.) gründete dieser Mann später die Sekte der Nikolaiten, die in Offb 2,6.15 verurteilt werden.

[33] Apg 6,1-7.

[34] „Freigelassene" sind ehemalige Sklaven, denen die Freiheit geschenkt wurde. Einige von ihnen schafften es, wohlhabend und einflussreich zu werden. Die meisten allerdings blieben arm und hatten weniger Sicherheit als in ihrem alten Leben als Sklaven.

Diese Anklage sorgt für einen gewaltigen Aufruhr in der Synagoge. Stephanus wird sofort von den Ältesten und den Schriftgelehrten ergriffen. Er wird vor dem Hohen Rat angeklagt, er würde verkündigen, Jesus von Nazareth werde den Tempel zerstören. Der gesamte Rat beginnt Stephanus gespannt anzuschauen. Obwohl sie ihm feindlich gesinnt sind, erscheint ihnen sein Gesicht wie das eines Engels – strahlend, wie einer, der bewusst in Gottes Gegenwart steht.

Der Hohepriester fragt Stephanus, ob die Anklagen wahr seien. Stephanus antwortet ihm mit einer längeren Verteidigungsrede, in der er auf das gesamte AT (Altes Testament) eingeht und dabei Jesus Christus verherrlicht. Am Schluss seiner Verteidigung tadelt er die Juden, sie hätten den Messias getötet und Gottes Gesetz nicht befolgt. Der Hohe Rat ist so von Wut entbrannt, dass sie mit den Zähnen gegen ihn knirschen. Stephanus schaut zum Himmel auf und sieht Jesus zur Rechten Gottes stehend (nicht sitzend), bereit, um Stephanus zu empfangen.

Als Juden dies hören, halten sie sich die Ohren zu, schreien aus vollem Hals und schleppen Stephanus zur Stadt hinaus. In einem gewaltigen Zornausbruch steinigen sie ihn. (Der Hohe Rat darf die Todesstrafe nur in einem einzigen Fall aussprechen und vollstrecken – eine Beleidigung der Heiligkeit des Tempels.[35] Aus demselben Grund hatte der Hohe Rat beim Verfahren gegen Jesus versucht, diesen der Lästerung gegen den Tempel zu überführen.[36] Hätte dieser Versuch Erfolg gehabt, wäre es nicht notwendig gewesen, den „Fall Jesus" an Pilatus zu übergeben.

Als Stephanus gesteinigt wird, betet er: „Herr Jesus, nimm meinen Geist auf."[37] Er fällt auf die Knie und fügt hinzu: „Rechne ihnen diese Sünde nicht zu!"[38] Stephanus stirbt zu Unrecht einen grausamen Tod und wird zum ersten Märtyrer der Gemeinde.

---

[35] Apg 6,14. Seit Judäa im Jahr 6 n.Chr. römische Provinz wurde, war die Rechtsprechung für todeswürdige Verbrechen in allen anderen Fällen dem römischen Statthalter vorbehalten.

[36] Mk 14,57ff.

[37] In diesen Worten klingen die letzten Worte Jesu zu seinem Vater an: „Vater, in deine Hände befehle ich meinen Geist" (Lk 23,46).

[38] Auch hier zeigt Stephanus den vergebenden Geist Jesu, als dieser (ebenfalls) zu Unrecht getötet wurde (Lk 23,34).

Gottesfürchtige Männer begraben ihn und beklagen seinen Verlust.[39]

Die Gemeinde wird über ganz Israel verpflanzt

Saulus von Tarsus, ein etwa 30-jähriger junger Mann und ein sehr bekannter Pharisäer, hat den Tod des Stephanus miterlebt. Er bewachte die Kleider derjenigen, die Stephanus steinigten, und zeigte damit seine volle Unterstützung für die brutale Tötung.

Saulus handelt im Auftrag des Hohen Rates und beginnt die Gemeinde in Jerusalem zu verwüsten. Er dringt in die Häuser ein, in denen sich die Gläubigen versammeln, und schleppt Männer und Frauen ins Gefängnis. Um der Verfolgung zu entgehen, verteilt sich die Jerusalemer Gemeinde auf ganz Judäa, Samaria und Galiläa. Einige fliehen sogar bis nach Damaskus in Syrien, das etwa 220 km nördlich von Jerusalem liegt. Die Zwölf bleiben in Jerusalem zurück und gehen in den Untergrund.

Überall, wohin es sie verschlagen hat, beginnen die Gläubigen, das Evangelium zu verbreiten. Dies ist das erste Mal, dass das Evangelium außerhalb von Jerusalem gepredigt wird. Dadurch entstehen überall im Heiligen Land neue Gemeinden. Die Gemeinschaft der Erlösten ist nun von Jerusalem nach ganz Judäa, Galiläa und Samaria verpflanzt. Jesus Christus wird nun auch in diesen Regionen zum Ausdruck gebracht. Auch die Zwölf verlassen dann Jerusalem und beginnen zu reisen, um die neuen Gemeinden zu festigen.[40] Auch die Brüder von Jesus, Judas eingeschlossen, beginnen zu reisen.[41]

---

[39] Apg 6,8–7,60; 8,2.

[40] Apg 8,1-4.

[41] 1 Kor 9,5.

Hintergrundinformationen

Nach König Saul von Israel benannt, war Saulus ein geborener Hebräer aus dem Stamm Benjamin. Er wurde um das Jahr 5 n. Chr. in der kilikischen Stadt Tarsus in der heutigen Türkei geboren. Tarsus ist eines der großen Zentren hellenistischer Kultur. Es ist eine Universitätsstadt mit einer großen Einwohnerschaft.

Die Römer machten Tarsus um 64 v. Chr. zur Provinzhauptstadt Ziliziens mit einer sehr großen und bunt gemischten Bevölkerung. Die Stadt hat eine reichhaltige Vergangenheit; hier fand die erste romantische Begegnung von Antonius und Kleopatra statt. Die Stadt ist reich und für ihre Erzeugnisse berühmt, insbesondere für das Leinen (hergestellt aus dem Flachs, der in der fruchtbaren Schwemmlandebene wächst, in der die Stadt liegt) sowie das sogenannte „Kilikium" (ein grober, aus Ziegenhaar gewebter Stoff, der z. B. zur Herstellung von Zelten verwendet wird.)

„Saulus" ist ein jüdischer Name. Allerdings wurde er als römischer Bürger geboren (Apg 22,27 ff). Römische Bürger besitzen drei Namen: einen Vornamen *(praenomen)*, einen Familiennamen *(nomen gentile)* und einen zusätzlichen Beinamen *(cognomen)*. „Paulus" ist der römische Beiname; über die beiden anderen Namen ist uns nichts bekannt. Als kleiner Junge wurde Saulus nach Jerusalem gebracht, um eine hebräische Ausbildung zu bekommen. Hier wächst er auf. Er ist hoch gebildet und spricht Aramäisch, Hebräisch, Griechisch und vermutlich Latein.

Saulus lernt unter Gamaliel, dem größten Lehrer seiner Zeit. Er wird zu einem fanatischen Juden ausgebildet – einem Pharisäer. Er ist sehr viel eifriger als seine Altersgenossen (Gal 1,14; Phil 3,4-6). Da Saulus Pharisäer ist, hätte er zweifellos irgendwann einmal geheiratet. Aber nachdem er Christ wird, wird er unverheiratet bleiben. Alle jüdischen Rabbiner arbeiten, um ihren Lebensunterhalt zu verdienen. Sie müssen einen Beruf erlernen. Saulus lernt den Beruf des Zeltmachers. Das bedeutet, er repariert und stellt Zelte her, ebenso wie andere Lederprodukte. Aus diesem Grund führt Saulus auf seinen Reisen später immer eine Tasche mit Schnittwerkzeugen, einer Ahle (ein spitzes Werkzeug um Löcher in Leder zu stechen) und einem Schleifstein mit sich.

Philippus, der Evangelist

Philippus, einer der „Sieben“, reist nach Samaria und predigt den Christus.[42] Die Botschaft des Philippus wird durch Wunderzeichen, Heilungen und durch die Austreibung von Dämonen bestätigt. Sein Befreiungsdienst bringt große Freude in die Stadt. Er tauft sowohl Männer als auch Frauen, die auf seine Botschaft eingehen. Auch Simon Magus, ein weithin bekannter und berühmter Zauberer aus Samaria, wird getauft.

Die Zwölf in Jerusalem hören, dass in Samaria einige das Evangelium angenommen haben. Also senden sie Petrus und Johannes, um beim Aufbau der Gemeinde zu helfen.[43] Als Petrus und Johannes in Samaria eintreffen, legen sie den Neubekehrten die Hände auf und diese werden im Heiligen Geist getauft. Simon Magus bietet den Aposteln Geld für die Fähigkeit, den Heiligen Geist an andere weiterzugeben. Petrus weist Simon scharf zurecht und bringt dessen böses Herz ans Licht. Simon bittet Petrus, für ihn zu beten, sodass Gott ihn nicht richten möge. Petrus und Johannes kehren nach Jerusalem zurück, wobei sie auf dem Weg das Evangelium in vielen Dörfern Samarias predigen.

Philippus bleibt in Samaria. Doch dann erscheint ihm ein Engel und weist ihn an, nach Süden auf die Straße zu gehen, die von Jerusalem nach Gaza führt. Philippus gehorcht. Unterwegs trifft er einen äthiopischen Eunuchen, der als Heide den Gott Israels anbetet. Der Eunuch ist der offizielle Schatzmeister der Kandake, der äthiopischen Königin.[44] Der Eunuch ist auf dem Heimweg von Jerusalem, das er besucht hat, um bei einem der jüdischen Feste Gott anzubeten.

Der Geist weist Philippus an, er solle sich zu dem Wagen halten, auf dem der Äthiopier gerade laut aus Jesaja 53 liest (in dieser Zeit wird im Allgemeinen immer laut gelesen). Philippus beginnt ein Gespräch mit dem Eunuchen und führt ihn zu Christus.

---

[42] Jesus hatte fast ein Jahrzehnt zuvor die Saat des Evangeliums in dieser Stadt gesät (Joh 4,1-42). Philippus bringt nun die Ernte ein.

[43] Das Wort Jesu an die Jünger in Apg 1,8 beginnt sich zu erfüllen. Sie sind seine Zeugen in Judäa, Samaria und bis ans Ende der Welt.

[44] Ein Eunuch ist eine Person, die kastriert wurde. Könige hatten häufig Eunuchen als Schatzmeister, da diese nicht durch Frauen in Versuchung gebracht werden konnten.

Anschließend tauft er den Eunuchen. Sobald dieser wieder aus dem Wasser heraufsteigt, ergreift der Heilige Geist Philippus und versetzt ihn nach Aschdod, der alten Philisterstadt an der Küste, etwa 30 km nördlich von Gaza. Der Eunuch kehrt – mit der Freude der Erlösung – heim nach Äthiopien.[45]

Von Aschdod aus predigt Philippus das Evangelium in einer Stadt nach der anderen, bis er nach Cäsarea kommt (auch *Cäsarea Maritima* genannt – „Cäsarea-am-Meer"). Philippus wohnt die nächsten 20 Jahre in Cäsarea.[46]

Jesus Christus erscheint Saulus (33–37 n. Chr.)[47]

In Jerusalem verfolgt Saulus immer noch die Christen. Er stöbert sie auf, von wo auch immer sie sich versteckt haben. Er bedroht alle Christen mit dem Tod und holt sich vom Hohepriester die Erlaubnis, auch in allen Synagogen in Damaskus (Syrien) nach ihnen zu suchen, wo es eine große jüdische Bevölkerungsgruppe gibt. Saulus erhält die Erlaubnis nach Damaskus zu gehen, die Christen dort zu verhaften (sowohl Männer als auch Frauen) und sie als Gefangene nach Jerusalem zu bringen. Eine seiner Methoden, für die Christen die Todesstrafe sicherzustellen, ist, sie dazu zu bringen, (in seinen Augen) Gott zu lästern.[48]

Als Saulus mit einigen Begleitern auf dem Weg nach Damaskus ist, erscheint ihm um die Mittagszeit plötzlich der Herr Jesus Christus in einem blendend hellen Licht vom Himmel! Saulus und seine Begleiter fallen zu Boden. Jesus spricht Saulus an und fragt ihn in hebräischer Sprache: „Saul, Saul, was verfolgst du mich?" Die Begleiter des Saulus sehen ein Licht und hören ein Geräusch, können die Stimme jedoch nicht verstehen.[49] Jesus sagt zu Saulus, er solle aufstehen. Dann teilt er Saulus mit, er habe ihn berufen, die Erlösung zu den Heiden zu bringen.

---

[45] Nach Irenäus (180 n. Chr.) brachte der Eunuch anschließend seinem eigenen Volk das Evangelium.

[46] Apg 8,5-40.

[47] Einige Gelehrte, wie Ben Witherington oder F. F. Bruce, datieren die Bekehrung des Paulus in das Jahr 33 oder 34 n. Chr.

[48] Apg 9,1-2; 22,5 ff.; 26,9 ff.; 1 Kor 15,9; Gal 1,13.15; Phil 3,6; 1 Tim 1,13.

[49] Apg 9,7; 22,9; 26,12-18.

Als Saulus sich wieder vom Boden aufrichtet, kann er nicht sehen. So führen ihn seine Begleiter an der Hand nach Damaskus. Saulus ist drei Tage lang geblendet; in dieser Zeit nimmt er weder Speise zu sich, noch trinkt er etwas.

Es gibt eine Gemeinde in Damaskus. Ein treuer Bruder in Christus mit dem Namen Hananias gehört dazu. Jesus ruft Hananias in einer Vision und beauftragt ihn, Saulus im Haus des Judas in der „Geraden Straße" aufzusuchen. Wissend, wer Saulus ist, äußert Hananias Bedenken. Der Herr versichert Hananias, dass Saulus ein auserwähltes Werkzeug ist, um die Erlösung zu den Heiden zu bringen, und dass er aufgrund dieser Berufung sehr viel leiden wird.

Hananias findet Saulus, legt ihm die Hände auf und bestätigt seine Berufung, zu den Heiden zu gehen. Saulus empfängt Heilung von seiner vorübergehenden Blindheit und wird mit dem Geist erfüllt. Dann tauft ihn Hananias.

Saulus nimmt Speise zu sich und kommt wieder zu Kräften. Er bleibt für kurze Zeit bei der Gemeinde in Damaskus und beginnt sofort, Christus in den Synagogen zu predigen.[50] Alle, die ihn hören, sind völlig verblüfft, denn sie wissen, dass er zuvor die Christen verfolgt hat. Saulus wird immer vollmächtiger und verwirrt die Juden, indem er ihnen mit Schriftstellen aus dem Alten Testament beweist, dass Jesus der Messias ist.

Dann verschwindet Saulus etwa drei Jahre lang nach Arabien.[51] In dieser Zeit teilt ihm Jesus Christus durch göttliche Offenbarung sein Evangelium mit.[52] Anschließend kehrt Saulus nach Damaskus zurück und beginnt wieder, in den Synagogen zu predigen.[53] Die Juden planen, ihn zu töten, aber Saulus erfährt von ihrem Plan. Der Statthalter unter König Aretas lässt die Tore der Stadt bewachen, sodass Saulus nicht entkommen kann.[54] Als Saulus dies

[50] Apg 9,3-22.

[51] Die Bezeichnung „Arabien" bezieht sich nicht auf die Sandwüste, sondern auf das Reich der Nabatäer mit seinen Städten (Petra, Gerasa, Bostra usw.).

[52] Gal 1,11-18. Paulus (Saulus) verdeutlicht, dass ihm das Evangelium gegeben wurde, lange bevor er Kontakt zu irgendeinem der zwölf Apostel hatte.

[53] Gal 1,13-17.

[54] 2 Kor 11,32-33. Aretas war König der Nabatäer. Möglicherweise hat Paulus am Ende seines Aufenthalts in Arabien zu den Nabatäern gepredigt, denn der Statthalter

mitbekommt, lassen ihn die Gläubigen in Damaskus bei Nacht in einem Korb durch ein Fenster die Stadtmauer hinab. Er flieht sicher aus Damaskus.[55]

Saulus reist in südlicher Richtung nach Jerusalem, um Petrus zu treffen. Die Gemeinde hier fürchtet sich vor ihm; sie hält seine Bekehrung nicht für echt. Barnabas allerdings glaubt ihm und macht ihn mit den Aposteln bekannt. Barnabas erzählt den Aposteln von der Bekehrungserfahrung des Saulus und dieser wird aufgenommen. Er bleibt etwa zwei Wochen in Jerusalem (15 Tage, um genau zu sein). Saulus trifft auch auf Jakobus, den Halbbruder Jesu. Petrus und Jakobus informieren Saulus über Jesu irdisches Leben und über das, was er gesagt hat.[56] Saulus ist inzwischen seit etwa vier Jahren Christ.[57]

Während seines Aufenthalts in Jerusalem predigt Saulus kühn in den Synagogen den Christus. Aber die griechischen Juden versuchen ihn zu töten. Saulus besucht den Tempel, um zu beten, und der Herr erscheint ihm in einer Verzückung. Jesus weist ihn an, die Stadt zu verlassen, da die Juden sein Zeugnis nicht annehmen werden. Der Herr fügt hinzu, dass er Saulus weit weg zu den Heiden senden wird.[58] Die Gläubigen in Jerusalem bringen Saulus nach Cäsarea, etwa 100 km nördlich von Jerusalem. Von dort aus senden sie ihn mit dem Schiff nach Tarsus, seine Heimatstadt.

Saulus beginnt durch die Gegenden von Syrien und Zilizien zu reisen.[59] Mit der Ausnahme der Gemeinde in Jerusalem haben die Gemeinden in Judäa Saulus nie persönlich gesehen. Aber sie hören davon, dass ihr einstiger Verfolger nun genau den Glauben

---

unter Aretas – der Leiter der nabatäischen Gemeinschaft – zeigt Feindschaft gegenüber Paulus und versucht, ihn aufzuspüren. Scheinbar planen sowohl der Statthalter als auch die Juden die Verhaftung des Paulus. Als Paulus aber in 2 Kor 11,32 die Ereignisse beschreibt, vermeidet er (wie immer), sein eigenes Volk anzuklagen.

[55] Apg 9,23-25; 2 Kor 11,32-33.

[56] Zu den vielen Dingen, die Petrus und Jakobus dem Saulus über Jesus berichten, gehört auch, wie und wann er ihnen nach seiner Auferstehung erschienen ist (1 Kor 15,4-7).

[57] Gal 1,18-19. Das, was Petrus ihm über das irdische Reden und Wirken von Christus mitteilt, erscheint später in den Briefen des Paulus.

[58] Apg 22,17-21.

[59] Gal 1,21; Apg 9,30.

verkündigt, den er einst zu zerstören versuchte! Die Gemeinden verherrlichen Gott dafür.[60]

Mit der Bekehrung des Saulus endet die Verfolgung. Die Gemeinden in Judäa, Galiläa und Samarien genießen Frieden und geistliche Fülle. Die Zwölf reisen weiterhin zu den im ganzen Heiligen Land neu gegründeten Gemeinden und stärken und ermutigen sie im Herrn.[61]

Petrus reist durch das Heilige Land (37–41 n. Chr.)

Petrus begibt sich auf eine allgemeine Rundreise durch die Gemeinden in Westjudäa. Er besucht die Gemeinde in Lydda und heilt einen Mann namens Äneas von seiner Lähmung. Die Gemeinde in Lydda wächst infolge des Wunders weiter.

Anschließend besucht Petrus Joppe, eine Stadt 15 km nordwestlich von Lydda. Während er sich dort aufhält, erweckt er eine geachtete Schwester in Christus mit Namen Tabitha (oder Dorkas) von den Toten. Die Gemeinde in Joppe wächst als Folge des Wunders. Petrus bleibt längere Zeit in Joppe. Er wohnt bei Simon dem Gerber in einem Haus am Meer.[62]

Kornelius, ein römischer Zenturio,[63] lebt in der vorwiegend heidnischen Stadt Cäsarea. Er ist ein *„Gottesfürchtiger"*, das heißt, ein unbeschnittener Heide, der den Gott Israels anbetet. Kornelius ist auch ein Mann des Gebets und der Barmherzigkeit. Um 3 Uhr nachmittags hat er eine Vision von einem Engel, der ihn anweist, Petrus zu sich nach Hause einzuladen.

Am nächsten Tag um die Mittagszeit betet Petrus auf dem Dach des Hauses. Er wird hungrig und es kommt eine Verzückung über ihn. Er hat dabei die Vision von einem Tuch, das vom Himmel herabgelassen wird. In dem Tuch befinden sich viele unreine Tiere. Petrus hört eine Stimme sagen: „Steh auf, schlachte und iss ... Was Gott gereinigt hat, nenne nicht unrein!" Diese Vision hat er dreimal nacheinander. (Die Bedeutung der Vision ist, dass Gott die Heiden reinigen wird.)

---

[60] Gal 1,22-24.

[61] Apg 9,26-31.

[62] Apg 9,32-43.

[63] Ein römischer Offizier, der eine Gruppe von 100 Mann (Zenturie) befehligt.

Nicht lange nach dem Ende der Vision kommen drei von Kornelius gesandte Männer, um Petrus aufzusuchen. Sie erklären Petrus den Grund ihres Besuches und Petrus lädt sie ein, über Nacht seine Gäste zu sein. Am nächsten Tag machen sich Petrus, die Gesandten des Kornelius und sechs Brüder aus der Gemeinde in Joppe auf den Weg nach Cäsarea, um Kornelius zu treffen. Die Reise nach Cäsarea, eine Strecke von etwa 65 Kilometern, nimmt zwei Tage in Anspruch (eine Tagesreise zu Fuß entspricht etwa 35 Kilometern).

Gemeindegründung in Cäsarea

Petrus wird bei seiner Ankunft in Cäsarea von Kornelius, den Leuten, die in seinem Haushalt leben, und einer größeren Gruppe von Heiden begrüßt. Nachdem sie sich darüber ausgetauscht haben, wie Gott die beiden Männer zusammengeführt hat, predigt Petrus den Christus. (Das Markusevangelium ist im Grunde eine erweiterte Version der Botschaft des Petrus.[64])

Noch während Petrus predigt, glauben die Heiden an Christus und der Geist Gottes fällt auf sie, wodurch sie in neuen Sprachen sprechen. Die Begleiter des Petrus sind schockiert, denn sie haben nicht erwartet, dass Gott seinen Geist auch Heiden gibt.

Petrus lässt sie alle im Wasser taufen. Die Heiden sind nun zum Leib Christi hinzugefügt! Die „Unreinen" sind nun Teil der geistgetauften Gemeinschaft! In der Gemeinde gibt es nicht mehr länger Juden und Heiden. Die Gemeinde ist eine neue Menschheit, zu der sowohl Juden als auch Heiden gehören! In Cäsarea entsteht die erste heidenchristliche Gemeinde. Die Neubekehrten bitten Petrus, noch einige Zeit bei ihnen zu bleiben.[65]

In der Zwischenzeit ist die Gemeinde in Jerusalem wieder gewachsen. Viele jüdische Priester sind Christen geworden und werden der Gemeinschaft der Gläubigen hinzugefügt. Diese Ex-Priester bilden die sogenannte „Partei der Beschneidung". Sie sind eifrig auf die Einhaltung des Gesetzes Moses bedacht. Sie glauben,

---

[64] Der Grund dafür ist, dass Markus seinen Bericht über Jesus Christus hauptsächlich von Petrus erhalten hat. Darüber hinaus ist der Aufbau seines Evangeliums identisch mit dem Aufbau der gesprochenen Botschaft des Petrus in der Apostelgeschichte.

[65] Apg 10; 11,5-16.

dass Heiden unrein sind und beschnitten werden müssen, um bei Gott Gefallen zu finden.

Der Bericht, dass die Heiden das Evangelium angenommen haben, verbreitet sich wie ein Lauffeuer durch ganz Judäa. Als Jerusalem davon erfährt, sind einige der Gläubigen in der Gemeinde alarmiert und bestürzt. (Das Gesetz verbietet die Verbrüderung von Juden und Heiden. Von klein auf wurde den Juden beigebracht, niemals mit einem unreinen Heiden zu essen oder ihn zu berühren. In ihren Augen ist also das, was Petrus getan hat, als er Heiden besucht und mit ihnen gegessen hat, sündig und abstoßend.)

Als Petrus nach Jerusalem zurückkehrt, wird er von denen „aus der Beschneidung" scharf dafür kritisiert, dass er mit Heiden Gemeinschaft hatte. Petrus erzählt ihnen jedoch die Vision von den unreinen Tieren, von seinem Besuch in Cäsarea und wie Gott übernatürlich zu ihm und Kornelius gesprochen hat. Es gelingt Petrus, seine jüdischen Mitbrüder davon zu überzeugen, dass Gott die Heiden in die Gemeinschaft der Gläubigen aufgenommen hat und auch ihnen damit ewiges Leben schenkt.[66]

[66] Apg 11,1-18.

KAPITEL 8

Die Antiochia-Chronik

41–47 n. Chr.

Es waren aber unter ihnen einige Männer von Zypern und Kyrene, die, als sie nach Antiochia kamen, auch zu den Griechen redeten, indem sie das Evangelium von dem Herrn Jesus verkündigten. Und des Herrn Hand war mit ihnen, und eine große Zahl, die gläubig wurde, bekehrte sich zum Herrn (Apg 11,20).

41 n. Chr.

Einige der über das Heilige Land verstreuten Christen kommen bis nach Phönizien, Zypern und in eine große Stadt in Syrien mit dem Namen Antiochia. Diese Christen predigen zu ihren griechischen (hellenistischen) Mit-Juden in diesen Gebieten.

Hintergrundinformationen

Antiochia in Syrien liegt am Fluss Orontes, etwa 500 km nördlich von Jerusalem. Nach dem jüdischen Historiker Josephus (100 n. Chr.) ist Antiochia (nach Rom und Alexandria) die drittgrößte Stadt im Römischen Reich. Die Stadt ist bekannt als „Königin des Ostens", „Antiochia die Schöne" und „Dritte Stadt des Reiches".

Antiochia ist das Zentrum der politischen, militärischen und wirtschaftlichen Kommunikation zwischen Rom und der persischen Grenze. Es ist eine wohlhabende Stadt und besitzt als einzige Stadt ihrer Zeit eine Straßenbeleuchtung. Ihre Hauptstraße in Ost-West-Richtung ist mit geschliffenen Steinen gepflastert und besitzt Säulenhallen auf beiden Seiten. Die Bevölkerung von Antiochia wird auf 300 000 bis 500 000 geschätzt. Die jüdische Bevölkerung ist zahlreich und vital, sie zählt zwischen 22 000 und

50.000 Personen. Nikolaus, einer der „Sieben", war ein jüdischer Proselyt aus Antiochia. In den folgenden Jahren wird Antiochia in Syrien zur Wiege des Heidenchristentums werden.

Antiochia in Syrien ist typisch für alle griechisch-römischen Städte des ersten Jahrhunderts. Es ist eine Brutstätte für ansteckende Krankheiten. Diese Krankheiten sind auch auf den Straßen zu sehen. Geschwollene Augen, Hautausschläge und das Fehlen von Gliedmaßen sind ein gewohnter Anblick in der Öffentlichkeit. Viele Bewohner der Stadt sind erst vor kurzem hierhergezogen, sie wird also von vielen Fremden bevölkert. Die Stadt ist erfüllt von Elend, Gefahr, Verzweiflung, Furcht und Hass. Die Durchschnittsfamilie lebt in schmutzigen und überfüllten Unterkünften. Mindestens die Hälfte der Kinder stirbt bei der Geburt oder in der frühen Kindheit.

Die meisten Kinder verlieren einen Elternteil, bevor sie erwachsen sind. Es gibt riesige ethnische Unterschiede, was zu Hass und Angst führt. Das Problem wird durch den beständigen Zustrom von Fremden noch verschlimmert. Verbrechen sind verbreitet und die Straßen sind nachts unsicher. Nicht wenige Einwohner sind obdachlos. Was das Christentum dieser und vielen anderen Städten bringen wird, ist eine *neue Kultur* mit der Fähigkeit, das Leben in griechisch-römischen Städten erträglicher zu machen. Die Gemeinschaft von Jesus Christus – die Gemeinde – wird Freude, Hoffnung, Nächstenliebe, Familiensinn und Solidarität in solch grausame Umstände hineinbringen.

Gemeindegründung in Antiochia

Jedenfalls predigen einige der zerstreuten Christen – die ursprünglich aus Zypern und Kyrene stammen – den Heiden in Antiochia das Evangelium. Unter ihnen befindet sich ein Zyprer mit dem Namen Mnason.[1] Die Hand des Herrn ist mit diesen Christen und eine große Zahl der Griechen glaubt dem Evangelium. Es gibt nun eine Gemeinschaft in Antiochia, die Jesus Christus verkörpert. Die Gemeinde in Antiochia wird schnell zu einer Gemeinde voller Heiden, frei vom Gesetz.

---

[1] Apg 21,16.

Die Gemeinde in Jerusalem erfährt von den Neuigkeiten in Bezug auf Gottes Wirken in Antiochia. Die Gläubigen in Jerusalem senden Barnabas, der ursprünglich aus Zypern stammt, um den christlichen Fortschritt in Antiochia zu beaufsichtigen und zu leiten (die Gemeinde in Jerusalem hat großes Vertrauen in Barnabas).

Als Barnabas nach Antiochia kommt, ist er außer sich vor Freude über das, was er Gott unter den Heiden tun sieht. Er beginnt sofort, die neue Gemeinde zu ermutigen, die sehr schnell wächst.[2]

42 n. Chr.

Saulus von Tarsus befindet sich noch immer in seiner Heimatstadt in Zilizien. Währenddessen hat er ein tiefgreifendes geistliches Erlebnis. Es ist so beeindruckend, dass er sich nicht sicher ist, ob er dabei seinen Körper verlassen hat oder nicht. Er weiß nur sicher, dass er irgendwie bis in den dritten Himmel entrückt wurde[3] und Dinge hört und sieht, die auszusprechen einem Menschen nicht zusteht.[4]

Die Christen in Antiochia

Die Gemeinde in Antiochia ist gewachsen und so groß geworden, dass Barnabas nicht länger allein für sie sorgen kann. Er erinnert sich an Saulus und daran, dass Saulus Griechisch spricht, aus der hellenistischen Stadt Tarsus stammt, und daran, dass Gott ihn zum Dienst unter den Heiden berufen hat.

Barnabas macht sich auf den Weg nach Tarsus, um Saulus aufzusuchen. Nachdem er die Stadt nach Saulus durchsucht hat, findet er ihn und nimmt ihn mit sich nach Antiochia. Die beiden Männer verbringen dort ein Jahr damit, die Gemeinde zu stärken. Barnabas tut den Großteil des Dienstes, und Saulus ist sein Schüler.

In Antiochia lebt Saulus bei Simon von Kyrene (auch Simeon genannt), seiner Frau und seinen beiden Söhnen Rufus und Alexander. Simons Frau sorgt wie eine Mutter für Saulus (Simon war

---

[2] Apg 11,19-24.

[3] Der erste Himmel ist der sichtbare Himmel mit den Wolken. Der zweite Himmel ist die Atmosphäre über den Wolken. Der dritte Himmel ist der geistliche, unsichtbare Bereich, wo Gott wohnt.

[4] 2 Kor 12,1-4.

es, der das Kreuz Christi trug).[5] Die Gläubigen werden zuerst in Antiochia „Christen" genannt (Christus-Leute). Sie nennen sich weder selbst Christen, noch wird ihnen diese Bezeichnung von Juden gegeben (denn die Juden glauben nicht, dass Jesus der Christus ist – der Messias). Vielmehr sind es ihre Griechisch sprechenden Nachbarn, die ihnen diesen Namen geben. Weshalb? Die Gläubigen reden ununterbrochen von ihrem Herrn, so wie Jesus ständig von seinem Vater sprach. Die Christen in Antiochia sind leidenschaftlich ergriffen von Jesus Christus, und aus der Fülle ihres Herzens redet ihr Mund.[6] Die neue Bewegung wird auch „Der Weg" genannt – ein Ausdruck, den die Christen für den Weg der Erlösung und den Weg des Lebens gebrauchen.[7] Im Heiligen Land sind die Christen bekannt als „Nazarener".[8]

Es gibt zwei Männer in der Gemeinde von Antiochia, die in der Geschichte noch eine Schlüsselrolle spielen werden: Lukas und Titus.[9] Petrus wird eines Tages ein apostolischer Arbeiter (Gemeindegründer) sein, aber erst nachdem er genug Zeit hatte, in der Gemeinde geistlich zu wachsen. Lukas ist ein heidnischer, reisender Arzt, der seinen Beruf an Orten wie Troas und Philippi ausübt.[10] Titus ist der jüngere Bruder des Lukas.[11]

Die kommende Hungersnot (Sommer 43 n. Chr.)

Propheten aus Jerusalem statten Antiochia einen Besuch ab. Einer von ihnen mit dem Namen Agabus prophezeit eine große Hungersnot, die die gesamte römische Welt betreffen wird.[12] Die

---

[5] Mk 15,21; Röm 16,13; Apg 13,1.

[6] Apg 11,26.

[7] Apg 9,2; 19,9.23; 22,4; 24,14.22; ebenso Apg 16,17 und 18,25-26.

[8] (d. h. Nachfolger des Nazareners Jesus) Apg 24,5.

[9] Dass Titus aus Antiochia stammt, ist eine naheliegende Schlussfolgerung aus Gal 2,1-3. Die Überlieferung berichtet, dass auch Lukas aus Antiochia stammt.

[10] Kol 4,14; Apg 16,10ff. Wenn Lukas in Apg 16, 20, 21, 27 und 28 in der „Wir"-Form schreibt, dann weil er selbst dabei ist. Kol 4,10-11.14 deutet stark darauf hin, dass Lukas ein Heidenchrist ist.

[11] Diese Ansicht ist unter Gelehrten weit verbreitet. Es erklärt auch, warum Lukas in der Apostelgeschichte Titus niemals erwähnt.

[12] Die Hungersnot trat schließlich unter Kaiser Claudius ein. Die „Römische Geschichte" des Cassius Dio berichtet über Dürre und Hungersnot in Rom und anderen Teilen

Gemeinde in Jerusalem leidet unter großer Armut und wird durch die kommende Hungersnot verwüstet werden.

Als die Gläubigen in Antiochia dies hören, beginnen sie eine Geldsammlung zur Unterstützung ihrer Geschwister in Jerusalem. Jeder Einzelne gibt nach seinen Möglichkeiten, entsprechend seines Vermögens. Die Gemeinde wählt Barnabas und Saulus aus, um das Geld zu den Ältesten in Jerusalem zu bringen.

König Herodes Agrippa (der Enkel Herodes' des Großen) regiert zu dieser Zeit über Judäa. Die Gemeinde in Jerusalem erlebt wieder Wachstum. Und die herrschende Schicht unter den Juden fühlt sich bedroht.[13]

Der Apostel Jakobus wird getötet (April 44 n. Chr.)

Während der Zeit der ungesäuerten Brote versucht König Herodes, sich bei den Juden beliebt zu machen. Da die Juden in Jerusalem die Christen hassen, lässt Herodes Jakobus, den Sohn des Zebedäus und Bruder des Johannes, unbarmherzig hinrichten. Jakobus wird enthauptet und ist damit der erste der Zwölf, der den Märtyrertod erleidet.[14] Als Herodes sieht, dass der Tod des Jakobus den Juden gefällt, lässt er auch Petrus verhaften. Petrus wird schwer bewacht, von vier Abteilungen zu je vier Mann während der verschiedenen Wachen in der Nacht. Herodes plant, Petrus nach dem Passahfest öffentlich den Prozess zu machen.

Die Gläubigen in Jerusalem beten leidenschaftlich für die Befreiung von Petrus. Gott erhört ihr Gebet und befreit Petrus übernatürlich durch die Hand eines Engels aus dem Gefängnis. Nach seiner Befreiung geht Petrus zum Haus der Maria (der Mutter des Johannes Markus). Eine große Gruppe von Gläubigen betet, als Petrus ankommt.

Als Petrus ans Tor klopft, öffnet ihm Rhoda. Als sie seine Stimme gehört hat, läuft sie sofort los und sagt den anderen

---

des Reiches zu Beginn der Regierung des Claudius in den Jahren 41–54 n. Chr. Historisch gesehen, litt Judäa von 45–48 n. Chr. unter der Hungersnot.

[13] Apg 11,27-30.

[14] Eusebius (21 n. Chr.) begründet die Tradition, dass der Wächter, der Jakobus im Gefängnis bewachte, so sehr von seinem Zeugnis beeindruckt war, dass er sich selbst als Christ bekannte und gemeinsam mit ihm enthauptet wurde.

Gläubigen, dass Petrus am Tor steht. Allerdings glauben diese ihr nicht. Petrus wird schließlich hereingelassen und die Gläubigen sind erstaunt. Petrus erzählt von dem Wunder und bittet sie, es Jakobus (dem Halbbruder des Herrn) und dem Rest der Gemeinde zu berichten. Dann verlässt er sie wieder. Frühmorgens am nächsten Tag erfährt Herodes, dass Petrus entkommen ist. Daraufhin befiehlt er, die für die Bewachung des Petrus verantwortlichen Soldaten hinzurichten. Herodes verlässt Judäa und macht sich auf den Weg nach Cäsarea. Dort versucht er, ein paar politische Feuer in Bezug auf die Bewohner von Tyrus und Sidon zu löschen.

1. August 44 n. Chr.

Herodes hält von seinem Thron aus eine Rede an das Volk von Cäsarea. Er ist in ein königliches Gewand aus Silber gekleidet, das eindrucksvoll glitzert, wenn Sonnenstrahlen darauf treffen. Während er spricht, ruft das Volk: „Du bist mehr als ein Sterblicher; du bist Gott!" Herodes weist das Volk nicht zurecht, sondern nimmt ihre gottlose Schmeichelei an. Augenblicklich schlägt ihn der Engel des Herrn. Herodes beklagt sich über Schmerzen in den Eingeweiden und wird von der Volksmenge weggebracht. Er leidet fünf Tage lang an inneren Schmerzen, bis er schließlich stirbt.[15] Ursache für seinen Tod sind Würmer in seinen Eingeweiden, die ihn innerlich auffressen.[16]

Jerusalem erhält Hilfe aus Antiochia

Trotz der erneuten Verfolgung wächst die Gemeinde in Jerusalem weiter. Saulus und Barnabas verlassen Antiochia und machen sich auf den Weg nach Jerusalem, um das gesammelte Geld für die Unterstützung der Gläubigen zu den Ältesten zu bringen. Als Vertreter der Heidenchristen in der Gemeinde von Antiochia nehmen sie Titus mit.[17] Die Reise von Antiochia nach Jerusalem führt sie etwa

[15] Sowohl der jüdische Geschichtsschreiber Josephus als auch Lukas berichten über die Begebenheit.

[16] Apg 12,1-23. Die ersten zwölf Kapitel der Apostelgeschichte drehen sich hauptsächlich um Petrus. Der Rest der Apostelgeschichte richtet den Blick auf Paulus.

[17] Gal 2,1.

500 km weit. Bei ihrer Ankunft übergeben Saulus, Barnabas und Titus das Geld mit Freude an die Ältesten in Jerusalem.

Die drei Männer haben ein privates Treffen mit Petrus, Jakobus und Johannes (den Säulen der Jerusalemer Gemeinde). Bei diesem Treffen berichten Saulus und Barnabas über Gottes Wirken unter den Heiden in Antiochia. Saulus und Barnabas erzählen auch von ihrer Last dafür, das Evangelium zu den Heiden zu bringen.

Auch einige „falsche Brüder" aus der Partei der Beschneidung sind anwesend. Sie infiltrieren das Treffen als „Undercover-Agenten" mit dem Ziel, die Heiden in Antiochia unter das mosaische Gesetz zu bringen. Da Titus nicht beschnitten ist, machen sie das zum Problem.[18]

Petrus, Jakobus und Johannes lassen sich von der „Beschneidung" nicht überzeugen und billigen das gesetzesfreie Evangelium des Paulus für die Heiden. Die drei Apostel geben Saulus und Barnabas den „Handschlag der Gemeinschaft" und treffen eine Vereinbarung. Sie legen fest, dass der hauptsächliche Wirkungskreis des Dienstes von Saulus und Barnabas die heidnische Welt sein wird, während Petrus vorwiegend in der jüdischen Welt arbeiten wird.

Die drei Jerusalemer Apostel bitten Saulus und Barnabas lediglich, auch weiterhin an die armen Heiligen in Jerusalem zu denken – eine Bitte, die auch Paulus schon länger auf dem Herzen hat (später wird Saulus in allen heidenchristlichen Gemeinden eine Sammlung durchführen, um die chronische Armut der Jerusalemer Gemeinde zu lindern).[19] Saulus, Barnabas und Titus machen sich auf den Heimweg zurück nach Antiochia in Syrien. Sie nehmen den jungen Neffen des Barnabas mit, Johannes Markus.[20] („Johannes" ist sein jüdischer Name, Markus sein römischer Name. Es ist derselbe Markus, der später das Markusevangelium schreibt.)[21]

---

[18] Gal 2,1-5.

[19] Gal 2,6-10.

[20] Kol 4,10.

[21] Apg 12,24-25.

Eine besondere Gebetsversammlung (Frühjahr 47 n. Chr.)

Die Gemeinde in Antiochia ist etwa sieben Jahre alt. Es findet ein Gebetstreffen statt und fünf Männer der Gemeinde sind anwesend. Diese Männer sind Propheten und Lehrer, sie fasten und dienen dem Herrn.[22] Es sind

- Simeon, genannt Niger (Niger ist sein lateinischer Nachname, der auf eine dunkle Hautfarbe hinweist. Er ist bekannt als Simon von Kyrene. Er trug für Jesus das Kreuz.[23])
- Lucius von Kyrene
- Manaen (ein Adeliger, vermutlich der Stiefbruder von Herodes Antipas, dem jüngsten Sohn Herodes des Großen)
- Barnabas
- Saulus

Barnabas und Saulus werden ausgesandt

Genauso, wie der Vater den Sohn berufen und gesandt hat und wie der Sohn die Zwölf berufen und gesandt hat, beruft der Heilige Geist Barnabas und Saulus und sendet sie aus zu dem Werk, um neue Gemeinden zu gründen.[24] Genau wie die Zwölf sind auch sie nun „Ausgesandte" – Apostel.[25] Aber ihre Aussendung geschieht nicht ohne Vorbereitung: Barnabas hat 17 Jahre lang in der täglichen Erfahrung der Gemeinde gelebt (zehn Jahre in Jerusalem und sieben in Antiochia). Er ist auch durch die Zwölf ausgebildet worden. Saulus hat das Gemeindeleben fünf Jahre lang in Antiochia erlebt und wurde von Barnabas ausgebildet.[26]

Die drei anderen Brüder legen Barnabas und Saulus als Vertreter der Gemeinde in Antiochia die Hände auf und senden sie aus für das Werk.[27]

---

[22] Apg 13,1-2.

[23] Mk 15,21.

[24] Joh 20,21; Apg 13,2. Eine genauere Betrachtung zum Wort *Werk* und seinen Gebrauch im NT findet sich in meinem Buch *Ur-Praxis,* Kapitel 2 (siehe S. 218).

[25] Paulus und Barnabas werden in Apg 14,4.14 als „Apostel" bezeichnet.

[26] Eine genauere Betrachtung darüber, wie Gott apostolische Arbeiter zurüstet und aussendet, finden Sie wiederum in *Ur-Praxis,* Kapitel 3 (siehe S. 218).

[27] Apg 13,3.

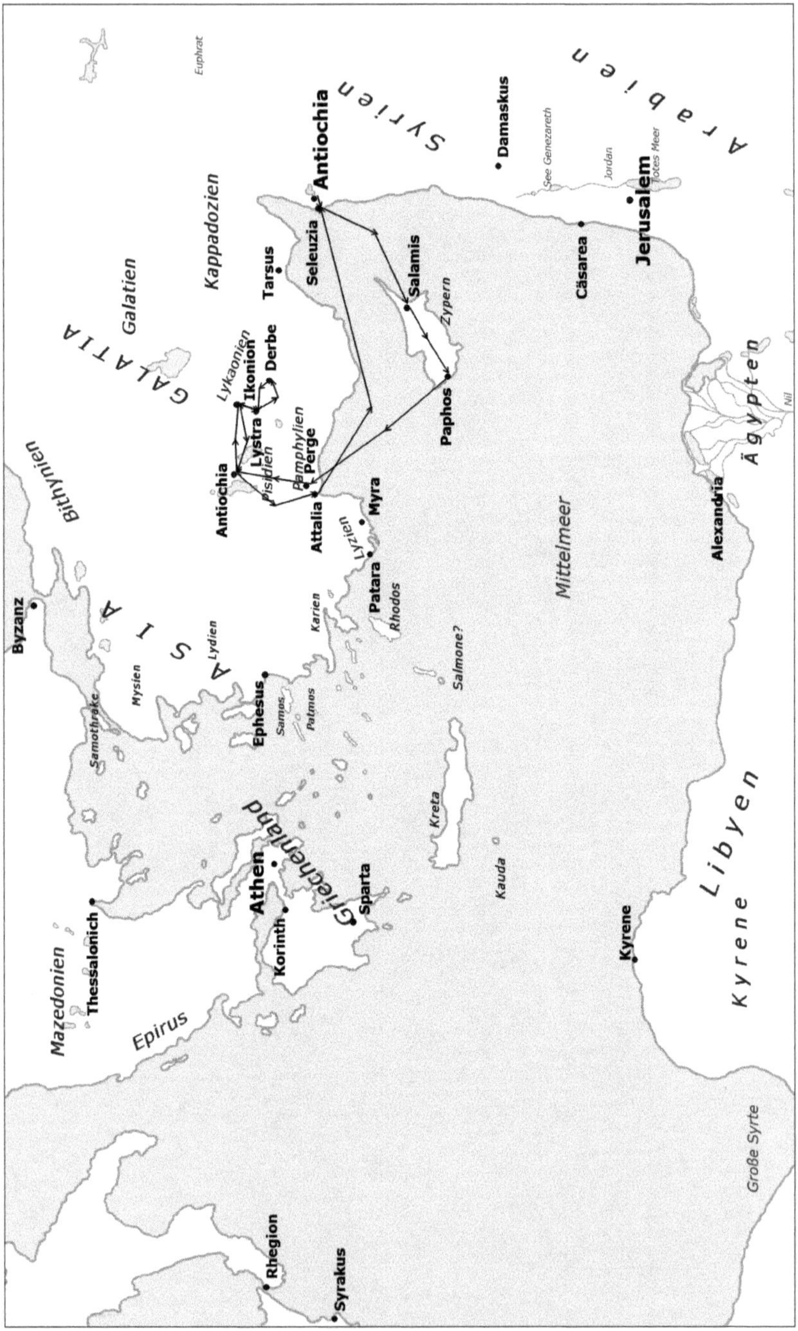
Euphrat
Syrien
Arabien
Antiochia
Damaskus
See Genezareth
Jordan
Totes Meer
Jerusalem
Kappadozien
Galatien
GALATIA
Tarsus
Seleuzia
Salamis
Zypern
Cäsarea
Lykaonien
Ikonion
Derbe
Lystra
Pisidien
Pamphylien
Perge
Antiochia
Attalia
Myra
Lyzien
Paphos
Ägypten
Nil
Alexandria
Mittelmeer
Bithynien
Byzanz
ASIA
Lydien
Mysien
Karien
Patara
Rhodos
Salmone?
Ephesus
Samos
Patmos
Samothrake
Griechenland
Athen
Korinth
Sparta
Kreta
Kauda
Thessalonich
Mazedonien
Epirus
Kyrene
Libyen
Große Syrte
Rhegion
Syrakus

Kapitel 9

Die Galatien-Chronik

47–50 n. Chr.

Sie aber zogen von Perge aus hindurch und kamen nach Antiochia in Pisidien; und sie gingen am Tag des Sabbats in die Synagoge und setzten sich (Apg 13,14).

Vorschau auf die erste apostolische Reise des Paulus

Dauer: 2 Jahre
Zeitpunkt: 47–49 n. Chr.
Wegstrecke: 1900 km

Gegründete Gemeinden (4) und Zeitbedarf:
Antiochia in Pisidien: 3–5 Monate
Ikonion: 3–5 Monate
Lystra: 3–5 Monate
Derbe: 3–5 Monate

Barnabas und Saulus machen sich von Antiochia in Syrien aus auf den Weg. Barnabas übernimmt die Führung. Sie nehmen auch Johannes Markus als ihren Begleiter mit. Er trägt einen Teil des Gepäcks und andere nötige Dinge. Auch er ist ein Augenzeuge der Auferstehung Christi.[1] Dies könnte sich als praktisch erweisen, wenn die beiden Männer in fremden Ländern das Evangelium predigen.

[1] Mk 14,51. Mit dem „jungen Mann" ist zweifellos Johannes Markus selbst gemeint.

Die drei Männer begeben sich zum Hafen in Seleucia (Antiochia liegt etwa 25 km vom Meer entfernt). Von dort aus segeln sie die knapp 100 km zur Insel Zypern, der Heimat von Barnabas.

Besuch in Zypern (Frühjahr 47 n. Chr.)

Hintergrundinformationen

Zypern gehört zur Provinz Zilizien (oder: Kilikien). Die wichtigste Exportware Zyperns ist Kupfer, von dem auch der der Name abgeleitet ist. Barnabas hatte möglicherweise ein Kupferfeld verkauft, als er 16 Jahre vorher sein Geld gab, um der Gemeinde in Jerusalem zu helfen. Zypern erstreckt sich etwa 225 km in Ost-West-Richtung. Die Bevölkerung besteht größtenteils aus Griechen, doch es gibt auch eine große jüdische Bevölkerungsgruppe.

Barnabas, Saulus und Johannes Markus kommen in eine Stadt im östlichen Zypern mit dem Namen Salamis. Salamis besitzt eine große jüdische Gemeinde und mehrere Synagogen. Barnabas und Saulus beginnen in den Synagogen zu predigen. Dies wird für Saulus zur gewohnten Methode werden. Er wird das Evangelium „zuerst den Juden, dann den Griechen" bringen.

Die drei Männer durchqueren die Insel von Osten nach Westen. Sie predigen in den Synagogen und stärken die Gemeinden, die während der Zerstreuung der Jerusalemer Gemeinde entstanden sind.[2]

Als sie an die Westküste der Insel gelangen, machen sie in einer Stadt namens Paphos Halt (auch „Neu-Paphos" genannt). Paphos ist die administrative Hauptstadt Zyperns. Dort werden Barnabas und Saulus an eine Säule gebunden, ausgepeitscht[3] –

[2] Apg 13,4-5.

[3] Die Säule, an der sie während der Auspeitschung festgebunden waren, besteht noch heute als ein Zeugnis für die Misshandlung der beiden Männer.

sie bekommen die „40 Schläge weniger einen"[4] – und ins Gefängnis geworfen.

Der Statthalter (oder Prokonsul) von Zypern, Sergius Paulus, lädt die beiden Männer zu einem Gespräch über ihre Religion ein. Während Barnabas und Saulus dem Statthalter von Christus erzählen, unterbricht dessen Hofzauberer Bar-Jesus (auch „Elymas" genannt, dem semitischen Ausdruck für „Zauberer") sie unhöflich und absichtlich. Paulus antwortet Bar-Jesus mit einer scharfen Zurechtweisung und die Hand Gottes kommt über ihn: Bar-Jesus erblindet! Als Sergius Paulus dies miterlebt, wird er Christ. Der Statthalter ist der erste nichtjüdische Bekehrte von Barnabas und Saulus, über den wir eine Aufzeichnung besitzen.[5]

Sergius Paulus hat Verwandte in einem Landstrich namens Pisidien in der Provinz Galatien. Er ermutigt Barnabas und Saulus zu einem Besuch in Pisidien, damit sie ihnen von Jesus Christus erzählen.[6] So machen sich die drei Männer auf den Weg nach Norden, in Richtung Pisidien.[7]

Überfahrt nach Süd-Galatien (Sommer 47 n. Chr.)

Die Männer segeln über das Mittelmeer von Paphos nach Perge in Pamphylien. Zu diesem Zeitpunkt übernimmt Saulus die Führung der Reise.[8] Auch gebraucht er statt seines jüdischen Namens Saulus nun seinen griechisch-römischen Namen Paulus (Paulos).

---

[4] Paulus wird diese Form der Bestrafung in den nächsten zehn Jahren noch weitere vier Mal erleiden (2 Kor 11,24).

[5] Archäologische Ausgrabungen brachten ans Licht, dass auch die Tochter des Statthalters gläubig war. Die Überlieferung berichtet weiter, dass Barnabas zu einem späteren Zeitpunkt eine Konfrontation mit Bar-Jesus hatte, in deren Verlauf dieser die Juden dazu aufreizte, den Apostel zu steinigen.

[6] Die Familie des Sergius Paulus besaß ausgedehnte Ländereien in Antiochia in Pisidien.

[7] Apg 13,6-12.

[8] Von hier an (Apg 13,13) schreibt Lukas nicht mehr von „Barnabas und Saulus", sondern formuliert stattdessen „Paulus und Barnabas" und deutet damit an, dass Paulus die Führung übernahm.

Hintergrundinformationen

Im ersten Jahrhundert gibt es keine Passagierschiffe. Man muss ein Handels- oder Frachtschiff finden, das noch Platz hat. Je größer das Schiff, desto sicherer ist die Überfahrt. Die größten Schiffe sind diejenigen, die Getreide transportieren. Eine Seefahrt ist nicht teuer. Außer im Notfall wird wegen des hohen Seegangs in den Wintermonaten keinerlei Seefahrt betrieben. Vom 11. November bis zum 10. März ist das Meer unsicher. Die beste Zeit für die Seefahrt ist etwa vom 27. Mai bis zum 14. September. Vom 10. März bis zum 26. Mai sowie 14. September bis 11. November ist die Seefahrt zwar riskant, aber noch möglich. Unabhängig von der Jahreszeit warten heidnische Seeleute immer auf ein Zeichen der Götter, bevor sie in See stechen. Gewöhnlich wird zuvor ein Opfer gebracht und man liest aus den Innereien des Tieres, ob der Zeitpunkt für die Fahrt günstig ist. (Das Schiff aus Alexandria, mit dem Paulus später nach Rom reist, wird als Galionsfigur die Zwillingsgötter *Castor* und *Pollux* tragen, die nach heidnischem Glauben Schutz vor Stürmen bieten – vgl. Apg 28,11.)

In der Gegend, die Paulus und Barnabas nun bereisen, können jahreszeitbedingte Winde zum Problem werden. Das sind monsunartige Winde aus vorherrschend nördlicher Richtung, die im Sommer und Frühherbst in der Ägäis und dem östlichen Mittelmeer auftreten.

Antiochia in Pisidien liegt auf einer Höhe von etwa 1100 m. Die Männer müssen das Taurusgebirge überqueren, um dorthin zu kommen. Dies ist eine sehr gefährliche Reise. Die Straßen sind unsicher und wimmeln von Räubern. Die Flüsse in dieser Gegend sind dafür bekannt, leicht über die Ufer zu treten, wodurch viele Menschen ertrinken. Als Paulus im zweiten Korintherbrief von „Gefahr von Räubern und Gefahr durch Flüsse" schreibt, spricht er zweifellos über die Reise von Perge nach Pisidien. Eine Tagesreise zu Fuß entspricht im ersten Jahrhundert etwa 30 km. Daher dauert die Reise von Perge nach Pisidien etwa 10 Tage.

Paulus und Barnabas mussten auf ihrer Reise zweifellos in den örtlichen Herbergen übernachten. Wohlhabende Römer meiden diese Herbergen um jeden Preis, denn sie sind bekannt für ihre verdreckten Unterkünfte, für gepantschten Wein, erpresserische Gastwirte, Spieler, Diebe und Prostituierte, ganz zu schweigen von ihren wanzenverseuchten Betten.

Die Reise von Paphos nach Perge ist von einem Schiffbruch begleitet.[9] Dies und das Wissen um die Räuber, die das Gebirge unsicher machen, nehmen Johannes Markus den letzten Mut, weiter an der Reise teilzunehmen. Er ist auch darüber beunruhigt, dass nun Paulus statt seines Cousins Barnabas der Leiter der apostolischen Reise ist, und dass Paulus bereit ist, das Evangelium außerhalb der Synagoge mit viel größerer Freiheit zu den Heiden zu predigen, als Markus es erwartet hatte. All das löst bei Johannes Markus großes Heimweh aus, sodass er sich auf den Rückweg nach Jerusalem macht. Paulus sieht sich durch die Abreise von Johannes Markus treulos im Stich gelassen.[10] Zusätzlich zu all diesen Rückschlägen ist Paulus krank.[11]

Gemeindegründung in Antiochia, Pisidien

Als Paulus und Barnabas in das Land Pisidien kommen, machen sie Halt in einer römischen Kolonie namens Antiochia – Antiochia in Pisidien.[12]

Hintergrundinformationen

Die Römer haben die politische Provinz Süd-Galatien in mehrere Regionen unterteilt: Pisidien, Lykaonien und Phrygien. Antiochia in Pisidien liegt im Westen der heutigen Zentral-Türkei. Es ist eine römische Kolonie und gehört eigentlich zu Phrygien, nicht zu

[9] Zehn Jahre später erwähnt Paulus, dass er dreimal Schiffbruch erlitten und eine Nacht und einen Tag in Seenot verbracht hat (2 Kor 11,25). Lukas erwähnt neun Seereisen und nur einen Schiffbruch, der erst geschah, nachdem Paulus den zweiten Korintherbrief geschrieben hatte. Wenn wir alle Seereisen des Paulus zusammenzählen, reiste Paulus etwa 4800 km auf dem Meer.

[10] Apg 13,13; 15,37-38.

[11] Gal 4,13-15.

[12] Nicht zu verwechseln mit Antiochia in Syrien.

Pisidien. Der technische Name lautet eigentlich „Antiochia-bei-Pisidien". Die Stadt ist gespickt mit Gebäuden, die dem Kaiserkult geweiht sind.

Antiochia ist das zivile und verwaltungstechnische Zentrum der Provinz Galatien. Das intellektuelle Viertel der Stadt ist griechisch, während der Großteil der Bevölkerung phrygisch ist. Die Phrygier sind kein kriegerisches Volk und wurden seit Jahrhunderten durch andere Völker unterdrückt. „Phrygier" ist sogar ein verächtlicher Sklavenname. In Antiochia wird sowohl Griechisch als auch Phrygisch gesprochen. Es existiert hier eine gut etablierte Minderheit von Juden, die allerdings nicht sehr groß ist: die Stadt hat nur eine Synagoge.

Paulus und Barnabas besuchen die Synagoge im pisidischen Antiochia. Nachdem aus dem Gesetz und den Propheten gelesen worden ist, gibt es eine Zeit für Gäste, der Gemeinde ein Wort der Ermutigung weiterzugeben. Die Leiter der Synagoge fragen Paulus und Barnabas, ob sie zur Gemeinde sprechen wollen. Paulus geht darauf ein und predigt Jesus Christus. Seine Botschaft ist im Grunde dieselbe wie die Botschaft des Stephanus am Tag seiner Steinigung.[13] Paulus hat diese Botschaft selbst gehört und erinnert sich daran.

Die Zuhörerschaft besteht aus Juden, jüdischen Proselyten und „Gottesfürchtigen". Juden sind geborene Israeliten. Sie sind am achten Tag nach der Geburt beschnitten worden. Die Beschneidung ist ein Zeichen für ihren Bund mit Gott.

Proselyten sind Heiden, die zum Judentum übergetreten sind. Auch sie sind beschnitten worden. Sie wurden auch zeremoniell gebadet, haben ein Opfer gebracht und geschworen, das Gesetz des Mose zu halten. Proselyten sind vollständig zu Juden geworden. Als solche sind sie vollwertige Mitglieder der Synagoge. Gottesfürchtige sind Nichtjuden, die dem Gott Israels nachfolgen. Sie sind aber nicht beschnitten und daher keine vollwertigen Mitglieder der Synagoge.

Als der Gottesdienst in der Synagoge endet, bitten die Leute Paulus, seine Botschaft am nächsten Sabbat fortzusetzen. Viele

[13] Apg 7.

Juden und Proselyten folgen Paulus und Barnabas und stellen ihnen Fragen. Paulus und Barnabas drängen sie, „beharrlich bei der Gnade Gottes zu bleiben". Die Nachricht über die Botschaft des Paulus, dass der Messias gekommen ist, verbreitet sich in der ganzen Stadt.

Am nächsten Sabbat drängt fast die ganze Stadt in die Synagoge, um Paulus predigen zu hören! Das reizt die jüdischen Leiter zur Eifersucht. Sie beginnen, Paulus zu schmähen und ihm zu widersprechen, während er spricht. Sie heben auch die Tatsache hervor, dass Paulus krank ist, um seine Botschaft herabzuwürdigen. (In der Vorstellung eines Juden ist Krankheit ein sichtbares Zeichen, dass Gottes Hand gegen jemanden gerichtet ist.)

Paulus und Barnabas verlassen die Synagoge und beginnen zu den Heiden zu predigen. Die Heiden nehmen Paulus ungeachtet seiner Krankheit als einen Boten Gottes auf.[14] Die Botschaft des Paulus verbreitet sich in der ganzen Gegend.

Nach ein paar Monaten gehen die örtlichen Juden zu den nichtjüdischen Autoritäten der Stadt und wiegeln angesehene „gottesfürchtige" Frauen (Proselyten) gegen die beiden apostolischen Arbeiter auf. Dies hat zur Folge, dass Paulus und Barnabas aus dem Bezirk verbannt werden. Außerdem werden sie mit Birkenstöcken geschlagen. (Eine formale Züchtigung war Teil des Verbannungsprozesses.) Die beiden Männer schütteln den Staub von ihren Füßen gegen die Stadt ab und ziehen von dort weg.

Als Paulus und Barnabas weiterziehen, hinterlassen sie im pisidischen Antiochia eine Gemeinde – eine Gemeinschaft, die Jesus Christus zum Ausdruck bringt. Die Gemeinde besteht zum größten Teil aus Nichtjuden, und die Neubekehrten sind erfüllt mit Freude und dem Heiligen Geist.[15]

Gemeindegründung in Ikonion (47–48 n. Chr.)

Das Blut auf ihrem Rücken ist noch nicht getrocknet, als Paulus und Barnabas schon unterwegs in die etwa 150 km südöstlich liegende Grenzstadt Ikonion sind. Zu Fuß dauert das etwa fünf

---

[14] Gal 4,13-14.

[15] Apg 13,14-52.

Tage. Die beiden Männer nehmen die römische Militärstraße „Via Sebaste“, die sie schließlich auch nach Lystra und Derbe führen wird.[16]

Ikonion ist eine griechische Stadt. Man spricht hier Phrygisch und Griechisch. Nach ihrer Gewohnheit besuchen Paulus und Barnabas die Synagoge. Sie predigen Christus in Kühnheit und verlassen sich dabei völlig auf ihren Herrn. Ihre Botschaft ist so effektiv, dass eine große Schar gläubig wird, sowohl Juden als auch Heiden. Ihre Worte werden auch durch Zeichen und Wunder bestätigt.

Leider wiederholt sich die Erfahrung aus Antiochia auch in Ikonion. Diejenigen Juden, die ihre Botschaft nicht annehmen, sind eifersüchtig und wütend. Sie wiegeln das Volk gegen die beiden Apostel auf. Die ganze Stadt ist gespalten – einige halten zu den Juden, andere zu Paulus und Barnabas.

Einige Juden, Heiden und Stadtoberste rotten sich zusammen und planen, die beiden Männer zu steinigen. Als Paulus und Barnabas Wind davon bekommen, verlassen sie die Stadt und entkommen so dem gewalttätigen Mob. Sie machen sich auf den Weg in die lykaonischen Städte Lystra und Derbe und das dazugehörige Umland, wo sie weiter Christus predigen. Als sie Ikonion verlassen, „hinterlassen sie“ den Leib Christi in der Stadt – eine Gemeinschaft, die Gottes Leben[17] und sein Wesen in der Stadt sichtbar zum Ausdruck bringt.

Gemeindegründung in Lystra

Paulus und Barnabas nehmen die Via Sebaste und reisen 30 km südwestlich in eine römische Kolonie mit dem Namen Lystra.[18] Lystra ist eine sehr einfache Stadt, auf einem kleinen Hügel erbaut. Die alte lykaonische Sprache wird hier immer noch gesprochen, ebenso auch Griechisch. Die Sprache der Verwaltung und der römischen Soldaten dagegen ist Latein. Es gibt hier keine Synagoge, was darauf hinweist, dass dort so gut wie keine Juden leben.

---

[16] Die „Via Sebaste“ wurde im Jahr 6 v. Chr. unter Augustus gebaut. Sie verband sechs Militärkolonien, darunter auch Antiochia in Pisidien.

[17] Apg 14,1-7.

[18] Genau wie Antiochia in Pisidien wurde Lystra im Jahr 25 v. Chr. unter Augustus zur römischen Kolonie.

Es gibt eine alte Legende, nach der die Götter Zeus und Hermes einst Lystra besucht haben.[19] Sie erschienen als Menschen, die einen Platz zum Übernachten suchten. Da sie von den Bewohnern der Stadt zurückgewiesen wurden, nahm ein älteres Ehepaar die Götter in sein Haus auf. Die Götter verwandelten ihr Haus in einen Palast. Dieser Palast wurde später der Tempel des Zeus.[20]

Paulus heilt einen Mann, der von Geburt an gelähmt war. Als Lykaonier dieses Wunder miterleben, glauben sie, Paulus sei Hermes und Barnabas sei Zeus und dass die Götter nach Lystra zurückgekehrt seien (sie halten Paulus für Hermes, weil er das Wort führt).

Im Glauben, dass die Männer Götter sind, bringt der Priester des Zeus – dessen Tempel vor der Stadt liegt – Ochsen und Kränze zu den Stadttoren, um sie den beiden Aposteln zu opfern. Als Paulus und Barnabas mitbekommen, was sich abspielt, zerreißen sie ihre Kleider und rennen hinaus unter die Menschenmenge. Sie erklären dem Volk, dass sie gewöhnliche Sterbliche sind, und verlangen, dass ihnen nicht weiter geopfert wird. Trotz aller Versuche ist es für Paulus und Barnabas schwierig, die Lykaonier davon zu überzeugen, ihnen keine Opfer mehr zu bringen.

Nicht lange danach kommen Juden aus Antiochia und Ikonion herab in die Stadt und hetzen das Volk gegen Paulus und Barnabas auf. Plötzlich wenden sich die Lykaonier gegen die beiden Männer. Sie steinigen Paulus und schleppen ihn zur Stadt hinaus, wo sie ihn als tot liegen lassen.[21] Ein junger Mann beobachtet dies, ein junger Gläubiger aus Lystra mit dem Namen Timotheus.[22] Auch seine Mutter Eunice und seine Großmutter Lois haben sich bekehrt.[23] Beide sind jüdischer Abstammung, aber sein Vater ist Grieche.[24]

---

[19] Hermes, dessen römischer Name Merkur lautet, war der schlaue Botschafter der griechischen Götter. Zeus, von den Römern Jupiter genannt, war der Vater sowohl aller griechischen Götter als auch der Menschen.

[20] Der Dichter Ovid berichtet von dieser Legende.

[21] 2 Kor 11,25.

[22] 2 Tim 3,10-11.

[23] 2 Tim 1,5.

[24] Apg 16,1-3.

Die Gläubigen aus Lystra versammeln sich um Paulus, und dieser steht auf – geheilt! Allerdings hat die Steinigung Wunden an seinem Leib verursacht, die Narben hinterlassen. Von nun an trägt Paulus die Malzeichen seines Herrn an seinem Leib.[25]

Paulus und Barnabas gehen zurück in die Stadt, um ihre Sachen zu packen. Am nächsten Tag verlassen sie die Stadt, aber sie lassen eine Gemeinschaft von Menschen zurück, die Gottes Wesen in Lystra sichtbar machen.[26] Es gibt hier nun eine Gemeinde – den Leib Jesu Christi –, die in der Stadt lebt.

Gemeindegründung in Derbe

Die beiden Apostel machen sich auf den Weg in eine kleine Grenzstadt mit dem Namen Derbe, die etwa 100 km südöstlich liegt. Dort predigen sie das Evangelium von Christus. Viele werden dadurch zu Jüngern. Einer von ihnen ist Gaius.[27] Nun gibt es in Derbe eine Gemeinde – eine Gemeinschaft, die Gottes Wesen zum Ausdruck bringt.

Nachdem Paulus und Barnabas das Evangelium in Derbe gepredigt haben, gehen sie den in etwa gleichen Weg wieder zurück. Obwohl sie aus diesen Städten vertrieben wurden, besuchen sie Lystra, Ikonion und Antiochia in Pisidien erneut. In jeder Stadt treffen sie sich kurz mit der Gemeinde, um sie zu stärken, zu ermutigen und vor den Glaubensprüfungen zu warnen, die vor ihnen liegen. Nach einer Zeit des Fastens und Gebets bestimmen sie in jeder Gemeinde diejenigen unter den älteren Männern, welche glaubensmäßig am reifsten sind. Sie bestätigen diese Männer als „Älteste"[28]. Nachdem sie jede der Gemeinden dem Herrn Jesus Christus anbefohlen haben, reisen sie ab.[29]

---

[25] Gal 6,17.

[26] Apg 14,8-20.

[27] Apg 20,4.

[28] Eine nähere Betrachtung über Älteste (auch Aufseher genannt) finden Sie in meinem Buch *Ur-Gemeinde*, Kapitel 9.

[29] Apg 14,20-23.

Hintergrundinformationen

Wenn wir die benötigte Reisezeit mit in Betracht ziehen, konnten Paulus und Barnabas nur jeweils drei bis fünf Monate damit verbringen, die einzelnen Gemeinden in Galatien zu pflanzen. Dieses Muster zieht sich durch den gesamten Dienst des Paulus. Immer verbringt er eine kurze Zeit damit, ein festes Fundament für eine neue „Baby-Gemeinde“ zu legen. Dann lässt er sie längere Zeit allein – ohne menschliche Führer oder eingesetzte Leiterschaft.

Zwei Jahre vergehen, bevor Paulus zu den Gläubigen in Galatien zurückkehrt. Die meisten Neubekehrten in Südgalatien sind Nichtjuden. Es gibt einige Gottesfürchtige und einige Juden unter ihnen. Die Nichtjuden waren einst „ungewaschene“ (d.h. „unreine“) Heiden. Sie kommen aus einem Hintergrund, der durch Aberglaube, falsche Götter und Unmoral zerrüttet ist. Die „Gottesfürchtigen“ sind Nichtjuden, die die Synagoge besucht haben, um vom Gott Israels zu hören. Die Juden sind die anständigen, kultivierten und moralbewussten Mitglieder der Gemeinde.

Nach zurückhaltenden Schätzungen sind über die Hälfte der Neubekehrten Sklaven. Ein großer Teil sind Freigelassene, also ehemalige Sklaven. Möglicherweise sind auch Gläubige aus der römischen Armee darunter, und vielleicht einige Kaufleute.

In der griechisch-römischen Welt unterscheiden sich Sklaven nicht durch irgendwelche äußerlichen Merkmale oder Unterschiede in der Bildung von der normalen Bevölkerung. Die meisten werden im Handwerk oder als Diener im Haushalt eingesetzt. Der häufigste Weg in die Sklaverei sind verlorene Kriege; auch durch Piraterie werden viele Menschen zu Sklaven. Auch Überschuldung ist ein möglicher Grund. Die Kinder von Sklaven sind ebenfalls Sklaven, und sogar freie Kinder werden manchmal in die Sklaverei verkauft, besonders Mädchen. „Freigelassene“ sind ehemalige Sklaven, die aber nicht die vollen Bürgerrechte besitzen. Die meisten unter ihnen sind äußerst arm, da sie noch weniger Sicherheit haben als in ihrem vorangegangenen Leben als Sklaven.

Die Neubekehrten in Südgalatien haben keinerlei Bibeln. Das Neue Testament wurde noch nicht geschrieben. Eventuell besitzt ein Jude in einer der vier Gemeinden die eine oder andere Rolle eines Buches aus dem Alten Testament. Aber es ist äußerst zweifelhaft, dass auch nur eine der Gemeinden in Südgalatien ein vollständiges Altes Testament besitzt. Aber selbst wenn jeder der Bekehrten eine ganze Bibel hätte, würde es ihm nur wenig nützen. Es können nämlich nur 5 bis 10 Prozent der Bevölkerung im Römischen Reich überhaupt lesen. Schätzungsweise 90 Prozent der Bevölkerung sind funktionelle Analphabeten. In einigen hellenistischen Städten mögen bis zu 20 oder 30 Prozent lesen können. Aber in den westlichen Provinzen des Römischen Reiches sind wohl nur weniger als fünf Prozent der Bevölkerung dazu in der Lage. Briefschreiber, Stenografen, vereinzelte Dichter und Gerichtsschreiber machen zusammen bestenfalls vier Prozent der Bevölkerung aus. Diejenigen, die schreiben können, werden im Alter von etwa 40 Jahren weitsichtig. Daher benötigen sie einen *Amanuensis* (einen Sekretär, der als professioneller Schreiber dient), um ihre Briefe zu schreiben. Aus diesem Grund benötigte auch Paulus einen Amanuensis, um seine Briefe zu schreiben (siehe z. B. Röm 16,22). Allerdings unterzeichnete er den letzten Teil jedes Briefes eigenhändig, um die Echtheit zu bestätigen (Gal 6,11; 2 Thess 3,17; 1 Kor 16,21). Manchmal fügt er eine eigenhändige Randnotiz hinzu (Phlm 19). Ein vertrauenswürdiger Amanuensis hatte große Freiheit, die Form, den Stil und sogar den Inhalt eines Briefes zu gestalten.

Die Armut vieler Galater ist erschreckend. Viele der Freigelassenen in der Gemeinde leben am absoluten Existenzminimum. Sie gehen jeden Tag auf den Marktplatz, um Arbeit zu finden. Wenn sie arbeiten, bekommen sie dafür jeweils einen Tageslohn (einen römischen Denar). Damit können sie kaum das Nötigste kaufen, um ihre Familie zu ernähren. Die normale Nahrung der Unterklasse im ersten Jahrhundert besteht aus Gemüse, Brot, Wein, Oliven, Fisch und Obst. Fleisch wird nur sehr selten, zu besonderen Anlässen gegessen. Mitglieder der höheren Klassen essen häufiger Fleisch.

In den römischen Kolonien sind die Städte nach dem Muster von Rom erbaut (mehr darüber später). Kurz gesagt, sie sind schmutzig, sie stinken und sind unsicher. Aufgrund dieser Umstände sind viele im Volk geplagt von Krankheiten und Unterernährung. Die durchschnittliche Lebenserwartung für Männer liegt bei 45 Jahren. Die Lebenserwartung für Frauen beträgt 38 Jahre. (Von allen im Reich geborenen Menschen vollendet die Hälfte nicht das fünfte Lebensjahr.) Frauen heiraten gewöhnlich in ihren frühen Teenagerjahren und ziehen Kinder auf, bis sie das gebärfähige Alter überschritten haben. Es wird nur sehr wenig Geburtenkontrolle praktiziert. Ein Viertel der Babys sterben im ersten Lebensjahr. Drei von zehn jüdischen Kindern sterben, bevor sie 18 Jahre alt sind. Unter den Nichtjuden ist die Zahl noch höher. Besonders Mädchen werden manchmal direkt nach der Geburt „aufgegeben" (an entlegenen Orten zum Sterben ausgesetzt), wenn ihre Eltern zu arm sind, um für sie zu sorgen.

Für den Großteil der Bevölkerung ist das Galatien des ersten Jahrhunderts ein undankbarer, liebloser und schrecklicher Ort zum Leben. In diese Welt nun kommen die beiden apostolischen Arbeiter aus Antiochia in Syrien, um hier die Gemeinde Jesu Christi aufzubauen. Vergessen wir nicht, dass die neuen Gemeinden in Galatien von heidnischer Unmoral und Götzendienst umgeben sind. Zudem gibt es in ihren Städten Juden, die den neuen Glauben hassen.

Trotz dieser scheinbar unüberwindlichen Probleme verbringen Paulus und Barnabas nur drei bis fünf Monate mit diesen Menschen. Die Apostel erzählen ihnen von Jesus Christus und überlassen sie dann sich selbst. Nach dem kurzen Besuch auf der Rückreise haben die Christen in Galatien fast zwei Jahre lang keinen Kontakt mehr mit den Aposteln. Aber das Evangelium, das Paulus und Barnabas predigen, ist gute „Vollwertkost", sodass die Gemeinden in Galatien ohne jede Hilfe von außen überleben können. Das, was Paulus und Barnabas predigen, bringt diese vormals gottesfernen, abergläubischen, selbstsüchtigen und unglücklichen Heiden dazu, einander zu lieben und miteinander zu singen, zu lachen und in der Freude Jesu Christi förmlich zu strahlen.

Wie erreichen diese beiden Männer aus Antiochia in Syrien das? Das ist möglich, weil sie eine Abstammung hatten, die bis in die Vergangenheit vor aller Zeit zurückreicht: Wie die Zwölf vor ihnen wurden auch sie berufen, ausgebildet und ausgesandt. Und sie predigen den Christus, der in uns wohnt und uns durch die Schwierigkeiten des Lebens hindurchträgt.

Die Gemeinden in Galatien sind klassenlose Gesellschaften, in denen die sozialen Unterschiede ausgelöscht sind. Juden und Heiden, Sklaven und Freie, Arm und Reich gibt es nicht mehr. Die Gläubigen sehen sich selbst als Teil derselben Familie, Teil einer neuen Rasse und Teil einer neuen Kolonie der himmlischen Welt. Sie essen zusammen, arbeiten zusammen, begrüßen einander mit dem heiligen Kuss, sie ziehen ihre Kinder gemeinsam auf, sorgen füreinander und beerdigen einander. Diese Freude und diese Liebe, die die Christen in Galatien füreinander haben, sind es, die das Römische Weltreich in seinen Grundfesten erschüttern werden.

49 n. Chr.

Von Antiochia in Pisidien aus kehren Paulus und Barnabas zurück nach Pamphylien, wo sie in Perge Christus gepredigt haben. Sie gehen hinunter in die Ebene von Attalia an der Küste des Golfs von Pamphylien und fahren mit dem Schiff zurück nach Antiochia in Syrien, von wo sie ursprünglich ausgesandt wurden. In Antiochia rufen die beiden Männer die Gemeinde zusammen und berichten über alles, was Gott getan hat. Paulus und Barnabas bleiben etwa ein Jahr lang in der Gemeinde in Antiochia und erholen sich.[30]

In der Zwischenzeit erlässt Kaiser Claudius in Rom eine Verordnung, die alle Juden aus der „Ewigen Stadt" (Rom) verbannt. Nach Angaben des römischen Historikers Sueton gibt es unter den Juden Tumulte wegen ihrer unterschiedlichen Ansichten über Christus.[31] Da das Christentum in den Augen der Griechen und Römer als eine Sekte des Judentums gilt, werden alle Juden – sowohl Christen als auch Nichtchristen – zum Verlassen der Stadt gezwungen. Viele der verbannten Juden fliehen in die griechische Stadt Korinth. Unter ihnen befinden sich ein römischer Jude mit dem Namen Aquila und seine Frau Priszilla.[32] Da Rom alle Juden verstoßen hat, werden sie von den Heiden in den römischen Kolonien des ganzen Reiches mit noch größerem Argwohn und Missbilligung betrachtet als zuvor.

---

[30] Apg 14,24-28.

[31] Sueton schreibt wörtlich: „Die Juden, die auf Anstiften eines gewissen Christus (Chrestus) dauernde Unruhen erregten, vertrieb er (Claudius) aus Rom."

[32] Apg 18,1-2.

Petrus besucht Antiochia

Petrus stattet der Gemeinde in Antiochia in Syrien einen Besuch ab. Während er sich dort aufhält, genießt er Tischgemeinschaft mit den nichtjüdischen Gläubigen. Als die Gemeinde in Jerusalem jedoch erfährt, dass Petrus mit Heiden isst, machen sich einige aus der Beschneidungspartei eilig auf den Weg nach Antiochia, um Petrus zu besuchen.

Die Männer aus der Beschneidungspartei kommen in Antiochia mit Empfehlungsschreiben von Jakobus an (dem Halbbruder des Herrn). Die Mitglieder der Beschneidungspartei sind sehr gesetzlich. Sie sind Judaisierer – sie halten fanatisch die jüdischen Gebräuche und das Gesetz des Mose und versuchen ebenso fanatisch andere zu überzeugen, dasselbe zu tun. Als sie in Antiochia ankommen, ist Paulus nicht anwesend.

Die Judaisierer bringen Petrus dazu, nicht mehr mit Heidenchristen an einem Tisch zu essen. Sie sagen zu Petrus: „Wir in Jerusalem haben gehört, dass du die Gewohnheit hast, mit Heiden zu essen. Das ist ein riesiger Skandal in den Augen der eher konservativen Brüder der Gemeinde! Es wird auch immer mehr außerhalb der Gemeinde bekannt und behindert uns ernstlich dabei, unsere Mitjuden zu evangelisieren. Schlimmer noch, dein Handeln bringt die anderen Apostel in Jerusalem in Gefahr, da die militanten Juden in Jerusalem jede Verbrüderung mit Nichtjuden als das Werk von Verrätern betrachten."[33]

Aus Furcht, seine Geschwister in Jerusalem zu verletzen, beginnt Petrus nur noch mit Juden zu essen. Die anderen Juden in Antiochia folgen ihm darin sofort. Selbst Barnabas, der ursprünglich aus Jerusalem nach Antiochia gekommen war, isst nicht mehr mit den Heidenchristen. Als Paulus zurückkehrt und die Situation erkennt, ist er zornig und weist Petrus öffentlich für seine Heuchelei zurecht.[34]

---

[33] In der Mitte der Vierzigerjahre des ersten Jahrhunderts gab es ein Wiedererwachen der militanten jüdischen Freiheitskämpfer. Tiberius Julius Alexander, der Statthalter von Judäa, kreuzigt zwei ihrer Anführer – Jakobus und Simon, die Söhne des Judas, der den Aufstand gegen die Volkszählung im Jahr 6 n.Chr. angeführt hatte. Diese militante Gruppe betrachtete jeden Juden als Verräter, der sich mit Unbeschnittenen verbrüderte.

[34] Gal 2,11-13. Die Zurechtweisung des Petrus durch Paulus ist in Gal 2,14-21 aufgezeichnet.

Die Judaisierer besuchen Galatien

Petrus kehrt nach Jerusalem zurück und erzählt den Vorfall einigen in der Gemeinde. Er berichtet der Gemeinde auch von den neuen heidenchristlichen Gemeinden, die Paulus und Barnabas in Süd-Galatien gepflanzt haben. Als sie das hören, machen sich einige der Judaisierer aus Jerusalem auf den Weg nach Galatien und besuchen alle vier Gemeinden, die Paulus und Barnabas gepflanzt haben. Die Judaisierer werden von einem Mann angeführt, dessen Name uns heute nicht mehr bekannt ist.[35]

Paulus wird diesen Mann später als seinen „Stachel im Fleisch" bezeichnen. In drei verschiedenen Situationen bittet Paulus Gott darum, diesen „Stachel" aus seinem Leben zu entfernen. Der Herr antwortet ihm: „Meine Gnade genügt dir, denn meine Kraft kommt in Schwachheit zur Vollendung."[36] Der Herr entscheidet sich also, den „Stachel" nicht aus Paulus' Leben wegzunehmen, aber er wird Paulus durch alles damit verbundene Leiden hindurchtragen.[37] Der Stachel – jener nicht benannte Judaisierer, der das Werk des Paulus zerstören will – ist Paulus gegeben, um ihn inmitten der herrlichen Offenbarung Christi, die er empfangen hat, in Demut zu halten.[38]

Als die Judaisierer Südgalatien erreichen, stellen sie sich als Brüder aus der Gemeinde in Jerusalem vor. Dann erzählen sie den Neubekehrten in Galatien Folgendes:

- Jerusalem ist das Zentrum von Gottes Wirken auf der Erde. Die zwölf Apostel sind die einzige Autorität dafür, was das wahre Evangelium ist, und wurden von Christus selbst eingesetzt. Paulus kam nicht aus Jerusalem und war nicht von Christus beauftragt.

---

35 Gal 5,10.

36 2 Kor 12,7 ff.

37 2 Tim 3,11.

38 2 Kor 12,1-10. Paulus spricht von dem Stachel (Splitter) im Griechischen als „er"... „ein Bote des Widersachers, dass er mich mit Fäusten schlage" (2 Kor 12,7 rev. Elberfelder; siehe auch Gal 5,10). Im Alten Testament war der Begriff „Stachel im Fleisch" ein Bild für die Feinde von Gottes Volk (4 Mo 33,55). Scheinbar war der Stachel für Paulus ein Judaisierer aus Jerusalem, der Paulus hinterherreiste, um die von Paulus gegründeten Gemeinden durch Verleumdungen und Gerüchte gegen Paulus und dessen Evangelium wieder zu zerstören.

- Paulus hat Jerusalem kurz nach seiner Bekehrung besucht und dort einige Zeit mit den Aposteln verbracht. Die Apostel haben ihn in den grundlegenden Prinzipien des Evangeliums unterwiesen und ihn autorisiert, das Evangelium zu predigen, das er von ihnen gelernt hat. Aber als er Jerusalem verlassen hat und nach Zilizien zurückgekehrt ist, hat Paulus sein Evangelium verändert, um es für die Heiden annehmbarer zu machen.
- Das Evangelium des Paulus ist mangelhaft. Die Leiter in Jerusalem glauben an die gottgegebene Praxis der Beschneidung und das Halten des Gesetzes und der Überlieferungen. Dies sind die unumstößlichen Teile des Evangeliums. Weil Paulus Menschen gefallen will, predigt er ein Evangelium ohne diese Teile. Dieses gesetzlose Evangelium, das er verkündet, wird von den Aposteln oder der Gemeinde in Jerusalem nicht unterstützt. Ein Mensch wird vor Gott gerechtfertigt und geheiligt, wenn er an Jesus glaubt und gleichzeitig das Gesetz des Mose beachtet.
- Petrus ist der Hauptapostel unter den Zwölfen. Paulus war so überheblich, dem Apostel Petrus ins Angesicht zu widerstehen! Das beweist, dass Paulus ein Einzelkämpfer ist, der eine unabhängige Arbeit losgelöst vom Dienst der Zwölf betreibt.
- Paulus ist unbeständig in seinen Ansichten. Während er den Heiden keine Beschneidung predigt, predigt er sie den Juden. Er passt sein Evangelium der jeweiligen Umgebung an.

Als die Judaisierer wieder abreisen, sind die Gläubigen in Galatien besorgt und verwirrt. Einige weichen von dem Evangelium ab, das Paulus ihnen gebracht hat, und versuchen durch das Gesetz gerechtfertigt zu werden. Einige aus der Gemeinde schreiben Paulus einen Brief und fragen ihn, warum er ihnen nicht das „ganze Evangelium" verkündet hat, wozu auch die Beschneidung gehört. Paulus hält sich immer noch in Antiochia in Syrien auf, als er den Brief von den Gemeinden in Galatien erhält. Die Neuigkeiten aus Galatien erzürnen ihn und machen ihn stutzig.[39]

[39] Dieses Szenario ergibt sich aus dem „Spiegellesen" der Worte des Paulus im Galaterbrief. Beim „Spiegellesen" wird die historische Situation eines NT Briefes rekonstruiert, indem die Antwort des Schreibers im Brief untersucht wird. Diese Antwort spiegelt die besondere Situation wider, auf die der Schreiber reagiert. F.F. Bruce formuliert: Beim Lesen der neutestamentlichen Briefe sind wir „... in derselben Situation

Paulus schreibt den Galaterbrief

Zeitpunkt: 49 n. Chr.
Ort: Antiochia, Syrien
Adressat: Die Gemeinden in Südgalatien:
Antiochia in Pisidien, Ikonion, Lystra und Derbe
(diese Gemeinden sind 1–2 Jahre alt)

Anlass: Der Galaterbrief ist das erste Stück christlicher Literatur, das je geschrieben wurde. Er ist eine monumentale Stellungnahme gegen Gesetzlichkeit. Paulus antwortet auf jedes Argument, das die Judaisierer benutzen, um die Galater zu überreden, dem Gesetz des Mose zu folgen. Der Galaterbrief ist die Magna Charta des christlichen Glaubens. Rechtfertigung und Heiligung geschehen aus Gnade durch den Glauben und nicht durch die Werke des Gesetzes.

In diesem Brief spricht Paulus die phrygischen Sklaven an, aus denen die Gemeinden in Galatien hauptsächlich bestehen. Er gebraucht das Wort „Sklave" (oder seine Ableitungen) insgesamt sechzehnmal. Viele seiner Metaphern stehen im klaren Gegensatz zu Freiheit: „Gebundenheit", „Fesseln", „Vormundschaft", „unmündig" und „Knechtschaft". Weiter erinnert Paulus die Galater daran, dass sie frei sind vom ganzen Gesetz und dass sie in Christus heilig und in dessen Augen ohne Makel sind. In seinem Eifer, das gesetzesfreie Evangelium von Jesus Christus zu bewahren, verwendet Paulus beim Schreiben dieses Briefes bittere Metaphern und sengende Anklagen gegen die Judaisierer. (Beispielsweise beschreibt Paulus die Beschneidung als „abgetrennt von Christus sein" und fügt den Wunsch hinzu, dass diejenigen, die auf der Beschneidung bestehen, sich selbst verstümmeln mögen!) Es ist offensichtlich, dass Paulus zornig ist, als er diesen Brief schreibt, da er auf das Dankgebet verzichtet, das sonst alle seine Briefe kennzeichnet. Paulus ist zuversichtlich, dass die Galater den Brief positiv aufnehmen und „keine andere Gesinnung annehmen" werden.

---

wie jemand, der eine Seite eines Telefongesprächs mithört; um die Situation für uns zu rekonstruieren, müssen wir aus dem Gehörten darauf schließen, was am anderen Ende gesagt wird." *(Answers to Questions,* Grand Rapids: Zondervan, 1972, S. 93).

Lesen Sie nun den Galaterbrief

Hintergrundinformationen

Briefe werden meist auf Blätter aus Papyrus geschrieben. (Wer zu arm ist, um sich Papyrus leisten zu können, schreibt auf Tonscherben, *Ostraka* genannt.) Papyrus ist ein leichtes und festes Material, das aus dem in Streifen geschnittenen Stängel der Papyrusstaude gewebt und anschließend gepresst wird. Ein normales Blatt hat ungefähr dieselbe Größe wie eine DIN-A4-Seite. Für längere Dokumente werden die Papyrus-Seiten seitlich aneinander und an einen Stab geklebt, um so eine Schriftrolle zu bilden. Wenn die Schriftrolle beschrieben ist, wird sie aufgerollt und mit Schnüren zusammengebunden. Eine Rolle wird als *Volumen* (lat. für „etwas Aufgerolltes" = „Band") bezeichnet und ist normalerweise etwa 10 m lang. (Die Autoren schreiben so, dass es auf ein Volumen passt. Lukas schreibt später ein zweibändiges Werk, das wir heute als das *Lukasevangelium* und die *Apostelgeschichte* kennen.) Wichtige Dokumente werden meist mit heißem Wachs über den Schnüren versiegelt. Dann wird auf das Wachs ein Siegel aufgedrückt, um den Inhalt für den richtigen Empfänger zu verwahren.

Auch Pergament wird zum Schreiben von Briefen verwendet (siehe 2 Tim 4,13). Pergament wird aus Tierhäuten hergestellt und ist teurer als Papyrus. Während die meisten Autoren des Neuen Testaments Schriftrollen verwenden, haben manche möglicherweise auch *Codizes* (die Mehrzahl von *„Codex"*, das ist ein Buch mit Seiten, die im modernen Stil zusammengebunden sind) benutzt. Die Schreiber verwenden einen Griffel aus Schilf sowie schwarze Tinte, die aus Ruß, Gummi Arabicum und Wasser hergestellt wird. Die Worte werden gewöhnlich vollständig in Großbuchstaben (Unzialen) geschrieben. Wortzwischenräume, Satzzeichen, Kapitel und Verse fehlen in der Originalschrift völlig. (Diese werden dem Neuen Testament erst viel später hinzugefügt.) Gewöhnliche Menschen können das römische Postsystem nicht nutzen. So müssen sie sich auf Boten verlassen, welche ihre Briefe zum Empfänger bringen können. Die Briefe des Paulus (wie auch das restliche NT) sind in Koine-Griechisch geschrieben – der allgemeinen Handelssprache der römischen Welt, die vom Volk, den Händlern und auf dem Marktplatz benutzt wurde.

Das Konzil in Jerusalem (50 n. Chr.)

In Antiochia in Syrien ist zwischen den Judaisierern aus Jerusalem und Paulus und Barnabas inzwischen in großem Maßstab ein Streit über das Thema der Beschneidung im Gange. Die Judaisierer bestehen darauf, dass Heidenchristen beschnitten werden und das Gesetz des Mose halten müssen, um errettet zu werden. Paulus und Barnabas widersprechen vehement.

Um die Angelegenheit zu klären, sendet die Gemeinde in Antiochia Paulus und Barnabas mit einigen anderen Männern nach Jerusalem, um herauszufinden, ob die Judaisierer tatsächlich die Meinung der zwölf Apostel, der Ältesten und der ganzen Gemeinde in Jerusalem vertreten.[40]

Auf ihrem Weg nach Süden berichten die beiden Männer in Phönizien und Samarien von Gottes Wirken unter den Heiden. Die Gläubigen in diesen Regionen freuen sich über diese Nachrichten.

Paulus und Barnabas erreichen Jerusalem und werden von der Gemeinde, den Aposteln und den Ältesten willkommen geheißen. Die beiden Männer berichten von Gottes Wirken unter den Heiden. Aber einige aus der Beschneidungspartei protestieren und fordern, dass die Heidenchristen beschnitten werden und das Gesetz des Mose halten müssen. Es entbrennt eine Debatte.

Petrus spricht und argumentiert, dass die Heiden weder das Gesetz halten noch beschnitten werden müssen. Die Erlösung geschieht allein durch Glauben. Die Versammlung wird still. Paulus und Barnabas beginnen von all den Zeichen und Wundern zu erzählen, die Gott durch sie unter den Heiden getan hat und die ihr Evangelium der Gnade bestätigt haben.

Jakobus (der Halbbruder des Herrn) spricht und greift die Argumentation von Petrus auf. In Übereinstimmung mit Petrus

---

[40] Apg 15,1-2.

schließt er nun daraus: Um Heiden und Juden zu helfen, miteinander klarzukommen, sollten die Heiden sich an folgende Abmachungen halten: Sie sollten sich von Götzenopferfleisch enthalten, von Unzucht und von erstickten Tieren (die nicht ausgeblutet sind) und auch kein Blut essen. Den Heiden solle keine zusätzliche Last auferlegt werden.

Die Empfehlung des Jakobus wird von der ganzen Gemeinde angenommen. Die Entscheidung wird einstimmig gefällt, und der Heilige Geist bestätigt sie.

Die Gemeinde in Jerusalem entscheidet sich dafür, einen Brief an die Heidenchristen zu schreiben, in dem diese Einschränkungen ausgeführt werden. Die ganze Gemeinde, die Zwölf und die Ältesten in Jerusalem wählen Judas Barsabbas und Silas (auch Silvanus genannt) aus, zwei ihrer Propheten, mit Paulus und Barnabas nach Antiochia zu gehen, um den Brief zu bestätigen.

Paulus, Barnabas, Judas und Silas machen sich auf den Weg nach Antiochia in Syrien und übergeben den Brief an die Gemeinde in Antiochia. Der Brief wird vorgelesen und die Gläubigen in Antiochia sind hocherfreut und stark ermutigt. Judas und Silas bleiben einige Zeit in Antiochia, wo sie die Gemeinde ermutigen und stärken. Als ihre Zeit in Antiochia zu Ende geht, sendet die Gemeinde die beiden Propheten mit Grüßen des Friedens zurück nach Jerusalem. Paulus und Barnabas bleiben weiterhin in Antiochia und lehren und predigen das Wort Gottes zusammen mit vielen anderen Gläubigen vor Ort.[41]

Krise in den jüdischen Gemeinden im Heiligen Land

Im Heiligen Land erleiden die an Jesus gläubigen Juden Verfolgung durch unbekehrte Juden und Heiden in ihren Städten. Ganz besonders werden sie von den Wohlhabenden unterdrückt. Das begrenzte Ackerland kann eine wachsende Bevölkerung nicht ernähren. Wer kein Land besitzt, ist daher zu Lohnarbeit gezwungen. Als Folge davon rauben reiche Großgrundbesitzer einigen Christen ihr Land. Manche werden von reichen Männern vor Gericht geschleppt, die ihren Glauben verachten.

---

[41] Apg 15,1-35.

Gleichzeitig sorgt der stete Zufluss hellenistischer Waren dafür, dass eine Klasse wohlhabender Kaufleute entsteht. Daher suchen einige der Christen nach Möglichkeiten, als Kaufleute zu Wohlstand zu kommen. Die wohlhabenderen Gemeindeglieder werden auf ungute Weise bevorzugt, da die Armen Angst haben, sie zu verärgern.

Zu alledem hören die jüdischen Christen vage Gerüchte über das Apostelkonzil in Jerusalem. Man sagt, dass die Heiden und die Juden dort sich unter dem Einfluss des Paulus von Tarsus gegen das Gesetz Mose gestellt haben.

Sie hören eine stark verfälschte Version von Paulus' Lehre. Man sagt ihnen, Paulus predige, gute Werke hätten nichts mit der Errettung zu tun. Im Glauben, dies sei nun auch die Haltung der Zwölf, beginnen einige der Judenchristen, ein ungezügeltes und weltliches Leben zu führen. Sie verletzen einander mit unkontrollierten und kritischen Worten, verachten die Armen und behandeln die Reichen bevorzugt. Einige dieser weltlichen Gläubigen streben danach, Lehrer zu sein. Auch findet sich Krankheit in den Gemeinden. Diese Krise kommt Jakobus zu Ohren (dem Halbbruder des Herrn) und er fühlt sich genötigt, die Sache anzusprechen.[42]

Jakobus schreibt den Jakobusbrief

Zeitpunkt: 50 n. Chr.
Ort: Jerusalem
Adressat: Die verstreuten jüdischen Gläubigen im Heiligen Land

Anlass: Jakobus, der Halbbruder Jesu, wird oft „Jakobus der Gerechte" genannt, was auf seine Treue gegenüber dem Gesetz hinweist. Jakobus ermutigt die jüdischen an Jesus Gläubigen in der Zeit ihrer Versuchung und Verfolgung. Als Antwort auf die falschen Gerüchte, die sie über die Lehren des Paulus und das Konzil in Jerusalem gehört haben, unterscheidet Jakobus klar zwischen Gesetzeswerken und den Werken des Glaubens. Er stellt klar, dass wahrer Glaube gute Werke hervorbringen wird (Paulus sagt dasselbe im Galaterbrief, beispielsweise in Gal 5,6). Jakobus

[42] Dieses Szenario ergibt sich durch „Spiegellesen" des Jakobusbriefes.

wendet sich entschieden gegen Weltlichkeit in der Gemeinde. Er ermahnt diejenigen, die die Wohlhabenden bevorzugen, und rügt die Reichen, die die Armen benachteiligen. Jakobus missbilligt kritisches Gerede und weist die Kranken an, die Ältesten um Gebet für ihre Heilung zu bitten. Der Brief erinnert über zwanzigmal an die Bergpredigt Jesu. Er bezieht sich auch viel auf die Weisheitsliteratur des Alten Testaments, speziell auf das Buch der Sprüche.

Lesen Sie nun den Jakobusbrief

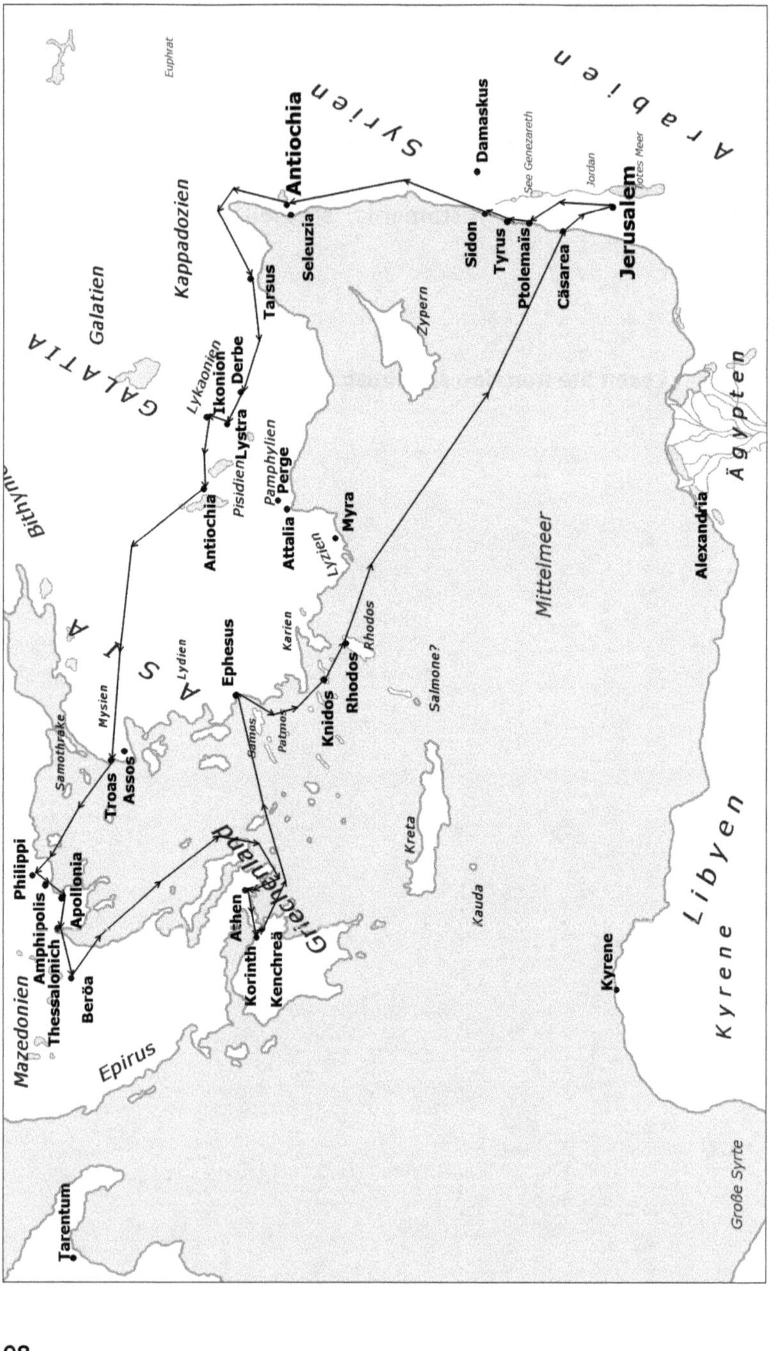
Tarentum
Mazedonien
Epirus
Thessalonich
Amphipolis
Philippi
Apollonia
Beröa
Samothrake
Troas
Assos
Mysien
Lydien
A S I A
G A L A T I A
Galatien
Kappadozien
Antiochia
Lykaonien
Ikonion
Derbe
Lystra
Pisidien
Pamphylien
Perge
Attalia
Myra
Lyzien
Ephesus
Karien
Samos
Patmos
Knidos
Rhodos
Rhodos
Salmone?
Kreta
Kauda
Griechenland
Athen
Korinth
Kenchreä
Tarsus
Seleuzia
Antiochia
S y r i e n
Euphrat
Damaskus
See Genezareth
Jordan
Totes Meer
Jerusalem
A r a b i e n
Sidon
Tyrus
Ptolemaïs
Cäsarea
Zypern
Ä g y p t e n
Alexandria
Mittelmeer
L i b y e n
K y r e n e
Kyrene
Große Syrte

Kapitel 10

Die Griechenland-Chronik

50–53 n. Chr.

Paulus aber wählte sich Silas und zog aus, von den Brüdern der Gnade Gottes befohlen. Er durchzog aber Syrien und Zilizien und stärkte die Gemeinden (Apg 15,40-41).

Vorschau auf die zweite apostolische Reise des Paulus

Dauer:	2 Jahre
Zeitpunkt:	50–52 n. Chr.
Wegstrecke:	4500 km (2000 km auf dem Wasser, 2500 km an Land)

Gegründete Gemeinden (4) und Zeitbedarf:

Philippi:	2–3 Monate
Thessalonich:	2–3 Monate
Beröa:	1 Monat
Korinth:	18 Monate

Sommer 50 n. Chr.

Paulus und Barnabas entscheiden sich, die Gemeinden in Galatien erneut zu besuchen, um etwas über ihr Wohlergehen zu erfahren. Allerdings geraten die beiden wegen Johannes Markus in Streit. Barnabas möchte ihn auf die Reise mitnehmen, aber Paulus weigert sich. Seiner Meinung nach hat Markus sie auf der ersten Reise im Stich gelassen. Die Meinungsverschiedenheit ist so ernst, dass Paulus und Barnabas sich trennen.

Barnabas und Markus reisen daraufhin zur Insel Zypern (wo Barnabas ursprünglich herkommt).[1] Paulus nimmt Silas mit sich nach Südgalatien.[2] Silas war 20 Jahre lang Teil der Gemeinde in Jerusalem und dort durch die „Zwölf" zugerüstet worden.

Paulus und Silas werden von der Gemeinde bestätigt und für ihre gemeinsame Arbeit der Gnade Gottes anbefohlen. Die beiden Männer machen sich daraufhin zu Fuß auf den Weg. Sie besuchen und stärken zunächst die Gemeinden in Zilizien und Syrien.[3] Dann gelangen sie auf dem Landweg zu den vier Gemeinden im Hügelland von Südgalatien. Diese Gemeinden haben Paulus etwa eineinhalb Jahre lang nicht mehr gesehen.

Die Gemeinden in Galatien haben die kürzliche Krise überstanden! Sie haben den Brief von Paulus erhalten und positiv aufgenommen! Das von Paulus gepredigte Evangelium hat sich bewährt und sich als von „Gold, Silber und Edelsteinen" erwiesen[4].

Timotheus aus Lystra

Als die beiden Männer nach Lystra kommen, fällt ihnen ein junger Mann namens Timotheus auf, bei dem sie deutliche Zeichen einer Berufung in das Werk des Herrn erkennen. Timotheus wird von den Gläubigen in Lystra und Ikonion respektiert – vermutlich hat er sich gegen die Judaisierer gestellt, als diese nach Lystra gekommen waren. (Später wird sich Timotheus noch zu einem „geistlichen Riesen" entwickeln.)

Paulus und Silas entscheiden sich dazu, Timotheus auf ihrer weiteren Reise mitzunehmen. Die Gemeinde in Lystra ist einverstanden und Paulus legt Timotheus zusammen mit den Ältesten der Gemeinde die Hände auf. Es werden ihm geistliche Gaben übertragen und prophetische Worte über ihm ausgesprochen[5].

---

[1] Nach der Überlieferung starb Barnabas in der Stadt Salamis auf Zypern den Märtyrertod und wurde von Markus heimlich begraben.

[2] Apg 15,36-40.

[3] Apg 15,41.

.[4]Diese Metapher gebraucht Paulus in 1 Kor 3,10-12 für ein Werk, das aus dem Leben Gottes anstelle mit menschlicher Kraft gebaut wird.

[5] 1 Tim 1,18; 4,14; 2 Tim 1,6.

Da Timotheus zur Hälfte von griechischer Abstammung ist, ist er nie beschnitten worden.[6] Daher beschneidet Paulus ihn, sodass das Werk nicht behindert wird. (Die Juden in der Region kennen seinen griechischen Vater. Ohne die Beschneidung des Timotheus würde Paulus seine Verbindung zu den Synagogen verlieren, denn die Juden würden ihn als Abtrünnigen betrachten. Durch Timotheus' Beschneidung werden die Juden Paulus und auch Timotheus eher Gehör schenken.)

Während die beiden Männer durch die Städte Syriens, Ziliziens und Galatiens ziehen,[7] lesen sie dort in allen Gemeinden den Brief des Konzils in Jerusalem vor.[8] Sie predigen auch in jeder Gemeinde mit Kühnheit den Christus.[9] Dadurch werden die Gemeinden im Glauben gestärkt und wachsen auch zahlenmäßig weiter.

Paulus schlägt vor, in westlicher Richtung nach Kleinasien weiterzureisen, aber der Heilige Geist hindert sie daran. Als die beiden Männer die Grenze nach Mysien erreichen, wollen sie weiter nördlich nach Bithynien reisen, doch wiederum hält der Heilige Geist sie von ihrem Vorhaben ab[10].

Besuch in Troas

Die Männer reisen nun nach Nordwesten zu einer römischen Kolonie namens Troas. Troas liegt etwa 1400 km von Antiochia in Syrien entfernt und hat etwa 30 000–40 000 Einwohner. Dort in Troas hat Paulus einen Traum. In diesem Traum sieht er einen makedonischen Mann, der ihn anfleht, nach Mazedonien zu kommen und ihnen Hilfe zu bringen. Die Männer verstehen den

---

[6] Der Vater des Timotheus ist Grieche, seine Mutter Jüdin.

[7] Lukas gebraucht in Apg 16,6 den Ausdruck „Phrygien und Galatien", bezieht sich aber dabei auf das phrygische Galatien (phrygia galatia) im Gegensatz zum kleinasiatischen Teil Galatiens. Allgemein gebraucht Lukas hauptsächlich ethnische und regionale Bezeichnungen, während Paulus in seinen Briefen die Namen der römischen Provinzen verwendet.

[8] Apg 16,1 ff.

[9] Apg 16,3 im sogenannten „Westlichen Text". Dieser Text ist eine „Familie" von frühen Handschriften des Neuen Testaments, die durch längere Lesarten gekennzeichnet sind als in anderen Textfamilien des NT.

[10] Apg 16,6-8.

Traum als Aufforderung Gottes an sie, das Evangelium in Mazedonien zu predigen[11].

Am nächsten Morgen brechen die Männer in die griechischsprechende Welt von Mazedonien und Achaja auf. (Diese Gegend ist das heutige Griechenland. Mazedonien ist der nördliche, Achaja der südliche Teil Griechenlands.)

In Troas stößt Lukas, ein umherziehender heidnischer Arzt aus Antiochia in Syrien zu Paulus, Silas und Timotheus. Lukas begleitet die Männer nun nach Mazedonien.[12]

Gemeindegründung in Philippi (Herbst 50 n. Chr.)

Von Troas aus fahren die Männer über das Ägäische Meer und vorbei an der Insel Samothrake, deren Berge sich mehr als 1500 m über das Meer erheben. Am nächsten Tag machen sie Halt in Neapolis, der Hafenstadt von Philippi. Für die Strecke von Troas nach Neapolis benötigen sie im Ganzen nur zwei Tage auf See, da das Wetter ihnen günstig ist. (Paulus benötigt später für die Rückreise in der Gegenrichtung fünf Tage.)[13]

Die Männer nehmen die „Via Egnatia" („Straße des Egnatius", benannt nach dem Prokonsul über Mazedonien, der sie um 146 v. Chr. erbauen ließ), eine große, gepflasterte Militärstraße der Römer, die von der Ägäis bis an die Adriaküste quer durch die Balkan-Halbinsel führt. Sie stellt die wichtigste Verkehrsverbindung zwischen Rom und dem Osten dar.[14]

Die Männer kommen bald in die römische Kolonie Philippi, die etwa 21 km landeinwärts von Neapolis liegt.

---

[11] Es ist sehr wahrscheinlich, dass es sich bei dem Mann, den Paulus im Traum sah, um Lukas handelte. Allerdings nannte Lukas keinen Namen, um die Aufmerksamkeit nicht auf seine Person zu lenken (wie es in der gesamten Apostelgeschichte der Fall ist).

[12] Apg 16,8-11; Kol 4,14.

[13] Apg 20,6.

[14] Philippi, Amphipolis, Apollonia und Thessalonich liegen alle an der Via Egnatia.

Hintergrundinformationen

Philippi ist eine römische Garnisonsstadt und die wichtigste Stadt der Provinz Mazedonien. Anders als einige der anderen römischen Kolonien, die Paulus besucht hat, ist Philippi durch und durch römisch geprägt. Die Hauptsprache ist Latein, allerdings sprechen viele auch Griechisch (80 % aller Inschriften in Philippi sind lateinisch, im Vergleich zu 40 % in Antiochia in Pisidien). Die Stadt wird von einem Prokonsul (Statthalter) regiert, der seinen Sitz jedoch in Thessalonich hat. Die höchste Autorität, an die ein Philipper sich wenden kann, befindet sich also in einer anderen Stadt.

Nahe Philippi liegt der Schauplatz der berühmten Schlacht, in welcher Marcus Antonius und Octavian im Jahr 42 v. Chr. Marcus Iunius Brutus und Gaius Cassius Longinus besiegten. Octavian machte die Stadt zur römischen Kolonie, siedelte dort einige Soldaten an und gab der Stadt die höchste mögliche Ehre – die *„Ius Italicum"*, welche die Stadt rechtlich in jeder Hinsicht zu einer Stadt Italiens machte. Kurz gesagt, Philippi ist ein Miniaturabbild von Rom. Es gibt hier keine Synagoge, denn die jüdische Bevölkerung ist wohl zu klein (zur Gründung einer Synagoge werden 10 jüdische Männer benötigt – *Minion* genannt). Stattdessen unterhalten die Juden der Stadt eine sogenannte „Proseuche", das ist eine vorläufige Gebetsstätte.

In Philippi treffen Paulus, Silas und Timotheus auf eine Gruppe gottesfürchtiger Frauen, die sich an einer Gebetsstätte am Ufer des Flusses Angites (oder Gangites) treffen. Die erfolgreiche Purpurhändlerin Lydia aus Thyatira ist eine von ihnen.[15] Paulus predigt den Frauen Christus und Gott öffnet Lydias Herz. Sie wird die erste Gläubige in Europa. Lydia und die Mitglieder ihres Hauses

[15] Die Tatsache, dass Lydia ein Haus und Diener besaß („Haushalt"), macht sie zu einer relativ vermögenden Frau von einer gewissen gesellschaftlichen Bedeutung. Die Tatsache, dass sie mit *Königlichem Purpur* handelte, bestätigt das ebenfalls. Der Handel mit Purpur (dem Farbstoff der Purpurschnecke *Murex Trunculus*) war ein kaiserliches Monopol. Wer damit handelte, war in der Regel Mitglied des kaiserlichen Hauses.

werden sofort getauft. Sie öffnet ihnen ihr Haus und besteht darauf, dass die Männer bei ihr einkehren.

Bei ihrem täglichen Gang zum Fluss, wo sie sich mit den Frauen treffen, begegnet den Männern nach ein paar Tagen immer wieder ein von einem Wahrsagegeist besessenes Sklavenmädchen, das sie laut verspottet.[16] Irgendwann ist Paulus' Geduld zu Ende und er treibt im Namen Jesu Christi den Wahrsagegeist aus, von dem das Mädchen besessen ist. Durch diese Befreiung verliert das Mädchen auch seine hellseherischen Fähigkeiten. Die Männer, denen sie gehört, sind von Wut entbrannt, denn die Fähigkeiten des Mädchens haben ihnen bereits ein Vermögen eingebracht.

Die Besitzer des Mädchens schleppen Paulus und Silas über den Marktplatz (auf Griechisch *Agora*, in lateinischer Sprache *Forum* genannt) und bringen sie vor den Magistrat der Stadt (die beiden so genannten *Prätoren*). Dort klagen sie die Männer an, sie hätten die Stadt in Aufruhr versetzt und illegale Gebräuche verkündet. Sie erwähnen auch, dass Paulus und Silas Juden sind.[17] Als die Menschenmenge diese Anschuldigungen hört, wenden auch sie sich aufgebracht gegen Paulus und Silas.

Wie im Wahn reißt der Magistrat Paulus und Silas die Kleider vom Leib und übergibt sie den Liktoren (Polizei- und Amtsdienern).[18] Die beiden apostolischen Arbeiter werden – ohne Gerichtsverfahren – mit Birkenstöcken geschlagen.[19] Diese Prügelstrafe ist äußerst hart. Erniedrigt und gedemütigt durch die Entkleidung und die Schläge in aller Öffentlichkeit, bleiben den Männern nun offene Wunden zurück, die dringend gereinigt werden müssten. Stattdessen werden Paulus und Silas ins Gefängnis geworfen und der Kerkermeister erhält den Befehl, sie scharf

---

[16] Ein „Python-Geist" ist ein vom Gott Apollon inspirierter Dämon. „Apollon Pythios" ist der Gott, der häufig durch das Orakel in Delphi befragt wurde.

[17] Da vor kurzem alle Juden aus Rom vertrieben wurden und Philippi eine römische Kolonie ist, werden Paulus und Silas schon allein deswegen mit Missgunst betrachtet, weil sie Juden sind.

[18] Die Liktoren („Rutenträger") trugen als Zeichen ihres Amtes Rutenbündel (genannt *Fasces*).

[19] 1 Thess 2,2. Dies ist das zweite Mal, dass Paulus mit Stöcken geschlagen wird. Innerhalb der nächsten sechs Jahre wird dies noch ein weiteres Mal geschehen (2 Kor 11,25).

zu bewachen. Die beiden Männer werden in die sicherste Zelle des Gefängnisses gesteckt, ihre Füße im Block, was äußerste Unbequemlichkeit bedeutet.[20]

(Die Schläge waren allerdings illegal, da Paulus und Silas römische Bürger sind. Römische Bürger sind von jeglicher Prügelstrafe ausgenommen; auch ihre Verhaftung ist – außer in besonderen Fällen – nicht zulässig. Auch haben sie das Recht, den Kaiser anzurufen. Ihr Ausruf „Civis Romanus sum!" – „Ich bin ein römischer Bürger!" – war in dem Aufruhr, der den ungerechtfertigten Schlägen vorausging, offensichtlich ungehört verhallt.)

Es ist Mitternacht. Im Gefängnis, in dem Paulus und Silas sitzen, ist es stockdunkel. Den Rücken voll blutiger Striemen und die Beine durch den Block gestreckt, beten die beiden Männer und singen dem Herrn Loblieder. Alle Gefangenen hören ihnen zu. Plötzlich erschüttert ein Erdbeben die Fundamente des Gefängnisses und die Türen öffnen sich. Auch die Fesseln der Männer fallen ab. Der Kerkermeister erwacht und erblickt die offenen Gefängnistüren. Sofort zieht er sein Schwert und will sich umbringen, da er glaubt, die Gefangenen seien entflohen.[21]

Paulus ruft dem Kerkermeister zu, dass keiner der Gefangenen das Gefängnis verlassen hat. Der Kerkermeister bittet um Licht, um die Gefangenen sehen zu können. Dann fällt er zitternd vor Paulus auf die Knie und fragt, was er tun müsse, um gerettet zu werden. Paulus und Silas führen den Kerkermeister und alle anderen in seinem Haus zu Christus. Der Kerkermeister reinigt die Wunden der beiden Männer an einer Quelle im Hof des Gefängnisses. Der Kerkermeister und sein ganzes Haus werden getauft und erleben die Freude der Erlösung. Darauf bringt er Paulus und Silas in sein eigenes Haus und gibt ihnen zu essen. Paulus und Silas kehren anschließend ins Gefängnis zurück.

---

[20] Der Block ist eine meist hölzerne Fußfessel. Ein Gefangener im Block kann nur auf der Seite oder in einer sitzenden Position schlafen. Positionsveränderungen zur Vermeidung von Krämpfen sind fast unmöglich. Die Unbequemlichkeit für den Gefangenen kann bis hin zu unerträglichen Schmerzen verstärkt werden, indem einfach der Abstand zwischen dem linken und rechten Fuß vergrößert wird.

[21] Gefangenen die Flucht zu ermöglichen, ist ein Kapitalverbrechen und gleichbedeutend mit Hochverrat.

Bei Tagesanbruch gibt der Magistrat Paulus und Silas aus dem Gefängnis frei und lässt ihnen ausrichten, sie sollten die Stadt heimlich verlassen. Paulus allerdings legt Beschwerde ein und erklärt, Silas und er seien römische Bürger und es sei daher ungesetzlich gewesen, sie ohne Verfahren zu schlagen. (Zum Nachweis ihrer römischen Staatsbürgerschaft tragen Paulus und Silas vermutlich ein *Testatio* bei sich – eine beglaubigte Kopie ihrer Geburts- und Bürgerrechts-Urkunde auf der Wachsoberfläche eines kleinen hölzernen *Diptych,* einer klappbaren Schreibtafel.)

Paulus fordert den Magistrat auf, sie öffentlich bis zum Stadttor zu begleiten. Er argumentiert, da sie illegal in der Öffentlichkeit als Verbrecher gedemütigt worden seien, sollten sie auch öffentlich von den Vorwürfen entlastet werden. Der Magistrat geht aus Angst auf die Forderung des Paulus ein. Paulus und Silas jedoch haben es nicht eilig. Sie besuchen zunächst noch Lydia und ermutigen dort die Gläubigen. Dann verabschieden sie sich und nehmen auch Timotheus mit. Lukas dagegen bleibt in der Stadt zurück.

Nun gibt es auch in Philippi eine Gemeinde, die vor allem aus gottesfürchtigen Frauen besteht. Zwei Frauen mit den Namen Evodia und Syntyche sind Teil der Gemeinde,[22] ebenso ein Mann namens Klemens[23]. Der Leib Jesu Christi – eine Gemeinschaft, die Gottes Wesen widerspiegelt – ist nun auch in Philippi vertreten.

Gemeindegründung in Thessalonich (51 n. Chr.)

Paulus, Silas und Timotheus reisen auf der Via Egnatia weiter nach Westen. Nachdem sie durch die Städte Amphipolis (etwa 50 km südwestlich von Philippi) und Apollonia gezogen sind, erreichen sie schließlich die Hafenstadt Thessalonich, etwa 150 km südwestlich von Philippi.

---

[22] Apg 16,12-40; Phil 4,2.

[23] Phil 4,3.

Hintergrundinformationen

Thessalonich ist die Hauptstadt Mazedoniens und die größte Stadt im nördlichen Griechenland. Bevor es Konstantinopel gab, war Thessalonich praktisch sogar die Hauptstadt von ganz Griechenland, Illyrien und Mazedonien. Die Bevölkerung beträgt etwa 200000. Thessalonich ist keine römische Kolonie, sondern eine freie griechische Stadt. Sie prägt ihre eigenen Münzen und hat ihre eigene Regierungsform. Allerdings besitzt die Stadt enge Verbindungen nach Rom und zum Kaiser und ist daher sehr wachsam gegen alles, was zum Verlust ihres Sonderstatus als „bevorzugte Stadt" führen könnte. Thessalonich ist auch ein Kommunikations- und Handelszentrum. Es ist eine städtische Metropole mit einer buntgemischten Bevölkerung und vielen Religionen und vereint in sich den griechischen, römischen und östlichen Lebensstil sowie deren Religionen. Hier leben auch viele Juden und haben Anteil am Reichtum der Stadt. Die Frauen Mazedoniens sind weithin für ihre Unabhängigkeit bekannt.

Paulus, Silas und Timotheus besuchen an drei aufeinanderfolgenden Sabbaten die jüdische Synagoge in Thessalonich. Paulus predigt Christus aus den Schriften des Alten Testaments. Einige Juden kommen zum Glauben, einschließlich einer großen Zahl gottesfürchtiger Griechen und vieler der vornehmen Frauen in der Stadt. Auch ein Jude namens Jason bekehrt sich und nimmt die apostolischen Arbeiter in seinem Haus auf.

Paulus und Silas pflanzen eine Gemeinde in Thessalonich; sie versammelt sich im Haus des Jason. Paulus führt der jungen Gemeinde den gekreuzigten und auferstandenen Christus vor Augen. Er weist die Gläubigen aus Thessalonich an, alle Götzen aufzugeben und keine Unzucht mehr zu begehen[24] (Götzendienst und Unzucht gehören in Griechenland zum völlig normalen Lebensstil). Paulus spricht zu ihnen auch über das Reich Gottes, sowohl in seiner gegenwärtigen als auch zukünftigen Dimension. In seiner Arbeit mit der Gemeinde ist Paulus sowohl wie eine Mutter,

[24] 1 Thess 1,9; 4,2 ff.

die sanft zu ihren Kindern ist, als auch wie ein Vater, der seine Kinder ermahnt und tröstet.[25]

Paulus ist inzwischen das Geld ausgegangen, weshalb er anfängt, Zelte zu reparieren, um für seine Bedürfnisse zu sorgen. Er arbeitet frühmorgens und spät am Abend.[26] Paulus kommt für alle seine Kosten selbst auf, einschließlich des Essens. Er will für die Gläubigen in Thessalonich keine Last sein, während er ihnen mit dem Evangelium dient.[27] Durch sein Vorbild lehrt Paulus die Gemeinde, mit den eigenen Händen zu arbeiten. Er gibt den Gläubigen auch die folgende Regel mit auf den Weg: „Wer nicht arbeiten will, soll auch nicht essen."[28] Während des Aufenthalts in Thessalonich sendet die Gemeinde in Philippi zweimal Geld, um Paulus und seine Begleiter zu unterstützen.[29]

Als die Gemeinde in Thessalonich wächst, werden die Juden eifersüchtig. Sie behaupten, Paulus und Silas würden einen anderen König als den Kaiser predigen. Im Jahr 16 n. Chr. hatte Kaiser Tiberius einen kaiserlichen Erlass herausgegeben, der die Vorhersage eines neuen Königs oder Reiches in den Städten des Römischen Reiches streng untersagte. Paulus predigt das Reich Gottes, die bevorstehende Wiederkunft Jesu, die Anbetung des einen, wahren Gottes und dass die Heiden ihre Götzen verlassen sollen. Dies alles macht Paulus bereits zum Staatsfeind. Trotz des Widerstands fährt Paulus fort, das Evangelium zu verkünden und die junge Gemeinde aufzubauen.[30] Er warnt die Gläubigen davor, dass sie in der kommenden Zeit durch viel Leid gehen werden, und erzählt ihnen als Ermutigung, wie die Gemeinden in Judäa die Verfolgung erduldet haben.[31]

Der Widerstand nimmt weiter zu, und die Juden verbreiten das Gerücht, Paulus und Silas seien Verbrecher. (Sie haben zweifellos von deren Gefängnisaufenthalt in Philippi erfahren.) Die Juden

---

[25] 1 Thess 2,7-11.

[26] 1 Thess 2,9.

[27] 2 Thess 3,8.

[28] 1 Thess 4,11; 2 Thess 3,10.

[29] Phil 4,15-16.

[30] 1 Thess 1,6; 2,2.

[31] 1 Thess 3,4; 2,14.

stiften einige örtliche Kriminelle an, die Stadt in Aufruhr zu versetzen. Die aufgebrachte Menge kommt auf der Suche nach Paulus und Silas zum Haus Jasons, um die beiden Männer für ein Gerichtsverfahren vor die Volksversammlung zu schleppen. Paulus und Silas sind allerdings nicht da. So schleppt die Menge Jason und einige der Neubekehrten vor die Volksversammlung. Dort werden sie angeklagt, Männer beherbergt zu haben, die einen anderen Herrscher als den Kaiser verkünden.

Die Obersten der Stadt (als *Politarchen* bezeichnet) befragen Jason, lassen ihn aber frei, da es keine ausreichenden Beweise dafür gibt, dass er etwas Unrechtes getan hat. Allerdings muss er eine Bürgschaft hinterlegen. Er wird gewarnt, dass sein Vermögen eingezogen wird, falls Paulus und Silas nicht die Stadt verlassen.

Daher senden die Geschwister in Thessalonich Paulus und Silas heimlich im Schutz der Dunkelheit aus der Stadt. Timotheus wird jedoch von Paulus zurückgelassen. Es gibt nun in Thessalonich eine Gemeinde – eine Gemeinschaft, die Jesus Christus zum Ausdruck bringt! Unter ihnen sind drei vornehme Neubekehrte: Aristarch, Sekundus und Demas.[32]

Gemeindegründung in Beröa

Paulus und Silas reisen auf der Via Egnatia weitere 90 km nach Südwesten und kommen nach Beröa, einer Art Erholungsort in den Bergen. Beröa ist reich und fruchtbar, es gibt landwirtschaftliche Höfe im Überfluss. Die Bevölkerung besteht hauptsächlich aus älteren Menschen der oberen Schichten. Auch viele jüdische Kaufleute leben hier. Beröa ist eine Handelsstadt, in der sehr viele Menschen lesen und schreiben können.

Hier stößt Timotheus wieder zu Paulus und Silas. Wie sie es gewohnt sind, gehen Paulus und Silas in die Synagoge, um Christus zu predigen. Die Juden in Beröa sind aufgeschlossen und studieren die heiligen Schriften. Bereitwillig hören sie die Botschaft des Paulus und prüfen sie anhand der Schriften des Alten Testaments. Sie sind in keiner Weise feindselig. Viele der Beröer glauben sogar an Christus, einschließlich einiger Frauen aus der griechischen

[32] Apg 17,1-9; 20,4; 2 Tim 4,10.

Oberschicht. Sopater (auch Sosipater genannt[33]) ist einer der namentlich genannten Gläubigen.[34]

Die nun folgenden Ereignisse sind eine Wiederholung dessen, was bereits in Lystra geschah. Juden aus Thessalonich hören davon, dass Paulus und Silas sich nun in Beröa aufhalten. Sie kommen in die Stadt und wiegeln die Volksmenge gegen die beiden Arbeiter auf. Einige der Gläubigen in Beröa bringen Paulus zur Küste und senden ihn auf dem Seeweg nach Athen in Achaja (Südgriechenland). Silas und Timotheus bleiben zurück, um die neugegründete Gemeinde in Beröa weiter zu ermutigen. Paulus schickt eine Nachricht an Silas und Timotheus, dass sie ihm so bald wie möglich nach Athen folgen sollen.[35] Es gibt nun eine Gemeinde in Beröa – eine Gemeinschaft, die Gottes Sohn verkörpert!

Ablehnung in Athen

Paulus erreicht Athen allein. Athen ist die Wiege der griechischen Philosophie und Demokratie. Es ist eine freie griechische Stadt mit einer Bevölkerung von höchstens 50 000 Personen. Athen ist voller Götzenbilder und heidnischer Tempel. Wohin Paulus auch schaut, sieht er Statuen, Tempel und Heiligtümer. Das betrübt ihn tief im Geist. Verwundert bemerkt er einen Altar, der dem „unbekannten Gott" geweiht ist.

Timotheus und Silas stoßen wieder zu Paulus. Paulus versucht nach Thessalonich zurückzukehren, doch Satan hindert ihn daran.[36] Er kann nicht in die Stadt zurückkehren, da die Verbannung gegen ihn immer noch besteht. Deshalb sendet er Timotheus nach Thessalonich, um die Gemeinde zu ermutigen und zu sehen, wie es um ihren Glauben steht. Silas sendet er unterdessen nach Philippi.[37]

---

[33] In seinen Briefen nennt Paulus die Einzelnen mit ihrem offiziellen Namen, während Lukas die unter Freunden vertrauten Namen gebraucht. Paulus spricht von Sosipater, Lukas dagegen von Sopater. Paulus gebraucht den Namen Priska, während Lukas sie Priszilla nennt usw.

[34] Apg 20,4; Röm 16,21.

[35] Apg 17,10-15.

[36] Apg 17,16-34; 1 Thess 2,18.

[37] Dieses Szenario ergibt sich aus den einzelnen Informationen in Apg 17,15 und 18,5 sowie 1 Thess 3,1-5.

Paulus besucht dann die Synagoge in Athen und lehrt die Juden und Gottesfürchtigen über Christus. Er predigt Jesus auch auf der *Agora,* dem Marktplatz von Athen, der mit öffentlichen Gebäuden und Säulenhallen umgeben ist. (Die Agora ist das Zentrum des öffentlichen Lebens und aller Aktivitäten in Athen.)

Einige der stoischen und epikureischen Philosophen greifen ihn bei der entstehenden Diskussion an. (Stoiker glauben, dass Menschen frei von aller Leidenschaft sein sollten, daher unterdrücken sie ihre Gemütsbewegungen und nehmen alles als Wille der Götter an. Epikureer glauben, das Hauptziel des Lebens sei das Streben nach geistigen Freuden. Sie glauben auch, dass man Schmerz, Leiden und Aberglauben meiden sollte.)

Einige der Philosophen sagen, Paulus sei ein Schwätzer – ein *Spermologos* oder „Körner-Picker". Das Wort beschreibt Leute, die sich auf dem Marktplatz herumtreiben und philosophische Bruchstücke von sich geben, die sie hier und da aufgeschnappt haben. Andere sagen, Paulus verkünde einen fremden Gott, denn er predigt Jesus und die Auferstehung der Toten.[38]

Die Philosophen bringen Paulus auf den Areopag (auch als *Marshügel* bekannt), damit er ihnen seine Überzeugungen mitteilt.[39] (Areopag wird auch das Gremium in der Stadt genannt, welches in moralischen und religiösen Fragen entscheidet.) Paulus wird nicht dorthin geführt, um ihm den Prozess zu machen. Vielmehr wird er gebeten, den Athenern seine „neue" Lehre darzulegen. (Die Athener haben eine Vorliebe für alles „Neue" und machen es zum Stadtgespräch; folglich sind sie begierig darauf, die Botschaft des Paulus zu hören.)

---

[38] Die Griechen glauben an die Unsterblichkeit der Seele, aber nicht an eine körperliche Auferstehung.

[39] Zu dieser Zeit war der *Areopagos* eine Gruppe, die sich aus Mitgliedern des örtlichen Hochadels zusammensetzte. Areopagos bedeutet „Hügel des Ares". Der Areopag in Athen war nach dem griechischen Gott des Krieges benannt, *Ares,* dessen römischer Name *Mars* lautet. Der Hügel des Ares war der ursprüngliche Versammlungsort des Areopags. Zur Zeit des Paulus traf sich der Areopag jedoch in der Königshalle auf dem Marktplatz Athens, außer wenn es um Aufklärung eines Mordes ging.

In einer auf das griechische Denken maßgeschneiderten Verkündigung zitiert Paulus zunächst einige griechische Dichter.[40] Dann erklärt er, wer der „unbekannte Gott" tatsächlich ist. [41] Er verklündigt den Herrn Jesus Christus. Als er jedoch beginnt, über eine kommende Auferstehung zu sprechen, verspotten ihn einige der Athener. Seine Lehre von der Auferstehung ist in ihren Augen eine Torheit.[42] Andere jedoch wollen Paulus später erneut zu dem Thema hören.

Es gibt nicht viel Frucht in Athen, und es entsteht dort auch keine Gemeinde. Nur eine Handvoll Menschen kommen zum Glauben. Zu ihnen gehören Dionysius, ein Mitglied des Areopags, eine Frau namens Damaris und noch einige andere.

Gemeindegründung in Korinth

Paulus reist 78 km weiter nach Westen in die römische Kolonie Korinth.[43] Aufgrund seiner bisherigen schlechten Erfahrungen in Griechenland ist Paulus bei seiner Ankunft in Korinth entmutigt, niedergeschlagen und voller Zweifel, oder mit seinen eigenen Worten, er kommt „in Schwachheit und mit Furcht und in vielem Zittern".[44]

---

[40] In Apg 17,28 zitiert Paulus den Kreter Epimenides (6./7. Jhd. v. Chr.) sowie Aratus von Zilizien (geb. 310 v. Chr.). Paulus war offensichtlich sehr bewandert in der griechisch-römischen Philosophie und Dichtung. In 1 Kor 15,33 beispielsweise zitiert er Menander, den Autor der griechischen Komödien „Thais" und „Der Griesgram".

[41] Als Athen im sechsten Jahrhundert v. Chr. von einer furchtbaren Seuche heimgesucht wurde, opferten die Bürger allen ihnen bekannten Göttern, jedoch ohne Erfolg. Daraufhin verkündete das Orakel der Pythias in Delphi, sie sollten den Kreter Epimenides (siehe oben) holen lassen, den Plato einen „geisterfüllten Menschen" nannte. Er war Dichter und Erfinder und galt als Prophet. Epimenides rief die Athener dazu auf, einen unbekannten Gott um Verzeihung zu bitten, den sie erzürnt hatten. Er errichtete einen Altar, auf dem die Athener „dem unbekannten Gott" opferten. Kurz darauf ließ die Seuche nach und die Stadt war gerettet. Diese Geschichte war jedem Athener bekannt (Anm. d. Übers.).

[42] 1 Kor 1,17-23.

[43] Vermutlich segelte Paulus von Piräus aus zwischen den Inseln Salamis und Ägina hindurch zum Hafen von Kenchreä an der Ostküste der Landenge von Korinth. Zu Fuß benötigte Paulus dann von Kenchreä nach Korinth noch zwei bis drei Stunden.

[44] 1 Kor 2,3.

Hintergrundinformationen

Korinth ist die Hauptstadt von Achaja (Süd-Griechenland). Die Stadt ist nach einer dort verbreiteten Weintraubensorte (Korinthe) benannt. Korinth ist eine große und wohlhabende Stadt und auf dem besten Weg, die größte und reichste Stadt von ganz Griechenland zu werden. Die geschätzte Bevölkerung liegt zwischen 80000 und 100000. Ein Drittel der Einwohner sind Sklaven. Die Stadt hat den wichtigsten Sklavenmarkt und ist Umschlagplatz für Sklaven aus dem Osten, die von hier aus weiter nach Westen gebracht werden.

Da Korinth eine römische Kolonie ist, dominiert die römische Architektur und die Amtssprache ist Latein. Somit ist Korinth eine römische Stadt mit einem griechischen Umfeld. Die Religionen in der Stadt sind vielfältig und umfassen sowohl die griechischen Götter, hier besonders Aphrodite und Apollos, als auch den Kaiserkult. Auch eine bedeutende und seit langem bestehende jüdische Gemeinschaft gehört dazu. In der Stadt leben viele Juden, die aufgrund der Verbannung durch Kaiser Claudius aus der „Ewigen Stadt" hierhergekommen sind.

Korinth liegt auf der nur knapp sieben Kilometer breiten Landenge des *Isthmus*, welche die westliche Welt mit dem Osten verbindet. Daher hört man in der Stadt neben den dominierenden Sprachen Latein und Griechisch noch ein halbes Dutzend weiterer Sprachen. Korinth ist ein bedeutendes Handelszentrum – ein wahrer Schmelztiegel. Für die vielen fremden Händler muss sowohl zur Unterhaltung als auch kulinarisch einiges geboten werden. Folglich sind die Tavernen in Korinth zahlreich und die Prostituierten allgegenwärtig. Die Stadt ist auch ein Magnet für die Ehrgeizigen der Gesellschaft. Es gibt viele Möglichkeiten, zu Wohlstand zu kommen. Sozialer Aufstieg ist daher eine wesentliche Beschäftigung.

Korinth ist weithin für sexuelle Unmoral, Luxus, Selbstdarstellung und Prahlerei bekannt. Tatsächlich ist „Korinth" ein Synonym für Unmoral. So bedeutet „korinthisch sein" oder sich „korinthisch benehmen", in Unzucht zu leben. Eine Prostituierte wird auch als „korinthisches Mädchen" bezeichnet.

Der Wohlstand in Korinth entspringt der Herstellung von korinthischer Bronze und den „Isthmischen Spielen". Diese Spiele sind nach den Olympischen Spielen in Athen das zweitgrößte Sportereignis der antiken Welt. Sie werden zweimal im Jahr zu Ehren des Meeresgottes Poseidon abgehalten, und sie sind bei der Ankunft des Paulus (51 n. Chr.) gerade in vollem Gange. Die *Isthmische Krone*, auf die Paulus als „vergänglichen Siegeskranz" verweist (1 Kor 9,25), ist die wichtigste Trophäe bei den Spielen. Korinth ist eine sehr wettbewerbsorientierte Stadt, die erste in Griechenland mit römischen Gladiatorenkämpfen.

In Korinth ist auch ein weiterer Grundbaustein der griechisch-römischen Gesellschaft weit verbreitet, das *Patronat*. Ein *Patron* (Gönner, Schutzherr) ist eine wohlhabende Person, die gegenüber weniger Wohlhabenden (*Klienten* oder Schützlingen) als Wohltäter auftritt. Der Patron bietet seinem Klienten Rat und Schutz. Im Gegenzug bietet der Klient dem Patron verschiedenste Dienste, z. B. dass er ihn bei Wahlen unterstützt, sich um allerlei persönliche Bedürfnisse des Patrons kümmert und die Besuchermenge bei Beerdigungen in der Familie vergrößert. Stephanas, Phöbe, Lydia und Philemon sind einige der Patrone, die Paulus im Neuen Testament nennt.

In diesem Zusammenhang muss erwähnt werden, dass – obwohl die meisten Gläubigen in den von Paulus gegründeten Gemeinden arm sind – doch eine ganze Anzahl aus der städtischen Oberschicht kommen (später mehr dazu). Ein Grund dafür ist die Strategie des Paulus, in den einflussreichsten Städten an den wichtigsten Handelsrouten im Römischen Reich Gemeinden zu gründen. Das Christentum ist zuerst und vor allem eine Bewegung in den Städten.

Bald nach seiner Ankunft in Korinth trifft Paulus auf Aquila (der aus Pontus am Schwarzen Meer stammt) und seine Frau Priszilla, auch kurz Priska genannt. Die beiden sind Juden, die durch Kaiser Claudius aus Rom vertrieben wurden.[45] Wie Paulus sind die beiden

[45] Einige Wissenschaftler glauben, dass Priszilla ursprünglich Römerin war und aus der römischen Familienlinie „Gens Prisca" stammte. Wenn das stimmt, würde das die

Zeltmacher. Aufgrund der gerade stattfindenden Isthmischen Spiele besteht ein großer Bedarf an provisorischen Unterkünften. So haben die drei Zeltmacher reichlich zu tun.

Krise in Thessalonich

Silas und Timotheus stoßen in Korinth wieder zu Paulus. Die Gemeinde in Philippi hat Paulus erneut eine finanzielle Gabe gesandt und Silas überbringt sie. Das Geld ermöglicht es Paulus, sich wieder ganz auf die Arbeit der Gemeindegründung zu konzentrieren.[46]

Timotheus bringt Nachrichten aus Thessalonich. Die Gemeinde wird verfolgt, steht aber fest für den Herrn. Auch verkündigen sie das Evangelium. Gläubige aus den Gemeinden in Mazedonien (Philippi) und Achaja (Korinth) haben die Gläubigen in Thessalonich besucht und sind durch ihren Glauben, ihre Liebe und ihre Standhaftigkeit trotz der Verfolgung in der Stadt ermutigt.

Allerdings kehren aufgrund der Bedrängnis einige der Gläubigen in Thessalonich zu ihrem alten, heidnischen Lebensstil zurück – insbesondere zu Unzucht. Jemand aus der Gemeinde ist vor kurzem gestorben und die Gläubigen betrauern diesen Verlust. Auch haben sie Fragen, was mit Gläubigen geschieht, wenn sie sterben. Paulus hat die Gemeinde in Thessalonich schon länger auf dem Herzen. Er sehnt sich danach, die Gläubigen zu sehen, und hat sie Tag und Nacht im Gebet vor den Herrn gebracht. Immer wieder hat er den Herrn um eine Möglichkeit gebeten, sie zu besuchen.[47]

Tatsache erklären, dass sowohl Lukas als auch Paulus ihren Namen immer vor dem Namen ihres Mannes nennen. Der Grund wäre dann ihr höherer sozialer Stand.

[46] 2 Kor 11,9; Phil 4,14-16.

[47] Dieses Szenario ergibt sich durch „Spiegellesen" der Worte des Paulus im Ersten Thessalonicherbrief.

Paulus schreibt den Ersten Brief an die Thessalonicher

Zeitpunkt: 51 n. Chr.
Ort: Korinth
Adressat: Die (etwa 6 Monate alte) Gemeinde in Thessalonich

Anlass: Angesichts der Verfolgung ermutigt Paulus die Gemeinde und wiederholt einiges von dem, was er ihnen bereits gesagt hat, als er die Gemeinde pflanzte. Er spricht der Gemeinde Trost zu in Bezug auf die Person, die gestorben ist. Der Brief sieht auch einen Besuch der Judaisierer voraus und Paulus antwortet daher bereits auf die gewohnten Anklagen gegen ihn, noch bevor diese vorgebracht werden. (Die Verleumdungskampagne gegen Paulus umfasst die Behauptungen, er würde Schmeichelei benutzen und die Wahrheit verzerren, um Menschen zu bekehren, und seine eigentliche Motivation sei Habsucht.) Am Schluss des Briefes erinnert er die Gläubigen an den bald bevorstehenden Tag des Zornes Gottes. Paulus schließt den Brief mit Ermahnungen an die Gemeinde, füreinander zu sorgen und diejenigen zu ehren und wertzuschätzen, die unter ihnen arbeiten (d. h. Silas, Timotheus und ihn selbst). Er lässt den Brief durch Timotheus und Silas nach Thessalonich bringen.

Lesen Sie nun den 1. Thessalonicherbrief

Paulus geht an jedem Sabbat in die Synagoge von Korinth und predigt überzeugend Christus sowohl den Juden als auch den Nichtjuden.[48] Mit der Zeit stellen sich aber die Juden gegen ihn und lästern über ihn. Daher verlässt er die Synagoge, schüttelt den Staub von seinen Kleidern und sagt zu ihnen: „Euer Blut komme auf euren Kopf! Ich bin rein; von jetzt an werde ich zu den Nationen gehen."

---

[48] Apg 18,1 ff.

Paulus führt unter anderem Stephanas und seinen Haushalt zum Herrn. Sie sind die ersten Gläubigen in der Stadt.[49] Der Stadtkämmerer Erastus[50] und Quartus bekehren sich ebenfalls, ebenso ein römischer Bürger namens Gaius Titius Justus kommt zum Herrn. Gaius ist ein wohlhabender „Gottesfürchtiger" mit einem großen Haus direkt neben der Synagoge. In seinem Haus finden 50 bis 60 Personen problemlos Platz. Gaius öffnet sein Haus für den Dienst des Paulus und für die Gemeinde, sich dort zu versammeln.[51]

Auch Krispus (der Synagogenvorsteher) und sein Haushalt bekehren sich und werden gemeinsam mit einigen anderen getauft. (Paulus selbst tauft nur Krispus, Gaius sowie den Haushalt des Stephanas. Diese taufen dann gemeinsam mit Priszilla und Aquila die anderen Neubekehrten.)[52]

Wie es seine Gewohnheit bei neu gepflanzten Gemeinden ist, stellt er die Korinther auf kein anderes Fundament als nur Christus und sein Kreuz.[53] Er verkündet ihnen, dass sie in die Gemeinschaft des Sohnes Gottes gerufen sind, und er führt sie in genau diese Erfahrung hinein.[54] Paulus berichtet ihnen auch viel von der Standhaftigkeit anderer Gemeinden, einschließlich der in Thessalonich.[55]

Der Leib Jesu Christi ist nun in auch Korinth vorhanden und offenbart das Wesen Gottes in der Stadt. Während einige der Gläubigen einem hohen Stand angehören, sind die meisten doch ungebildet und arm.[56] (Dies trifft mehr oder weniger auf alle von Paulus gepflanzten Gemeinden zu.)

---

[49] 1 Kor 16,15.

[50] Griechisch: *oiko-nomos*; das ist der Finanzverwalter oder auch der Manager bzw. Verwalter von Ländereien einer Stadt (gewöhnlich, wie es bei Erastus der Fall war, war dies ein Freigelassener oder ein Sklave).

[51] Gaius und Titius Justus sind ein und dieselbe Person (Apg 18,7; 1 Kor 1,14; Röm 16,23 – geschrieben in Korinth).

[52] 1 Kor 1,14-17.

[53] 1 Kor 2,1-2.

[54] 1 Kor 1,9.

[55] 2 Thess 1,4.

[56] 1 Kor 1,26-27. Der Historiker W. M. Ramsay schrieb: „[Das Christentum] verbreitete sich anfangs unter den Gebildeten schneller als unter den Ungebildeten." Lydia in

Der Herr erscheint Paulus in einer Vision und ermutigt ihn, sich nicht zu fürchten, sondern in Kühnheit zu reden. Er verspricht Paulus, dass niemand ihm schaden kann, während er in Korinth arbeitet, und dass er (Christus) ein großes Volk in der Stadt hat. Infolgedessen bleibt Paulus insgesamt achtzehn Monate in Korinth, pflanzt eine Gemeinde und evangelisiert die Stadt. Als Zeichen seiner Dankbarkeit Gott gegenüber und für den verheißenen Schutz lässt Paulus als Teil eines freiwilligen Nasiräergelübdes [57] sein Haar wachsen.

Frühjahr 52 n. Chr.

Während Paulus in Korinth arbeitet, erfährt er, dass die Thessalonicher die Worte über die Wiederkunft des Herrn in seinem ersten Brief falsch verstanden haben. Die Gemeinde glaubt, der Tag des Herrn stehe unmittelbar bevor. In der Folge sind viele im Geist beunruhigt. Einige kündigen in Erwartung der Ankunft des Herrn ihre Arbeitsstellen und leben auf Kosten der anderen Gläubigen, die für ihren Lebensunterhalt arbeiten. Da sie nun zu viel Zeit haben, mischen sie sich als Wichtigtuer in das Leben anderer ein.[58]

Paulus schreibt den Zweiten Brief an die Thessalonicher

Zeitpunkt: 52 n. Chr.
Ort: Korinth
Adressat: Die (etwa 10 Monate alte) Gemeinde in Thessalonich

Anlass: Paulus tröstet die Gemeinde in ihrem Leid und versichert den Gläubigen, dass Gott denen vergelten wird, die das Leid verursachen. Er korrigiert das Missverständnis über den Tag des Herrn und die Wiederkunft Christi und stellt noch einmal klar, was er bereits während seiner Zeit in Thessalonich gelehrt hat. Am Ende des Briefes ermahnt er die Brüder, die ihre Arbeit aufgegeben

---

Philippi, viele der „vornehmsten Frauen" in Thessalonich, Dionysius in Athen sowie Erastus, Stephanas, Krispus, Gaius Titius Justus und Sosthenes in Korinth gehören alle zur oberen sozialen Schicht Griechenlands.

[57] 4 Mo 6,1 ff.

[58] Dieses Szenario lässt sich aus dem zweiten Brief des Paulus an die Thessalonicher ableiten.

haben, und weist die Gemeinde an, keinen Umgang mit ihnen zu haben, solange sie weiterhin so undiszipliniert leben. Er schließt den Brief, indem er die ganze Gemeinde dazu ermutigt, nicht müde zu werden, Gutes zu tun.

Lesen Sie nun den 2. Thessalonicherbrief

Das Geld, das Silas aus Philippi zu Paulus gebracht hat, geht zu Ende, weshalb Paulus seine gemeinsame Arbeit als Zeltmacher zusammen mit Priszilla und Aquila wieder aufnimmt. Paulus weigert sich, von den Gläubigen in Korinth Geld anzunehmen, um ihnen nicht zur Last zu fallen. Er steht zu seiner Überzeugung, das Evangelium kostenfrei anzubieten.[59]

Sommer 53 n. Chr.

Die Juden in Korinth greifen Paulus an und schleppen ihn vors Gericht. Sie klagen ihn an, er verbreite eine ungesetzliche Religion. Die Juden argumentieren, Paulus lehre nicht das Judentum, das durch das römische Gesetz geschützt ist. Als Paulus sich verteidigen will, unterbricht Lucius Junius Gallio, der Statthalter (oder Prokonsul) von Südgriechenland die Verhandlung. Er weigert sich, den Fall anzunehmen, da es sich um einen internen Streit religiöser Art in der jüdischen Gemeinschaft zu handeln scheint. Gallio treibt sie aus dem Gericht hinaus.[60]

Auf der Stelle packen einige der umstehenden Griechen Sosthenes, den neuen Synagogenvorsteher, und verprügeln ihn direkt vor der Gerichtsversammlung. Gallio tut, als ob er von dem anti-jüdischen Verhalten nichts mitbekomme.

Nachdem Paulus noch einige Zeit in Korinth verbracht hat, nimmt er Abschied und reist mit dem Schiff über das Ägäische Meer in die Stadt Ephesus. Er nimmt Priszilla und Aquila mit sich.

---

[59] 1 Kor 9; 2 Kor 11,7-9; 12,13-18.

[60] Gallio war der ältere Bruder von Licius Annaeus Seneca, dem berühmten stoischen Philosophen und Dramatiker, dem Erzieher des späteren Kaisers Nero.

Unterwegs machen sie Halt in einem kleinen Ort namens Kenchreä, elf Kilometer östlich von Korinth. Kenchreä ist der Seehafen von Korinth. Bevor er nach Ephesus weiterfährt, lässt Paulus sein Haar schneiden und beendet damit sein Nasiräergelübde.[61]

Paulus, Priszilla und Aquila reisen zu Schiff nach Ephesus in Kleinasien. Priszilla und Aquila lassen sich dort nieder und bauen ihr Zeltmachergewerbe auf. Paulus besucht kurz die Synagoge und predigt zu den Juden. Diese bitten ihn, noch länger bei ihnen zu bleiben, aber er kann nicht. Er verspricht ihnen, zurückzukehren, wenn Gott es so fügt.

Paulus nimmt ein Schiff nach Cäsarea und besucht von dort aus die Gemeinde in Jerusalem. Er grüßt die Jerusalemer Gemeinde und kehrt anschließend zurück in seine Heimatbasis in Antiochia in Syrien, wo er sich ausruht. Silas kehrt zurück nach Jerusalem und Timotheus nach Lystra.[62]

---

[61] Dies war kein formales Nasiräergelübde, was außerhalb des Heiligen Landes gar nicht korrekt möglich gewesen wäre, sondern eher ein privates Dankesgelübde.

[62] Wir nehmen an, dass Silas und Timotheus zu dieser Zeit in ihre Heimatstädte zurückkehrten.

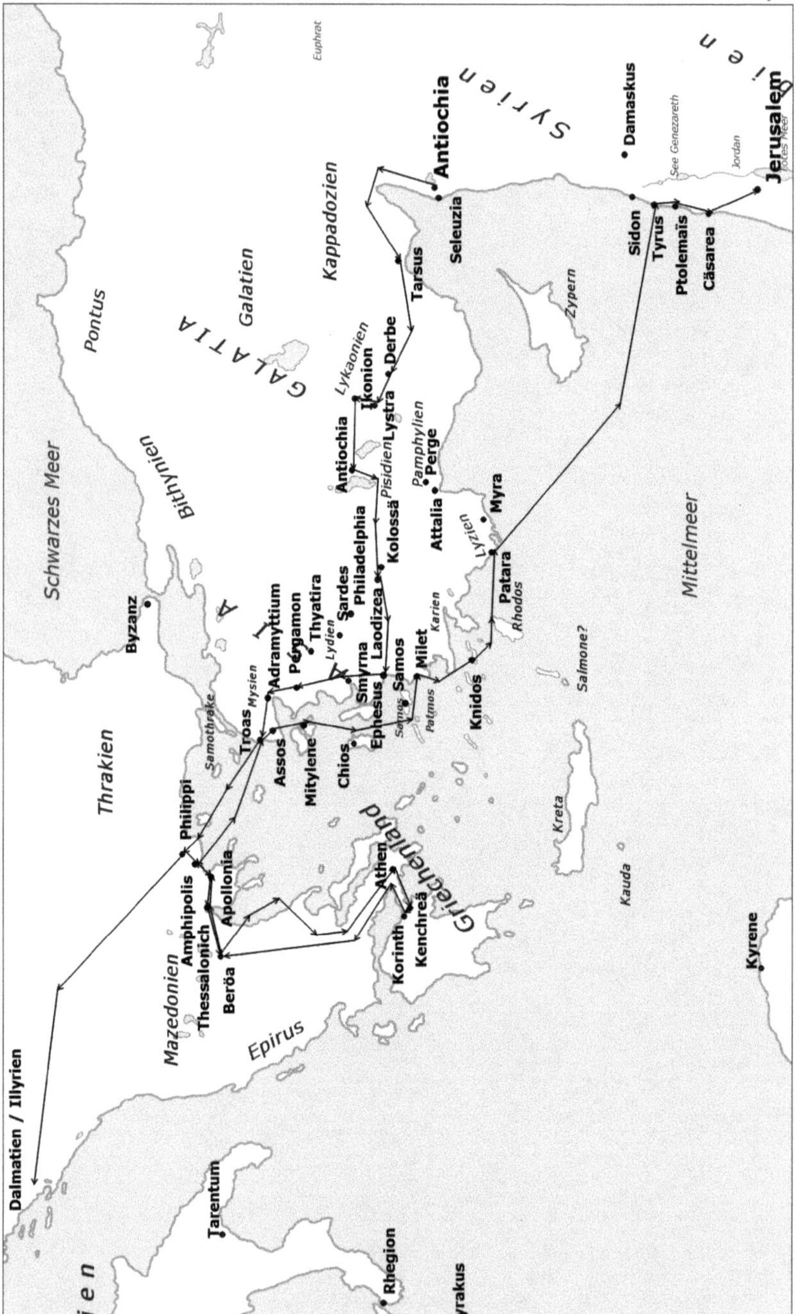
Schwarzes Meer
Pontus
Bithynien
Galatien
GALATIA
Kappadozien
Syrien
Euphrat
Antiochia
Seleuzia
Tarsus
Derbe
Lykaonien
Ikonion
Lystra
Antiochia
Pisidien
Pamphylien
Perge
Attalia
Myra
Lyzien
Patara
Rhodos
Zypern
Damaskus
See Genezareth
Jordan
Totes Meer
Jerusalem
Sidon
Tyrus
Ptolemaïs
Cäsarea
Mittelmeer
Byzanz
Thrakien
Samothrake
Troas
Mysien
Adramyttium
Pergamon
Thyatira
Lydien
Sardes
Philadelphia
Kolossä
Laodizea
Smyrna
Ephesus
Samos
Patmos
Milet
Karien
Knidos
Salmone?
Assos
Mitylene
Chios
Philippi
Amphipolis
Apollonia
Thessalonich
Beröa
Mazedonien
Epirus
Athen
Korinth
Kenchreä
Griechenland
Kreta
Kauda
Kyrene
Dalmatien / Illyrien
Tarentum
Rhegion
Syrakus

Kapitel 11

Die Ephesus-Chronik

54–58 n. Chr.

Es geschah aber, während Apollos in Korinth war, dass Paulus, nachdem er die höher gelegenen Gegenden durchzogen hatte, nach Ephesus kam. Und er fand einige Jünger (Apg 19,1).

Vorschau auf die dritte apostolische Reise des Paulus

Dauer:	3 Jahre
Zeitpunkt:	54–57 n. Chr.
Wegstrecke:	2200 km
Gegründete Gemeinden:	mindestens 11

Paulus gründet die Gemeinde in Ephesus. Epaphras gründet Gemeinden in Laodizea, Kolossä und Hierapolis. Die anderen Mitarbeiter des Paulus pflanzen Gemeinden überall in Kleinasien, unter anderem in Smyrna, Thyatira, Sardes, Philadelphia und Pergamon. Paulus gründet auch Gemeinden in Troas und Illyrien (Dalmatien).

Zeitbedarf der Gemeindegründungen:
Ephesus: 3 Jahre
Der Zeitbedarf für die anderen Gemeinden in Kleinasien ist unbekannt, ebenso wie für Troas, Illyrien (Dalmatien) und Rom (übergesiedelte Christen).

Frühjahr 54 n. Chr.

Während seines Aufenthaltes in Antiochia (Syrien) plant Paulus drei Dinge. Sie werden die Richtung für den weiteren Dienst bis zu seinem Lebensende festlegen:

- Paulus entschließt sich, den „Jerusalem-Hilfsfonds" zu beginnen. Das ist eine Spendenkampagne unter allen von Paulus gegründeten heidenchristlichen Gemeinden, um die chronische Armut der Jerusalemer Christen zu lindern. Er will damit auch den Riss zwischen den jüdischen Gläubigen und denen aus heidnischem Hintergrund heilen. Er sendet einen Brief an die Gemeinden in Galatien, in welchem er ihnen von dem Hilfsfond erzählt und ihnen besondere Anweisungen gibt, wie sie mit der Sammlung beginnen sollen.[1]
- Paulus ist inzwischen etwa 50 Jahre alt. Nach dem Maßstab des ersten Jahrhunderts ist er ein alter Mann. Daher entscheidet er sich, in Ephesus auf genau die Weise apostolische Arbeiter auszubilden, wie Jesus die zwölf Apostel in Galiläa ausgebildet hat. Die Männer, die Paulus ausbildet, sind Heiden. Sie werden bei der Überbringung des Hilfsfonds nach Jerusalem die heidenchristlichen Gemeinden repräsentieren.[2]
- Paulus hat das Verlangen, das Evangelium nach Rom und anschließend bis nach Spanien zu bringen. Er plant, dies auf seiner vierten Reise zu erreichen, nachdem er die Gemeinde in Ephesus aufgebaut und den Hilfsfonds nach Jerusalem gebracht hat.[3]

Apollos

In Ephesus beginnen Priszilla und Aquila, die Synagoge zu besuchen, um diejenigen Juden oder Gottesfürchtigen zu finden, die für das Evangelium offen sind. Sie kümmern sich um jene, die bereits von der Botschaft des Paulus beeindruckt waren, als dieser zuvor in Ephesus war. Priszilla und Aquila sprechen mit einem Mann namens Epänetus über das Evangelium, und er nimmt es an. Epänetus wird der erste Gläubige in Ephesus.[4]

---

[1] 1 Kor 16,1. Dieser Brief ist nicht mehr erhalten und es ist auch nicht bekannt, wann Paulus die Galater über den Hilfsfonds informiert hat.

[2] Timotheus bildet die einzige Ausnahme. Er ist halb Jude und halb Grieche.

[3] Röm 15,24ff.

[4] Röm 16,5 sagt, dass Epänetus der „Erstling für Christus in Asien" ist.

Ein gebildeter, griechischer (hellenistischer) Jude namens Apollos kommt nach Ephesus. Er stammt aus Alexandria in Ägypten.[5] Alexandria im ersten Jahrhundert ist eine Metropole. Mit einer Bevölkerung von über einer halben Million ist sie die zweitgrößte Stadt im Römischen Reich. Dort gibt es auch ein großes jüdisches Getto.

Apollos ist ein gebildeter Mann und kennt die Schriften des Alten Testaments sehr gut. Er ist ein beeindruckender Redner, sehr redegewandt und charismatisch.[6] Apollos ist gläubig, aber seine Erkenntnis über den Herrn ist unvollständig.[7] Brennend im Geist predigt er in den Synagogen den Christus und erklärt die Geschichte Jesu.[8] Aber Apollos weiß nichts von einer christlichen Taufe. Er kennt nur die Taufe Johannes des Täufers.

Priszilla und Aquila hören ihn predigen und laden ihn zu sich nach Hause ein. Das Ehepaar erklärt Apollos das Evangelium etwas genauer. Einige der Gläubigen aus Korinth sind gerade in Ephesus, um Priszilla und Aquila zu besuchen. Nachdem sie Apollos kennengelernt haben, laden sie ihn nach Korinth ein, um dort die Gemeinde zu besuchen.[9] Apollos möchte dorthin gehen und so verfassen Priszilla und Aquila für Apollos ein Empfehlungsschreiben an die Gemeinde in Korinth mit der Bitte, ihn aufzunehmen, das Apollos mitnimmt.

---

[5] Alexandria ist nach Rom die zweitgrößte Stadt im Reich. Die Bevölkerung zählt zu dieser Zeit etwa 600 000 Personen. Der jüdische Anteil der Bevölkerung ist mit etwa 200 000 Menschen sehr groß.

[6] Apollos war vermutlich im allegorischen Stil der Schriftauslegung ausgebildet, die von Philo von Alexandria entwickelt worden war, dem berühmten jüdischen Philosophen. Diese Theorie hat einige Gelehrte zu der Vermutung veranlasst, dass Apollos der Verfasser des Hebräerbriefes sein könnte. Der Brief passt zu Philos Stil der allegorischen Interpretation.

[7] Nach dem sogenannten „Westlichen Text" (siehe Kapitel 10, Anmerkung 9) kam Apollos in seiner Heimatstadt Alexandria zum Herrn. Dort gab es spätestens im Jahr 41 n. Chr. eine judenchristliche Gemeinschaft. In diesem Jahr schreibt Kaiser Claudius an die Griechen und Juden in Alexandria, und zwar aufgrund von Unruhen in der Bevölkerung wegen des Christentums, das Claudius eine „verbreitete Plage" nennt, „die den ganzen Erdkreis infiziert".

[8] Es ist möglich, dass das Evangelium bereits nach Pfingsten durch diejenigen nach Alexandria gelangte, die dort lebten und zum Passahfest nach Jerusalem gereist waren. Apollos könnte das Evangelium auf diese Weise gehört haben.

[9] So berichtet uns der „Westliche Text" die Begebenheiten.

Besucher in Korinth (Sommer 54 n. Chr.)

Als Apollos nach Korinth kommt, diskutiert er mit den ortsansässigen Juden in der Synagoge und widerlegt ihre Ansichten mit seinem „apologetischen" Geschick, seiner Logik und seinen rhetorischen Fähigkeiten. Auch ermutigt er die Gläubigen in Korinth, die durch Gottes Gnade geglaubt haben.

Die Korinther sind fasziniert von der meisterhaften, griechisch-römischen Redekunst des Apollos. Als Folge davon beginnen einige der Gläubigen in Korinth – hauptsächlich Griechen –, sich um Apollos zu scharen. Da Apollos ein so begabter Redner ist, beginnen sie Paulus als einen weniger begabten Redner und als weniger geistliche Person zu kritisieren.[10] (Die Griechen sind dafür bekannt, dass sie Wissen und große Redekunst mit Spiritualität gleichsetzen.)[11]

Nachdem Apollos abgereist ist, stattet Barnabas der Gemeinde in Korinth einen Besuch ab, um sie zu stärken.[12] Auch Petrus und seine Frau besuchen Korinth.[13] Petrus ist bekannt für die Zeichen und Wunder in seinem Dienst. Und wie er es bei Besuchen in Gemeinden gewohnt ist, vollbringt Petrus auch in Korinth einige Heilungen. Als Folge davon bildet sich hier auch eine Partei um Petrus, hauptsächlich aus Juden bestehend.[14] (Die Juden sind dafür bekannt, dass sie von Zeichen und Wundern fasziniert sind.)[15]

Einige Korinther reagieren auf die zunehmenden Spaltungen mit der Erklärung, dass Paulus ihr einziger Apostel sei, während andere beanspruchen, dass sie allein Christus nachfolgen, nicht einem Menschen. Die Gemeinde in Korinth spaltet sich in Parteiungen rund um die verschiedenen apostolischen Arbeiter, die die Gemeinde besucht haben.[16]

Paulus verlässt (zusammen mit Titus) Antiochia. Die beiden machen sich über Tarsus und durch die zilizische Pforte (einen Berg-

---

[10] Apg 18,24ff.; 1 Kor 1,12–3,22.

[11] 1 Kor 1,17-25.

[12] Nach 1 Kor 9,6 kennen die Korinther Barnabas, weshalb er sie besucht haben muss.

[13] 1 Kor 9,5.

[14] 1 Kor 1,12; 3,22; 9,5. Petrus wird in diesen Passagen „Kephas" genannt.

[15] 1 Kor 1,22.

[16] 1 Kor 1,12-13; 3,4-9.21-23.

pass) auf den Weg nach Südgalatien. Dort besuchen und ermutigen sie alle Gemeinden und stärken sie im Glauben. Die Gemeinden in Galatien haben Paulus seit vier Jahren nicht mehr gesehen!

Paulus gibt jeder Gemeinde Anweisungen in Bezug auf den Jerusalem-Hilfsfonds. Er wählt sich Gaius (aus Derbe) und Timotheus (aus Lystra) aus, die ihn nach Ephesus begleiten sollen.

Ein neues Werk in Ephesus

Paulus, Titus, Gaius und Timotheus nehmen den Weg durch das Hochland und reisen nach Ephesus in Kleinasien. Als sie in Ephesus ankommen, treffen sie drei Brüder, die Paulus ebenfalls dorthin gebeten hat: Sopater aus Beröa,[17] Aristarch[18] und Sekundus (beide aus Thessalonich). Paulus wird diese sechs Männer in Ephesus zu Gemeindegründern ausbilden. Sie haben den Auftrag, die Gemeinschaft zu erweitern, die Gott von Anfang an geplant hatte, um sein Wesen überall auf der Welt sichtbar zum Ausdruck zu bringen. Diese Männer dienen später auch als Abgesandte ihrer jeweiligen Gemeinden, wenn der Hilfsfonds an die Gemeinde in Jerusalem überbracht wird.[19]

Jeder der sechs Männer hat das Leben der Gemeinde mindestens drei Jahre lang selbst erlebt, und sie werden nun durch Paulus zu apostolischen Arbeitern ausgebildet.[20] Es sind:

- Titus aus Antiochia
- Timotheus aus Lystra

---

[17] In einigen griechischen Texten heißt es, Sopater sei ein Nachkomme des Pyrrhus.

[18] Aristarchus ist möglicherweise ein Jude (vgl. Kol 4,10-11).

[19] Obwohl Lukas nicht ausdrücklich erwähnt, dass Paulus diese Männer selbst nach Ephesus mitnimmt, wissen wir doch, dass sie in Ephesus sind. Die folgenden Schriftstellen belegen die Anwesenheit aller acht Männer in Ephesus, während Paulus sich dort aufhält: Apg 19,22; 20,4; 21,29; 1 Kor 4,17; 16,10.20 (Paulus schrieb den 1. Korintherbrief von Ephesus aus). Man kann die Anwesenheit des Titus annehmen, auch wenn er von Lukas in der Apostelgeschichte nie erwähnt wird, denn wir wissen von seiner Anwesenheit durch zahlreiche Erwähnungen in den Briefen des Paulus. In 2 Kor 8 erfahren wir, dass Titus die Gemeinde in Korinth für den Jerusalem-Fonds vertritt, und aus dem Titusbrief geht klar hervor, dass Paulus auch ihn ausgebildet hat.

[20] Eine ausführliche Behandlung der biblischen und historischen Indizien für die Ausbildung durch Paulus in Ephesus finden Sie in *Ur-Praxis*, Kapitel 1 und 3 (siehe S. 218).

- Gaius aus Derbe
- Sopater aus Beröa
- Aristarch aus Thessalonich
- Sekundus aus Thessalonich

Hintergrundinformationen

Ephesus ist eine freie griechische Stadt an der Mündung des Flusses Kaystrios in das Ägäische Meer. Es ist die größte Stadt in ganz Kleinasien. Die Bevölkerung beträgt etwa 220 000, mit einem großen jüdischen Anteil.

Ephesus ist eine Hafenstadt und die Metropole Kleinasiens im Hinblick auf Handel, Wohlstand, Politik und Religion. Sie ist sozusagen das *New York der Antike*. Die Stadt hat eine zentrale Verbindungsfunktion zwischen dem Osten und der westlichen Welt, was sie zu einer großartigen und reichen Stadt macht. Aus diesem Grund nannte sie der Geschichtsschreiber Plinius auch die „Zierde Asiens" und den „Jahrmarkt der Eitelkeiten in Asien". Ephesus ist gleichzeitig auch das Kommunikationszentrum zu praktisch allen Teilen Asiens. Auch die „Diplomaten-Hochschule" des Kaisers hat ihren Sitz in der Stadt.

Der Reichtum der Stadt spiegelt sich überall wider, von den mit Marmor gepflasterten Straßen bis hin zu den Mosaikfußböden in den adeligen Häusern. Auch eines der sieben Weltwunder befindet sich hier: der große Tempel der Artemis (lateinisch „Diana"; sie ist eine Natur- und Fruchtbarkeitsgöttin). Der Bau dieses Tempels dauerte etwa 10 Jahre. Ausschließlich aus weißem Marmor bestehend, ist er zu dieser Zeit das größte Gebäude der Welt und überall bekannt. Er ist 125 m lang und 65 m breit. Das steinerne Dach wird von 117 Säulen getragen, jede einzelne etwa 18 m hoch, und wurde durch einen der größten Bildhauer jener Zeit mit Reliefs verziert. Im Tempel befindet sich eine Statue der Diana, die nach dem Glauben der Epheser vom Himmel gefallen ist. Ephesus stellt darüber hinaus auch das Zentrum der magischen Künste und okkulten Praktiken in Kleinasien dar.

Gemeindegründung in Ephesus

Als Paulus in Ephesus ankommt, trifft er auf 12 Jünger Johannes des Täufers. Paulus führt sie alle zu Christus und tauft sie im Namen Jesu. Anschließend legt er ihnen die Hände auf und der Heilige Geist fällt auf jeden Einzelnen von ihnen. Die 12 Männer beginnen in neuen Sprachen zu sprechen und zu weissagen.[21]

Diese 12 Männer bilden nun gemeinsam mit Priszilla, Aquila und Epaenetus den Kern der Gemeinde in Ephesus. Es kommen zwei weitere Griechen zum Glauben und werden der Gemeinde hinzugefügt. Nach einiger Zeit stoßen auch diese zu den sechs Heidenchristen hinzu, die Paulus zu apostolischen Arbeitern ausbildet, und erhöhen deren Zahl auf acht. Die Namen der beiden griechischen Gläubigen sind:

- Tychikus und
- Trophimus

Es gibt nun eine Gemeinschaft in der großen Stadt Ephesus, die Gottes göttliches Wesen zum Ausdruck bringt – der Leib Christi ist auch in Asien geboren!

Die Schule des Tyrannus

Drei Monate lang predigt Paulus in der Synagoge von Ephesus mit großer Vollmacht über Christus. Da die Juden seine Botschaft ablehnen und schlechtmachen, verlegt Paulus das Zentrum seines Dienstes schließlich in die Schule des Tyrannus – einen Hörsaal, den er anmietet. Jeden Tag lehrt Paulus von 11 bis 16 Uhr über Christus, bildet die acht Lehrlinge aus, die bei ihm sind, und legt das Fundament für die Gemeinde in Ephesus[22] (Tyrannus lehrte vermutlich am Morgen, während Paulus den Saal am Nachmittag nutzte. In der griechisch-römischen Welt endete der Werktag

---

[21] Apg 9,1-7.

[22] Nach dem „Westlichen Text" nutzte Paulus das Gebäude für diese Stunden. Außerdem ruhten in allen griechisch-römischen Städten zwischen 11 Uhr vormittags und 4 Uhr nachmittags die öffentlichen Angelegenheiten wie Schulunterricht und Gerichtsbarkeit. Deshalb stand in dieser Zeit die Halle des Tyrannus zur Verfügung.

morgens um 11 Uhr, wenn der Großteil der Bevölkerung ein Mittagsmahl zu sich nahm, gefolgt von einer Ruhezeit.)[23]

Vormittags repariert Paulus Zelte, womit er schon lange vor Sonnenaufgang beginnt, nachmittags predigt er und abends arbeitet er wieder. Mit seinen eigenen Händen versorgt Paulus sich selbst und die acht Männer, die er ausbildet. Oft bleibt er dabei selbst hungrig und durstig.[24]

Die Gemeinschaft der Christen in Ephesus trifft sich von Haus zu Haus, während Paulus das Werk des Herrn von der Schule des Tyrannus aus weiterführt. Eines der Häuser, in denen sich die Gemeinde trifft, gehört Priszilla und Aquila.[25] Paulus erlebt in Ephesus eine große Offenheit, das Evangelium zu predigen; allerdings trifft er auch auf viel Widerstand.[26] Zu alledem durchlebt er jeden Tag die Sorge um das Wohlergehen der acht Gemeinden, die er gepflanzt hat.[27]

Paulus predigt und lehrt volle zwei Jahre in der Halle des Tyrannus. In dieser Zeit enthüllt und erklärt er den „ganzen Willen und Ratschluss Gottes".[28]

Er berät auch regelmäßig die Gläubigen und ermahnt sie dabei unter Tränen.[29] Viele Menschen aus Asien, sowohl Juden als auch Griechen, besuchen das neue Werk in Ephesus und hören Paulus predigen. Einer dieser Männer ist Philemon, ein erfolgreicher Geschäftsmann aus der wohlhabenden Stadt Kolossä (etwa 160 km östlich von Ephesus).

Philemon besitzt einen Sklaven mit dem Namen Onesimus. Paulus führt Philemon zu Christus und Philemon wird für Paulus zu einem wichtigen Helfer. Nach ihrem kurzen Aufenthalt machen sich Philemon und Onesimus auf den Weg zurück nach Kolossä.

Ungefähr zur selben Zeit kommt ein Mann namens Epaphras nach Ephesus. Auch Epaphras stammt aus Kolossä. Paulus führt

---

[23] Apg 19,1-10; 20,4.
[24] Apg 20,34; 1 Kor 4,11-12; 2 Kor 11,27.
[25] Apg 20,20; 1 Kor 16,19.
[26] 1 Kor 16,9.
[27] 2 Kor 11,28.
[28] Apg 20,27.
[29] Apg 20,31.

ihn zum Herrn und Epaphras bleibt eine Zeit lang in Ephesus, um von Paulus und der Gemeinde zu lernen. Dann reist Epaphras zurück nach Kolossä.

Nach zwei Jahren sendet Paulus seine acht „Lehrlinge" und Gefährten in die umliegende Region aus. Diese Männer pflanzen neue Gemeinden in ganz Kleinasien, von denen einige in Offenbarung 2 und 3 erwähnt werden. Aufgrund des Dienstes von Paulus in Ephesus und der Aussendung dieser Männer in die benachbarten Städte wird bald „ganz Kleinasien" das Wort des Herrn hören[30]. Der Leib Jesu Christi – die Gemeinschaft, die Gottes Wesen widerspiegelt – wächst in Ephesus und in ganz Kleinasien.

Paulus verbringt insgesamt drei Jahre mit der Arbeit in Ephesus. Dies ist sein längster Aufenthalt bei einer Gemeindegründung.[31]

13. Oktober 54 n. Chr.

Kaiser Claudius stirbt. Seine Frau Agrippina hat ihn mit Pilzen – seinem Lieblingsgericht – vergiftet, damit ihr Sohn Nero Kaiser werden kann. In seinen ersten fünf Jahren als Kaiser bleibt Nero vergleichsweise zurückhaltend. Aber seine Maskerade von Moral und Gerechtigkeit endet schließlich im Jahr 59, als er seine Mutter ermorden lässt[32].

Machtvolle Begegnungen in Ephesus

Während Paulus sich in Ephesus aufhält, vollbringt er außerordentliche Wunder. Schweißtücher und Schurze, die er berührt hat, werden mitgenommen und zur Heilung der Kranken und zum Austreiben von Dämonen benutzt. Als Folge davon bekehrt sich eine große Anzahl von Zauberern. Sie verbrennen ihre magischen Schriftrollen und sagen sich öffentlich von ihren okkulten Praktiken los. Der Wert der Dokumente, die in Rauch aufgehen, beläuft

---

[30] Apg 19,10.

[31] Apg 20,31.

[32] Neros Wahnsinn wurde zunächst durch den Einfluss des Philosophen Seneca und des Burrus (dem Anführer der Prätorianergarde) größtenteils im Zaum gehalten. Im Jahr 62 n. Chr. setzte Seneca sich zur Ruhe und Burrus starb – und der latente Wahnsinn Neros brach voll durch. Im Jahr 65 n. Chr. befahl er Seneca den Selbstmord.

sich auf 50 000 Drachmen[33]. Unter den verbrannten Schriften befinden sich auch die sogenannten „Ephesischen Buchstaben", das sind Zauberworte, die ihren Träger angeblich unwiderstehlich machen.

Nachdem sie gesehen haben, welche Wunder Paulus unter Anrufung des Namens Jesu vollbringt, versuchen auch einige umherziehende jüdische Geisterbeschwörer, mit dem Namen des Herrn Dämonen auszutreiben. Es sind die sieben Söhne eines jüdischen Hohepriesters namens Skevas, die dies versuchen. Als sie den Versuch unternehmen, bei einer Dämonenaustreibung den Namen Jesus zu benutzen, antwortet ihnen der böse Geist: „Jesus kenne ich, und von Paulus weiß ich. Aber ihr, wer seid ihr?" – und der Besessene prügelt die Söhne des Skevas krankenhausreif.

Die Nachricht von diesem Ereignis verbreitet sich in der ganzen Stadt und die Menschen werden von Ehrfurcht erfüllt. Der Name Jesus wird erhöht und es wird allen deutlich, dass man diesen Namen nicht leichtfertig in den Mund nehmen darf.[34]

Krise in Korinth

Apollos kehrt von seinem Besuch in Korinth zurück nach Ephesus. Er bringt auch Sosthenes mit, den ehemaligen Synagogenvorsteher. Sosthenes ist inzwischen Christ geworden.[35] Apollos trifft sich mit Paulus und berichtet ihm von den Problemen der Gemeinde in Korinth: Einige der Gläubigen sind zu ihrem heidnischen Lebensstil zurückgekehrt. Sie treiben Unzucht, beten Götzen an und bestehlen einander.[36]

---

[33] Die griechische Drachme (eine Silbermünze) entspricht in etwa einem Tageslohn und hat denselben Wert wie der römische Denar.

[34] Apg 19,11-20.

[35] Sosthenes ist bei Paulus, als dieser den 1. Korintherbrief schreibt (1 Kor 1,1).

[36] 1 Kor 5,9-13.

Paulus schreibt einen Brief an die Gemeinde in Korinth
(Korinther A; dieser Brief ist verloren gegangen)

Zeitpunkt: 54 n. Chr.
Ort: Ephesus
Adressat: Die Gemeinde in Korinth (die Gemeinde ist etwa 4 Jahre alt)

Anlass: Veranlasst durch den Bericht des Apollos drängt Paulus die Korinther, keine Gemeinschaft mehr mit Ehebrechern, Götzenanbetern und Dieben in der Gemeinde zu haben. Auch legt er ihnen seinen Wunsch nach einem Hilfsfond für Jerusalem dar. Schließlich teilt er den Korinthern mit, er wolle sie besuchen, wenn er von Ephesus weggeht. Anschließend wolle er die Gemeinden in Mazedonien besuchen und dann erneut nach Korinth zurückkehren. Danach plant er, den Hilfsfonds nach Jerusalem in Judäa zu bringen (vgl. 2 Kor 1,15-16).

Paulus sendet Titus nach Korinth und gibt ihm den Brief mit. Während seines Aufenthalts in Korinth hilft Titus den Gläubigen, mit der Sammlung für den Jerusalem-Hilfsfonds zu beginnen. [37] Dann bricht Titus auf und kehrt wieder nach Ephesus zurück.

Inzwischen beginnt die griechische Lehre des Dualismus in Korinth Fuß zu fassen. Nach dieser Lehre sind all jene, die den Geist Gottes haben, über das Irdische erhaben, und das, was sie mit ihrem irdischen Leib tun, beeinflusst sie nicht. Die sichtbare Welt ist laut Dualismus nur vorübergehend, sodass es völlig unwichtig ist, wie man sich in dieser Welt verhält. Daher ist sexuelle Unmoral akzeptabel. Da Gott außerdem kein Interesse an der materiellen Welt hat, wird es auch keine Auferstehung der Toten geben.

Frühjahr 55 n. Chr.

Einige Christen aus Korinth, die für eine Geschäftsfrau namens Chloe arbeiten, statten Ephesus einen Besuch ab. Sie berichten Paulus Schreckliches über die Gemeinde in Korinth:

[37] 2 Kor 8,6.

- Es gibt Spaltungen, Eifersucht und Streit unter den Gläubigen. Die Gemeinde spaltet sich in vier Lager. Einige der Griechen zeigen ausschließliche Loyalität gegenüber Apollos und sagen: „Ich folge Apollos." Sie setzen seinen griechischen Redestil mit „höherer" Weisheit und Erkenntnis gleich. Von den Juden zeigen einige ausschließlich Treue gegenüber Petrus und sagen: „Ich folge Petrus." Sie sind auf Zeichen und Wunder aus. Wieder andere erheben den elitären Anspruch, sie würden allein Christus folgen, und benötigten überhaupt keine Apostel. „Ich folge Christus", ist ihr Motto. Schließlich gibt es auch einige, die sich mit ihrer ausschließlichen Treue gegenüber Paulus brüsten und ihn in Konkurrenz zu den anderen Arbeitern stellen, indem sie sagen: „Ich folge Paulus."

Paulus ist durch diese Nachrichten beunruhigt und spricht deshalb die Probleme in einem Brief an. Als er den Brief beendet, erhält er Besuch von drei angesehenen Brüdern aus der Gemeinde in Korinth: Stephanas, Fortunatus und Achaikus. Diese schockieren Paulus mit noch schlimmeren Nachrichten[38]. Sie berichten ihm Folgendes:

- Ein Bruder in der Gemeinde lebt in Inzest und die Gläubigen ignorieren es. Einige brüsten sich sogar mit ihrer „christlichen Freiheit", während das geschieht.
- Einige Brüder bringen einander vor Gericht.
- Einige vom griechischen Dualismus beeinflusste Brüder suchen Prostituierte auf oder betreiben Völlerei im Glauben, dass das, was sie mit ihrem Leib tun, keinerlei Einfluss auf ihren Geist hat. Ihre Wahlsprüche sind: „Alles ist mir erlaubt" oder „Speise für den Magen und der Magen für die Speise".
- Etliche Gläubige sind sehr krank, und einige sind in letzter Zeit gestorben.
- Die Sklaven arbeiten sehr lange und schaffen es nicht, rechtzeitig zu den Versammlungen zu kommen. Die Wohlhabenderen

---

[38] Paulus hatte 1 Kor 1–4 gerade fertiggestellt, als die drei Brüder aus Korinth ihn überraschend aufsuchten. Die Wortwahl in Kapitel 5,1 legt nahe, dass Paulus die Nachricht von den illegitimen sexuellen Beziehungen in der Gemeinde gerade erst erhalten hatte und sofort reagierte.

warten nicht auf sie, sondern essen das Mahl des Herrn ohne ihre ärmeren Geschwister.[39] Schlimmer noch, die Reicheren betrachten das Mahl eher als ein privates Abendessen. Sie stopfen sich mit Essen voll und betrinken sich mit Wein.[40]

- Es gibt Streit über die Verschleierung der verheirateten Frauen. Einige der Ehefrauen nehmen den Schleier ab, wenn sie in den Versammlungen beten oder prophezeien. Das hat einige Besucher veranlasst, die Frauen der Unmoral zu bezichtigen.[41] Ihre Männer haben sie gebeten, in den Versammlungen den Schlei-

---

[39] Im ersten Jahrhundert war das Abendmahl eine vollständige Mahlzeit (vgl. *Ur-Gemeinde,* Kapitel 3).

[40] Wie alle Römer lagen die Korinther beim Essen auf niedrigen Liegen, die üblicherweise in Form eines „U" angeordnet waren (Korinth war eine römische Kolonie, daher wurden hier die römischen Sitten beachtet). Die Teilnehmer stützten sich auf den linken Ellenbogen und aßen mit der rechten Hand. Die allgemeine Etikette im ersten Jahrhundert unterteilte die Essenden nach ihrem sozialen Status. Den wohlhabenden Geschäftsläuten wurden ihre Speisen im Speisesaal (Triclinium) serviert. Dieser Raum fasste etwa neun bis zwölf Personen. Die Reste ihres Mahls und weniger gute Speisen wurden dann den ärmeren und den Sklaven im Innenhof (Atrium) gegeben.

[41] In der griechisch-römischen Welt gab es einen akuten Frauenmangel. Römische Frauen heirateten in den frühen oder mittleren Teenagerjahren (die Männer warteten bis etwa Mitte zwanzig). Das gesetzliche Mindestalter für die Ehe lag bei 12 Jahren. Sowohl römische als auch jüdische Ehen wurden in der Regel von den Eltern der zukünftigen Ehepartner arrangiert. Wenn eine Frau heiratete, trug sie in der Öffentlichkeit einen Schleier. Der Schleier war also ein gesellschaftliches Zeichen dafür, dass eine Frau verheiratet war. Eine unverschleierte Frau war in den Augen anderer unverheiratet. Somit war es für verheiratete Frauen in der römischen Gesellschaft eine Sache des Anstandes und von äußerster Wichtigkeit, in der Öffentlichkeit einen Schleier zu tragen. Zeigte sich eine Frau in der Öffentlichkeit unverschleiert, betrachtete man das als Schande für ihren Mann und als unsittliche Zurschaustellung, sie selbst als schamlose Ehebrecherin. Im Jahr 44 v. Chr. erschien in Rom ein „neuer" Typ von Frauen. Bis zum Beginn des ersten Jahrhunderts hatten sich diese „neuen Frauen" im ganzen Reich ausgebreitet. Die „neuen Frauen" waren „befreite" verheiratete Frauen, die ihr gesellschaftliches Leben auf Kosten ihrer Familien verfolgten und sich den zuvor akzeptierten Normen der ehelichen Treue und Keuschheit widersetzten. Sie waren sexuell freizügig und kleideten sich verführerisch. Da Paulus ein Befreier der Frauen war, kann man leicht verstehen, dass manche christliche Frauen seine Sicht von der Freiheit der Frau mit dem unmoralischen Leben der „neuen Frauen" in Verbindung brachten. Eine ausführliche Besprechung der kulturellen Bedeutung des ehelichen Schleiers im ersten Jahrhundert und der „neuen römischen Frauen" findet sich in Bruce Winters Buch *After Paul Left Corinth,* Kapitel 6, und seinem Buch *Roman Wives, Roman Widows: The Appearance of New Women and the Pauline Communities,* Kapitel 5 (beide erschienen bei Eerdmans).

er zu tragen, aber die Frauen antworten kämpferisch, sie hätten die Freiheit zu tun, was sie wollen.

Stephanas, Fortunatus und Achaikus übergeben Paulus auch einen mit Fragen vollgepackten Brief der Gemeinde. Hier ein Auszug:

- Du hast uns doch angewiesen, keine Gemeinschaft mit den Unzüchtigen in der Welt zu haben. Wie können wir das erfüllen, wenn doch die meisten der Leute, mit denen wir zu tun haben, in sexuelle Unmoral verwickelt sind?
- Einige in der Gemeinde haben in deinem letzten Brief gelesen, man solle sich von sexueller Unmoral fernhalten, und praktizieren nun Enthaltsamkeit in der Ehe. Sie haben den Leitspruch: „Es ist nicht gut für einen Mann, eine Frau zu berühren." Bist du auch dieser Meinung?
- Einige Gläubige haben unerrettete Ehepartner. Sollen sie sich scheiden lassen oder verheiratet bleiben?
- Einige der Brüder, die mit Frauen in der Gemeinde verlobt sind, sich nicht sicher, ob sie weiterhin die Ehe anstreben sollen. Was ist deine Meinung dazu?
- Ist es falsch, auf den heidnischen Märkten Fleisch von Tieren zu kaufen, die Götzen geopfert wurden? Einige argumentieren, die Götzen seien nur von Menschenhand gemachte Standbilder, und die Götter, die sie darstellen, existierten gar nicht. Sie glauben, es sei unbedeutend, wenn jemand solches Fleisch isst. Andere widersprechen dieser Ansicht und glauben, es sei Sünde, solches Fleisch zu essen.
- Ist es falsch, in den heidnischen Tempeln zu essen?[42] Einige sagen, dies sei eine gesellschaftliche Notwendigkeit und die heidnischen Götter existierten sowieso nicht, was solle also daran falsch sein? Andere glauben, die Weihe des Fleisches an die Götzen habe eine Wirkung, weshalb sie es nicht mit gutem Gewissen essen könnten.

[42] Die höheren Schichten gingen normalerweise nicht in die *„Tabernae"* (Tavernen) zum Essen aus, sondern speisten in den heidnischen Tempeln. Das schloss auch die Vorstellung ein, mit den Göttern selbst zu essen. Manchmal wurde sogar die Statue eines Gottes auf eine gesonderte Liege gelegt, als ob er mit den Feiernden zu Tisch läge. Vor dem Mahl wurde dem Gott ein Gebet dargebracht.

- Einige sind dir, Paulus, gegenüber kritisch eingestellt und stellen die Echtheit deiner apostolischen Berufung in Frage. Sie hinterfragen, weshalb du kein Geld nimmst wie die anderen Apostel, zum Beispiel wie Petrus und Apollos.[43]
- Die Treffen der Gemeinde verlaufen chaotisch. Die Gabe der Sprachenrede wird von einigen hervorgehoben, weil es die Sprache der Engel sei. Während der Versammlungen sprechen viele gleichzeitig in Sprachen, und das schafft große Verwirrung. Weiter fordern einige der verheirateten Frauen diejenigen, die prophezeien, mit vielen Fragen heraus, und das sorgt immer wieder für Verwirrung und Störungen bei den Treffen. Wie sollen wir damit umgehen?
- Einige in der Gemeinde, die vom griechischen Dualismus beeinflusst sind, leugnen eine zukünftige Auferstehung. Kannst du etwas dazu sagen?
- Bitte gib uns noch einmal klare Anweisungen für den Jerusalem-Hilfsfonds. Darüber gibt es nämlich ebenfalls Verwirrung.

Paulus reagiert sofort auf das, was er von Stephanas, Fortunatus und Achaikus erfahren hat. Er erweitert den Brief, den er gerade aufgrund des Berichts der Leute der Chloe (vgl. 1 Kor 1,11) geschrieben hat.[44] Diesen Brief werden wir als „Korinther B" bezeichnen. Er ist unser „Erster Korintherbrief". Paulus bittet Apollos, gemeinsam mit einigen anderen die Gemeinde in Korinth zu besuchen, aber es zeigt sich, dass das zu diesem Zeitpunkt nicht der Wille Gottes für Apollos ist. Timotheus ist nicht bei Paulus, als der den Brief schreibt, aber Paulus plant, auch ihn nach Korinth zu senden, sobald er wieder zurückkommt. Er möchte, dass Timotheus die Gemeinde in Korinth ermutigt und mitbekommt, wie die Geschwister den Brief aufnehmen.

---

[43] Wohlhabende Griechen verachteten gewöhnliche Arbeit und schauten auf diejenigen herab, die solche Arbeit taten. Dazu gehörten auch Leder- und Zeltmacherarbeiten. Für solche Leute verlor Paulus an Glaubwürdigkeit, weil er mit seinen Händen arbeitete, statt für sich seinen Lehrdienst bezahlen zu lassen, wie es die Sophisten taten.

[44] Dieses Szenario ergibt sich aus den Worten des Paulus im 1. Korintherbrief.

Paulus schreibt Korinther B
(Dies ist unser 1. Korintherbrief)

Zeitpunkt: Frühjahr 55 n. Chr.
Ort: Ephesus
Adressat: Die Gemeinde in Korinth (die inzwischen etwa 5 Jahre alt ist)

Anlass: In Kapitel 1–4 geht Paulus auf den Bericht ein, den er von den Mitarbeitern der Chloe erhalten hat. In Kapitel 5–6 spricht Paulus das Thema der sexuellen Unmoral und die Rechtsstreitigkeiten an. In Kapitel 7–15 beantwortet er die lange Liste von Fragen der Gemeinde. In Kapitel 16 geht er auf seine Anweisungen zur Sammlung für den Jerusalem-Hilfsfonds ein. Anschließend informiert er die Gemeinde über seine neuen Reisepläne, die er abgeändert hat. Anstatt von Ephesus aus nach Korinth zu reisen, dann nach Mazedonien und zurück nach Korinth, wie er es zuerst geplant hat, will er nun von Ephesus aus direkt nach Mazedonien reisen und plant anschließend einen längeren Aufenthalt in Korinth. Paulus schließt den Brief, indem er ihnen Timotheus empfiehlt, der sie in Kürze besuchen wird, und ermahnt die Gemeinde, in der gegenwärtigen Krise auf Stephanas und die anderen apostolischen Arbeiter zu hören. Zum Abschluss sendet er Grüße von den Gemeinden in Kleinasien, von Priszilla, Aquila, der Gemeinde in Ephesus (die sich im Haus von Priszilla und Aquila trifft) und von den Brüdern, die Paulus gerade ausbildet.

Lesen Sie nun den 1. Korintherbrief

Stephanas, Fortunatus und Achaikus nehmen den Brief nach Korinth mit. Timotheus kommt zu Paulus zurück und dieser sendet auch ihn nach Korinth.

Eine nach Rom verpflanzte Gemeinde

Nero hebt die Verbannung der Juden auf und erlaubt ihnen, nach Rom zurückzukehren. Als Paulus davon erfährt, sendet er Priszilla und Aquila zurück nach Rom. Das Paar findet ein neues Zuhause im Bezirk Aventin, einem sehr schönen Teil der Stadt. Paulus wünscht sich, dass eine heidenchristliche Gemeinde in der „ewigen Stadt" entsteht, und zwar noch bevor die Juden allmählich in die Stadt zurückkehren.

Daher informiert Paulus die heidenchristlichen Gemeinden über dieses Anliegen und bittet darum, dass aus jeder Gemeinde einige der Gläubigen ihre Sachen packen und in die unglückliche Stadt Rom ziehen. Diese Bitte richtet er auch an einige seiner jüdischen Verwandten in Jerusalem.[45]

Paulus lässt somit eine ganze Reihe seiner Bekehrten aus den Heiden sowie einige jüdische Gläubige nach Rom umsiedeln, und dadurch entsteht dort eine kosmopolitische Gemeinde mit Menschen aus der ganzen bekannten Welt, die optimal in diese kosmopolitische Stadt passt. Unter denen, die Paulus nach Rom entsendet, befinden sich unter anderem:[46]

- Priszilla aus Ephesus
- Aquila aus Ephesus
- Epänetus aus Ephesus
- Phöbe aus Kenchreä
- Rufus aus Antiochia (Syrien)
- Andronikus aus Jerusalem[47]
- Junias aus Jerusalem
- Urbanus aus Mazedonien
- Apelles aus Kleinasien

[45] Eine genauere Besprechung der biblischen und historischen Fakten, die aufzeigen, wie Paulus die Gemeinde in Rom gegründet hat, findet sich in meinem Buch *Ur-Praxis*, Kapitel 1 (siehe S. 218).

[46] In Röm 16 grüßt Paulus 26 Personen und fünf Haushalte (Familien), die sich in Rom treffen. Obwohl Paulus noch nicht in Rom war, kennt er alle diese Personen mit Namen.

[47] Andronikus und Junias sind Verwandte des Paulus. Sie werden einmal als seine Mitgefangenen bezeichnet (Röm 16,7). Es ist nicht bekannt, wann und wo dies geschah.

Hintergrundinformationen

Das Rom des ersten Jahrhunderts ist eine Weltstadt – der Schmelztiegel der gesamten Welt. Sie ist das Römische Reich im Kleinformat mit Vertretern aus jeder Rasse, jeder ethnischen Gruppe, aus jedem sozialen Status und aus jeder Religion. Die Stadt ist ungefähr in der Form eines Quadrats angelegt, mit einer Seitenlänge von etwa 4 km. Viele der ärmeren Bewohner leben dicht an dicht außerhalb der Stadtmauern. Rom liegt auf sieben Hügeln und besteht aus 14 Distrikten. Die Stadt besitzt 1790 Villen und 46 602 Wohnungen in mehrstöckigen Mietshäusern (*insula* genannt).

Rom hat etwa eine Million Einwohner, deren Lebensumstände von absoluter Armut bis zu verschwenderischem Reichtum reichen. Etwa die Hälfte der Einwohner sind Sklaven, was Rom zur „Sklavenhauptstadt der Welt" macht. Viele der „Freigelassenen" leben in schrecklicher Armut. Der römische Dichter Juvenal beschreibt Rom um 110 n. Chr. als eine Kloake, in der sich alle Abscheulichkeiten der Welt sammeln. Der stoische Philosoph Seneca (55 n. Chr.) nannte Rom einen „Sündenpfuhl".

Die jüdische Bevölkerung ist zahlreich und frei; sie zählt 40 000 bis 60 000 Personen. Die Juden sind über die ganze Stadt verteilt, der größte Teil von ihnen aber lebt in einem Stadtteil mit dem Namen Trastevere. Rom verfügt über etwa ein Dutzend Synagogen.

Alle außer den Reichen (und den Obdachlosen) – leben in *insulas*. Die meisten *insulas* sind sieben Stockwerke hoch und umfassen einen ganzen Häuserblock. Heizung und Beleuchtung sind mangelhaft. Das unterste Stockwerk wird für Geschäfte genutzt. Das zweite Stockwerk ist sehr teuer. Die Ärmeren leben im dritten Stock oder darüber. Die Räume im dritten Stockwerk sind sehr klein und haben kein fließend Wasser. Die *Insulas* werden häufig mit minderwertigem Material gebaut. Daher kommt es immer wieder vor, dass *Insulas* einstürzen und die Bewohner dabei ums Leben kommen. *Insulas* sind zu einem großen Teil aus Holz gebaut, sodass sie in Trockenperioden eine große Brandgefahr darstellen.

Die Stadt ist extrem eng bebaut. Sie ist auch unerträglich laut. Von morgens bis abends herrscht ein ständiges Geplapper in den Straßen und in den Mietwohnungen. Aufgrund des Lärms kann man nur schwer Schlaf finden. Es existieren weder öffentliche Verkehrsmittel noch Straßenbeleuchtung. (Diese Errungenschaften wird es in Rom erst im vierten Jahrhundert n. Chr. geben.)

Die wichtigsten Wege und Plätze der Stadt sind zwar attraktiv, doch die Nebenstraßen sind schmutzig, dunkel, armselig und übelriechend. Sie sind übersät mit Abfall und voller Fliegen. Der Müll wird nicht weggeräumt. Die Bewohner müssen darauf warten, dass ein heftiger Regen den Abfall in den Fluss Tiber spült. In den Gräben an den Gassen liegen die Leichen der Armen, die sich kein Begräbnis leisten konnten. Für die Armen ist Rom der denkbar schlimmste Ort auf dem ganzen Planeten.

Diejenigen, die Paulus nach Rom gebeten hat, siedeln um. Der Leib Christi ist nun auch nach Rom gekommen! In Rom ist eine Gemeinschaft geboren, welche die Gemeinschaft Gottes widerspiegelt!

Ein dringender Besuch in Korinth

Timotheus kommt aus Korinth zurück und bringt Erastus mit. Timotheus berichtet Paulus, sein Brief („Korinther B") sei abgelehnt worden. Tragischerweise gibt es in Korinth einen willensstarken Bruder, der die apostolische Autorität des Paulus in Frage stellt und den Großteil der Gemeinde von seiner eigenen Denkweise überzeugt hat.

Als Paulus davon erfährt, reist er eilig nach Korinth. Aber der Besuch erweist sich als äußerst schmerzlich. Der willensstarke Bruder widersteht Paulus' apostolischer Autorität auch in dessen Gegenwart. Und die anderen treten bei all den Anschuldigungen nicht für Paulus ein.

Zornig und tief gedemütigt verlässt Paulus Korinth. Er hat vor, später erneut nach Korinth zu kommen und zu versuchen, das Problem zu korrigieren, entscheidet sich dann aber doch dagegen, um sich kein zweites Mal dem Schmerz auszusetzen.[48] Stattdessen schreibt er eilig einen sehr ernsten Brief und übergibt ihn Titus,

[48] 2 Kor 1,22–2,4; 12,21.

damit dieser ihn in Korinth vorliest. Wir nennen diesen Brief „Korinther C". Er existiert heute nicht mehr.[49]

Paulus schreibt Korinther C
(Dieser Brief ist verloren gegangen)

Zeitpunkt: 55 n. Chr.
Ort: Ephesus
Adressat: Die Gemeinde in Korinth (die etwa 5 Jahre alt ist)

Anlass: Nach seiner Rückkehr aus Korinth im Zorn verfasst Paulus diesen scharfen und ernsten Brief an die Korinther. Er schreibt ihn unter Qualen und unter Tränen. In diesem Brief bittet Paulus die Gemeinde, ihre Liebe zu ihm unter Beweis zu stellen, indem sie den Mann bestrafen, der seine Autorität herausgefordert hat.

Kaum ist Titus mit dem Brief abgereist, bereut Paulus, dass er ihn geschrieben hat. Er hat das Gefühl, sein harscher Ton könnte die Situation noch verschärfen. Paulus ist tief bekümmert und besorgt um die Gemeinde in Korinth.

Widerstand in Ephesus (Juni 57 n. Chr.)

Paulus plant seine nächsten Schritte. Er will Ephesus verlassen und die Gemeinden in Mazedonien (Philippi, Thessalonich und Beröa) sowie Korinth besuchen. Anschließend will er den Hilfsfonds aus diesen Gemeinden nach Jerusalem bringen und danach Rom besuchen. Paulus sendet Timotheus und Erastus voraus, um seine Ankunft in Mazedonien vorzubereiten.[50]

Der Einfluss des Paulus sorgt in Ephesus dafür, dass viele Einwohner ihre Götzen aufgeben. Die vielen Silberschmiede, die ihren Lebensunterhalt mit dem Verkauf kleiner Statuen der griechischen Göttin Diana verdienen (die Göttin der Fruchtbarkeit, auch Artemis genannt), verlieren immer mehr Kunden.

---

[49] 2 Kor 2,4 ff.; 7,8 ff.
[50] Apg 19,21-22.

Demetrius, einer der Silberschmiede, ruft seine Kollegen zu einem Massenprotest gegen Paulus zusammen. Demetrius überzeugt die Silberschmiede davon, dass Paulus ihren Geschäften schadet, da er den Tempel der großen Diana in Verruf bringt. Als die Menge dies hört, sind sie äußerst aufgebracht und schreien: „Groß ist die Diana der Epheser!"

Der Protest verbreitet sich in der ganzen Stadt und verursacht einen großen Aufruhr. Die protestierende Menge zieht ins Amphitheater von Ephesus, das etwa 25 000 Menschen fasst. Wütend und aufgebracht ergreift die Menge Aristarch und Gaius.[51] Paulus will ins Theater gehen, um sich der Menschenmenge zu stellen, aber die Gläubigen in Ephesus hindern ihn daran. Auch einige Beamte der Provinz („Asiarchen" genannt), die mit Paulus befreundet sind, senden ihm eine Nachricht und bitten ihn, nicht ins Amphitheater zu gehen.

Die Juden in Ephesus wollen sich von Paulus distanzieren und senden einen Juden namens Alexander als ihren Sprecher. Als die Epheser bemerken, dass Alexander ein Jude ist – und im Wissen, dass Juden die heidnischen Götter nicht anbeten –, ruft die Menge zwei Stunden lang ununterbrochen: „Groß ist die Diana der Epheser!" Nach mehrstündigem Tumult kann der Stadtschreiber endlich die Menge beruhigen und macht einen Vorschlag: Wenn jemand eine Beschwerde gegen Paulus hat, soll er die angemessenen Wege über die Obrigkeit nutzen, um die Sache zu klären. Darauf schickt der Stadtschreiber die Menge nach Hause.[52]

Hier erlebt Paulus den Tiefpunkt seines Lebens. Der Widerstand durch die „wilden Tiere" in Ephesus (wie er sie bildlich nennt) ist so groß, dass Paulus in Verzweiflung fällt.[53] Die Intrigen der Juden

---

[51] Meiner Ansicht nach ist der hier genannte Gaius der bereits bekannte Gaius aus Derbe (Apg 20,4). Einige Manuskripte bezeichnen Aristarchus und Gaius als „Männer aus Mazedonien", während andere die Einzahl verwenden, „Gaius und Aristarchus, ein Mann aus Mazedonien".

[52] Apg 19,23-41.

[53] 1 Kor 15,32. Der Verweis auf „wilde Tiere" bezieht sich hier möglicherweise auf menschlichen Widerstand. Es gibt allerdings auch eine lange Tradition unter griechischen Schriftstellern, in der menschliche Begierden und die Lust des Fleisches als Tiere beschrieben werden, die gegen den Menschen kämpfen. Im Zusammenhang von 1 Kor 15,32 mag Paulus auch das im Kopf gehabt haben.

erweisen sich als eine schwere Anfechtung für ihn.[54] Er schreibt später, er habe sich „über seine Grenzen hinaus belastet" gefühlt, „über Vermögen", sodass er „sogar am Leben verzweifelte" und das „Urteil des Todes schon erhalten" habe. Die Feindschaft seiner „zahlreichen Widersacher" ist so belastend, dass Paulus dem Tod nahe ist. Doch Gott befreit ihn.[55] In dieser Zeit riskieren Priszilla und Aquila ihr Leben für den Apostel.[56]

Nach seiner Rückkehr ins nahe Kolossä pflanzt Epaphras in der Zwischenzeit drei Gemeinden im Süden des Lykos-Tales: eine in Kolossä (seiner Heimatstadt), eine weitere in Laodizea und eine in Hierapolis.[57]

Von Ephesus nach Troas

Bevor Paulus Ephesus verlässt, lässt er die Gläubigen zusammenrufen, um sich irgendwo in der Stadt heimlich mit ihnen zu treffen. Er ermutigt die Gemeinde, verabschiedet sich und macht sich auf den Weg nach Troas.

In Troas findet Paulus eine offene Tür, das Evangelium zu verkünden. Er pflanzt eine Gemeinde in dieser Stadt. In Troas ist somit eine Gemeinschaft geboren, die Gottes Wesen widerspiegelt! Doch ist Paulus noch immer wegen der Gemeinde in Korinth beunruhigt. Er hofft verzweifelt, Titus zu treffen und zu erfahren, wie die Korinther seinen „ernsten Brief" aufgenommen haben. Paulus sucht in ganz Troas nach Titus, findet ihn jedoch nicht. Der Gedanke an die Gemeinde in Korinth belastet Paulus so sehr, dass er Troas trotz der offenen Tür, die Gott ihm gegeben hat, verlässt.

---

[54] Apg 20,19.

[55] 2 Kor 1,8-10; 1 Kor 16,8-9.

[56] Röm 16,3-4. Wir können nur spekulieren, auf welche Weise sie dies taten; Paulus nennt keine Einzelheiten.

[57] Dieses Szenario ergibt sich aus den Aussagen des Paulus über Philemon, Epaphras und Onesimus in seinen Briefen an die Kolosser und an Philemon. Weder Kolossä, noch Laodizea oder Hierapolis sind römische Kolonien. Das Lykos-Tal hat einen ziemlich großen jüdischen Bevölkerungsanteil. Es liegt nicht im zu Galatien gehörenden Teil Phrygiens („Phrygia Galatica"), wo sich die vier Gemeinden Galatiens befinden, sondern gehört zu Kleinasien („Phrygia Asiana").

Er macht sich auf den Weg nach Mazedonien, um dort weiter nach Titus zu suchen.[58]

Unterwegs hat er in seinem Herzen mit der Angst um die Gemeinde in Korinth zu kämpfen. Als er in der Provinz ankommt, begegnet ihm sogleich Widerstand. Trotzdem ermutigt er die drei makedonischen Gemeinden (Philippi, Thessalonich und Beröa).[59] Paulus ermahnt jede der Gemeinden, weiterhin für den Jerusalem-Hilfsfonds zu sammeln, und lobt das Beispiel der Gemeinde in Korinth ... denn sie haben im Jahr davor voller Eifer für den Fonds gegeben.[60]

In jeder Gemeinde, die Paulus besucht, offenbart ihm der Heilige Geist durch verschiedene Gläubige, dass in Jerusalem Anfechtung und Gefangennahme auf ihn warten.[61]

Schließlich kann Paulus in Mazedonien Titus ausfindig machen – und dieser hat gute Nachrichten aus Korinth. Der ernste Brief des Paulus wurde angenommen! Die Korinther haben Buße getan und sind aktiv geworden! Die Gemeinde hat den Mann, der sich gegen die geistliche Autorität des Paulus gestellt hatte, in seine Schranken gewiesen. Allerdings haben sie die Strafe übertrieben.[62] Titus berichtet Paulus, dass er von der Gemeinde mit großem Respekt und Demut behandelt wurde. Er berichtet ihm auch, dass Korinth beim Sammeln für den Jerusalem-Hilfsfonds nachlässig geworden ist.[63] Paulus ist durch den Bericht des Titus erleichtert und beginnt, der Gemeinde einen weiteren Brief zu schreiben.[64] Wir nennen ihn hier KORINTHER D. Dies ist unser „2. Korintherbrief".

Während Paulus den Brief schreibt, erfährt er, dass die Gemeinde in Korinth ein neues Problem hat. Nicht lange nach der Abreise des Titus wurde die Gemeinde von jüdischen „Super-Aposteln" besucht (wie Paulus sie sarkastisch nennt), welche die

---

[58] 2 Kor 2,12-13; Apg 20,5-7.

[59] Apg 20,3; 2 Kor 7,5-6.

[60] 2 Kor 9,2.

[61] Apg 20,23.

[62] 2 Kor 2,1-11; 7,6-7.

[63] 2 Kor 8,6-11.

[64] 2 Kor 7,13-16.

Autorität des Paulus erneut untergraben und versuchen, die Gemeinde in Korinth unter die Autorität der Jerusalemer Gemeinde zu bringen.[65]

Leider haben einige der Korinther diese Männer samt ihrem Evangelium, das ein „Evangelium" des Gesetzes ist, aufgenommen. Die „Super-Apostel" versuchen, Paulus in den Augen der Korinther mit den folgenden Aussagen in Verruf zu bringen:

- Paulus ist nicht vertrauenswürdig. Er ist kein Mann, der zu seinem Wort steht. Beispiel: Er hat seine Meinung in Bezug auf seine Reisepläne einfach geändert. Er sagt eine Sache, tut aber etwas anderes. Sein „Ja" bedeutet nicht „Ja" und sein „Nein" bedeutet nicht „Nein".
- Als Paulus zu euch gepredigt hat, hat er den herrlichsten und lebensnotwendigsten Teil des Evangeliums weggelassen: das Gesetz.
- Paulus ist kein echter Apostel. Er hat weder Empfehlungsbriefe wie wir (die „Superapostel"), noch nimmt er Geld für seinen Dienst an. Wenn er ein echter Apostel wäre, hätte er einen Empfehlungsbrief und würde Geld von euch nehmen.
- Paulus beutet euch aus, indem er von euch verlangt, Geld für einen angeblichen Hilfsfonds zu sammeln.
- Wenn Paulus bei euch ist, ist er schwach, demütig und seine Reden sind nicht besonders eindrucksvoll. Wenn er dagegen abwesend ist, wird er in seinen Briefen mutig, scharf und nimmt kein Blatt vor den Mund.
- Paulus hat keine übernatürlichen Erfahrungen wie wir (die „Superapostel").
- Paulus hat keinen unfehlbaren israelitischen Stammbaum wie wir (die Superapostel).[66]

---

[65] Dies stellt einen klaren Bruch der Vereinbarung dar, die Paulus und Barnabas mit Petrus, Jakobus und Johannes getroffen hatten (vgl. Gal 2,8-9).

[66] Dieses Szenario ergibt sich durch das „Spiegellesen" des 2. Korintherbriefes.

Paulus schreibt Korinther D

(Dies ist unser 2. Korinterbrief)

Zeitpunkt: Frühjahr 57 n. Chr.
Ort: Mazedonien
Adressat: Die Gemeinde in Korinth (die etwa 6 Jahre alt ist)

Anlass: Paulus ermutigt die Gemeinde, dem Mann zu vergeben, der sich gegen ihn gestellt hatte. Er öffnet ihnen sein Herz und erklärt, warum er den „schmerzlichen" Brief (Korinther C) geschrieben hat. Paulus antwortet auf die Beschuldigung, man könne seinem Wort nicht trauen, und legt die Gründe für seine geänderten Reisepläne dar (Kapitel 1–2).

Es folgt ein Einschub (2,14 bis 7,4), in dem er abschweift. Paulus antwortet auf den Vorwurf, kein Empfehlungsschreiben zu besitzen, und stellt sein Leben spendendes Evangelium dem Tod verbreitenden „Evangelium" seiner Widersacher entgegen (Kapitel 3–4). Paulus ermahnt die Gläubigen, sich nicht an Ungläubige zu binden und wird dann sehr persönlich mit der Schilderung der Gefühle, vor deren Hintergrund sein ernster Brief entstanden ist. Dabei ermahnt er die Gemeinde, sich mit ihm selbst und mit Gott zu versöhnen (Kapitel 5–7).

Anschließend ermutigt Paulus die Gemeinde, die Sammlung für den Jerusalem-Hilfsfonds wieder aufzunehmen (Kapitel 8–9). Er drängt Titus, die Gemeinde gemeinsam mit einem anderen Bruder zu besuchen, „dessen Lob wegen des Evangeliums bei allen Gemeinden bekannt ist" (vermutlich Lukas), um den Korinthern beim Abschluss der Sammlung zu helfen. Titus und Lukas nehmen die Bitte des Paulus gerne an.[67]

In den letzten drei Kapiteln (10–13) spricht Paulus die wichtigsten Anschuldigungen der jüdischen „Superapostel" an, mit deren Hilfe sie die Gemeinde in Korinth übernehmen wollen. Für Paulus ist dieser ganze Prozess der Verteidigung seiner Apostelschaft einfach nur albern, aber er tut es trotzdem, um die Gemeinde vor der Annahme eines falschen Evangeliums zu bewahren. Dabei entlarvt er die fleischliche Haltung der „Superapostel" mit sehr

[67] 2 Kor 8,16-18.

deutlichen Worten. Paulus sendet den Brief mit Titus und Lukas nach Korinth.

Lesen Sie nun den 2. Korintherbrief

Paulus verlässt Mazedonien und bringt das Evangelium „bis nach Illyrien".[68] Illyrien ist eine große bergige Region nordwestlich von Mazedonien östlich der Adria. Hier liegt die römische Provinz Dalmatien.[69] (Illyrien umfasst in etwa das heutige Albanien und das ehemalige Jugoslawien.) Nachdem er in Illyrien eine christliche Gemeinschaft gepflanzt hat, kehrt Paulus nach Mazedonien zurück.

Ein Winter in Korinth (Winter 57 n. Chr.)

Paulus verlässt Mazedonien und besucht die Gemeinde in Korinth ein drittes Mal.[70] Er verbringt drei Wintermonate bei der Gemeinde und wohnt im Haus von Gaius Titius Justus.[71] Paulus freut sich, dass die Korinther seinen letzten Brief angenommen und ihre Sammlung für den Unterstützungsfonds abgeschlossen haben.[72]

Paulus steht in Kontakt mit Priszilla und Aquila in Rom. Von ihnen erfährt er, dass der Glaube und das Zeugnis der Gemeinde in Rom über die ganze Welt verbreitet wird. Etliche Reisende, die die „Ewige Stadt" besucht haben, sind zu Christus gekommen und haben ihren neuen Glauben in ihre jeweilige Heimat mitgebracht. Paulus sehnt sich danach, die Gemeinde in Rom zu besuchen. Er hat schon oft versucht, nach Rom zu kommen, war aber bisher jedes Mal daran gehindert worden.

---

68 Röm 15,19.
69 2 Tim 4,10.
70 2 Kor 12,14; 13,1.
71 Röm 16,23.
72 2 Kor 8,6 ff.

Priszilla und Aquila bitten Paulus darum, für die Besucher, die in Rom zum Herrn kommen und die Stadt später wieder verlassen, eine umfassende Darlegung des Evangeliums zu verfassen. Sie berichten ihm auch von den Spannungen zwischen den Juden und den Heiden in der Gemeinde. Die beiden Gruppen streiten darüber, ob bzw. welches Fleisch man essen darf und ob man Feiertage einhalten müsse.

Insbesondere gibt es in der Gemeinde solche, die „schwach im Glauben" sind (Juden) und glauben, dass es Sünde ist, Fleisch zu essen.[73] Sie glauben auch, dass sie bestimmte Tage als heilig halten sollten, so wie es im Gesetz vorgeschrieben ist. Diese „schwachen" und peniblen Brüder richten und kritisieren ihre emanzipierten (heidnischen) Geschwister, die in diesen Bereichen mehr Freiheit haben. Die freieren Gläubigen wiederum, die in diesen Bereichen ein „starkes" Gewissen haben, schauen auf ihre schwächeren, gewissenhaften Geschwister herab und verachten sie.

Außerdem sind einige Leute in die Gemeinde gekommen, die Spaltungen verursacht haben. Sie sind Sklaven ihrer eigenen fleischlichen Gelüste, verführen die anderen und reden gegen das Evangelium, das Paulus bringt.[74]

Die acht Mitarbeiter des Paulus stoßen in Korinth zu ihm und überbringen ihm von ihren jeweiligen Gemeinden die Sammlung für den Jerusalem-Hilfsfonds. Die Männer planen, Paulus nach Jerusalem zu begleiten, um dort den Hilfsfonds zu übergeben.[75] Lukas verlässt Korinth und kehrt nach Philippi zurück.

---

[73] Zweifellos deshalb, weil diese Judenchristen es vermeiden wollten, Fleisch zu essen, welches heidnischen Göttern geopfert worden war oder von Tieren stammte, die nicht entsprechend dem jüdischen Gesetz geschlachtet worden waren.

[74] Dieses Bild ergibt sich durch „Spiegellesen" der Worte des Paulus im Römerbrief.

[75] Apg 20,1-4.

Paulus schreibt den Römerbrief

Zeitpunkt: Winter 57 n. Chr.
Ort: Korinth
Adressat: Die (etwa 3 Jahre alte) Gemeinde in Rom

Anlass: Dieser Brief hat drei Ziele:

1. Ein apostolisches Ziel: Paulus möchte von der Gemeinde in Rom Unterstützung für seine Reise nach Spanien erhalten.

2. Ein apologetisches Ziel: Das Evangelium der Gnade soll klar dargelegt werden und die Gerechtigkeit Gottes im Evangelium, die von einigen angegriffen wird, soll verteidigt werden.

3. Ein pastorales Ziel: Paulus geht auf die Probleme der Spaltung zwischen den jüdischen und heidnischen Gläubigen in der Gemeinde ein.

Der Römerbrief ist in einer literarischen Form namens „Diatribe" geschrieben – ein Schreibstil, bei dem der Verfasser zunächst Einwände formuliert und sie anschließend selbst beantwortet.

In den Kapiteln 1–5 präsentiert Paulus meisterhaft das Evangelium von Jesus Christus und dessen Bezug zur Rechtfertigung und zur Vergebung der Sünden. In den Kapiteln 6–8 spricht er über Heiligung und die Befreiung von Sünde und vom Gesetz. In den Kapiteln 9–11 erklärt Paulus die Rolle Israels im Heilsplan Gottes. In den Kapiteln 12–16 spricht er das Problem an, welches die Heidenchristen mit den jüdischen Gläubigen und den Themen „Fleisch essen" und „Feiertage" haben. In diesen letzten Kapiteln spricht er praktisch jedes einzelne Problem an, das er in seiner langjährigen Erfahrung als Gemeindegründer in den verschiedenen Gemeinden erlebt hat.

Paul schließt den Brief, indem er über seinen Wunsch spricht, das Evangelium in das westlichste Land des Römischen Reiches zu bringen: nach Spanien. Auf seinem Weg dorthin hofft er die Gemeinde in Rom zu besuchen. Doch bevor er das tut, will Paulus zuerst nach Jerusalem gehen, um dort den Hilfsfonds zu übergeben. Er bittet auch um Gebet – denn er weiß, dass ihm von den

Juden in der heiligen Stadt Gefahr droht, und er möchte nicht, dass seine Besuchspläne für Rom vereitelt werden.

Zum Abschluss des Briefes sendet Paulus Grüße von verschiedenen Gliedern der Gemeinde in Korinth und von einigen seiner apostolischen Mitarbeiter, die gerade bei ihm sind. Tertius, ein Bruder aus der Gemeinde in Korinth, schreibt den Brief für Paulus nieder. Der Brief wird durch Phöbe überbracht, eine Dienerin der Gemeinde in Kenchreä. (Weil Kenchreä so nah bei Korinth liegt – nur 11 km östlich – lässt sich vermuten, dass die Gemeinde dort als ein natürlicher Ableger der Gemeinde in Korinth entstanden ist.)

Lesen Sie nun den Römerbrief

Von Troas nach Milet (Frühjahr 58 n. Chr.)

Nach dreimonatigem Aufenthalt in Korinth möchte Paulus wieder nach Osten aufbrechen und nach Antiochia in Syrien zurückkehren, doch die Juden ersinnen einen Anschlag gegen ihn, um ihn zu töten. Deshalb reist er zuerst in nördlicher Richtung nach Philippi in Mazedonien. Dort trifft er auf Lukas. Seine acht Mitarbeiter schickt er voraus nach Troas, wo er mit Lukas wieder zu ihnen stoßen will.

Paulus und Lukas besuchen Neapolis[76] und setzen anschließend über nach Troas. Wegen ungünstiger Winde dauert die Reise fünf Tage. In Troas warten seine acht Mitarbeiter auf ihn. Mit ihnen zusammen wird er eine Woche in Troas verbringen.[77]

Die Gemeinde in Troas versammelt sich immer sonntagabends zum Abendmahl im dritten Stock einer *insula*, der von vielen Fackeln beleuchtet wird. Die Luft in dem Raum ist verraucht und stickig. Diesmal ist Paulus dabei. Da er am nächsten Tag aufbrechen will, spricht er bis nach Mitternacht. Ein Junge mit Namen Eutychus – im Alter irgendwo zwischen acht und vierzehn Jahren –

[76] Eine Schlussfolgerung aus Apg 16,11.

[77] Apg 20,1-6.

sitzt auf einem Fensterabsatz. Der Rauch der Fackeln lässt Eutychus schläfrig werden. Während Paulus weiter predigt, schläft Eutychus ein und fällt aus dem Fenster und ist tot. Paulus eilt hinunter zu dem Jungen, wirft sich über seinen Leichnam und schlingt seine Arme um ihn. Er gebietet den Umstehenden, sich zu beruhigen, da der Junge lebe. Eutychus steht auf und nimmt gemeinsam mit dem Rest der Gemeinde das Abendmahl. Als die Gläubigen gegessen haben, fährt Paulus fort zu sprechen, bis schließlich der Tag anbricht.[78]

Am nächsten Morgen fahren die acht Mitarbeiter des Paulus und Lukas mit dem Schiff voraus nach Assos. Paulus hat sich entschlossen, nicht mit ihnen zu reisen, sondern über Land zu Fuß zu gehen. Er trifft die anderen in Assos wieder, von wo aus sie gemeinsam ein Schiff nach Mitylene nehmen. Am nächsten Tag erreichen sie Chios, tags darauf Samos. Am folgenden Tag legen sie in Milet an, das etwa 50 km südlich von Ephesus liegt.[79] Paulus entscheidet sich, Ephesus auszulassen, da er rechtzeitig zu Pfingsten in Jerusalem sein möchte. Er benachrichtigt die Ältesten von Ephesus, dass er sich in Milet mit ihnen treffen möchte.

Als die Ältesten aus Ephesus eintreffen, hält Paulus eine sehr bewegende Abschiedsrede. Er berichtet den Ältesten von seinem Plan, Jerusalem zu besuchen, und dass er nicht weiß, welches Schicksal ihn dort erwartet. Er warnt die Ältesten, von innerhalb und außerhalb der Gemeinde würden Wölfe aufstehen. Diese Wölfe würden falsche Lehren bringen, um die Jünger in ihre eigene Gefolgschaft abzuziehen.

Paulus schärft den Ältesten ein, die Herde Gottes zu nähren und vor den „Wölfen" zu bewahren und ihren Lebensunterhalt mit der Arbeit ihrer eigenen Hände selbst zu verdienen, da es besser sei zu geben als zu nehmen. Anschließend eröffnet er den Ältesten, dass sie ihn vermutlich nicht wiedersehen werden.

Als Paulus seine Abschiedsrede beendet hat, kniet er nieder und betet zusammen mit den Ältesten. Alle fangen laut zu weinen an und umarmen Paulus, wobei sie ihn mit Küssen überhäufen. Die

---

[78] Apg 20,4-12.

[79] Im zweiten Jahrhundert vor Christus wird die Bevölkerung von Milet auf etwa 100 000 geschätzt. Es ist unwahrscheinlich, dass die Stadt unter den Römern noch wesentlich gewachsen ist.

Aussage des Paulus, dass sie ihn nie wiedersehen werden, betrübt die Ältesten sehr.[80] Dann geleiten sie Paulus zurück zum Schiff.

Paulus und seine Begleiter verlassen Milet mit dem Schiff und nehmen die kürzeste Route über Kos, Rhodos und Patara. In Patara finden sie ein Schiff nach Phönizien. Sie gehen an Bord und fahren über das Mittelmeer nach Tyrus, wo das Schiff anlegt, um die Ladung zu löschen. Die Reise von Patara nach Tyrus dauert fünf Tage.

Die Männer bleiben eine Woche lang bei der Gemeinde in Tyrus (die Gemeinde war während der Zerstreuung nach dem Tod des Stephanus gegründet worden). Einige Brüder in Tyrus prophezeien, dass Paulus in Jerusalem Verfolgung erwartet. Sie drängen ihn, keinen Fuß dorthin zu setzen. Die ganze Gemeinde, Frauen und Kinder inbegriffen, geleiten Paulus und seine Begleiter aus der Stadt. Sie alle knien am Strand nieder zum Gebet und nehmen liebevoll Abschied.[81]

Besuch in Cäsarea

Paulus und seine Begleiter besteigen das Schilf und fahren nach Süden in die Hafenstadt Ptolemaïs, wo sie einen Tag zusammen mit der dortigen Gemeinde verbringen. Dann machen sie sich auf den Weg nach Cäsarea, der Heimatstadt des Evangelisten Philippus. Paulus und seine Begleiter wohnen bei Philippus und seinen vier noch unverheirateten Töchtern, die alle Prophetinnen sind.[82]

Während Paulus sich in Cäsarea aufhält, stattet ihm Agabus (aus Jerusalem) einen Besuch ab. Nach Art der alttestamentlichen Propheten weissagt Agabus auf dramatische Weise, dass die Juden in Jerusalem Paulus binden und an die Heiden überantworten werden. Er nimmt den Gürtel des Paulus und bindet damit seine eigenen Hände und Füße, während er seine Ankündigung vorbringt.

Als die Gläubigen diese Prophezeiung hören, weinen sie und bitten Paulus, nicht nach Jerusalem zu gehen. Aber Paulus lässt

---

[80] Apg 20,13-38.

[81] Apg 21,1-6.

[82] Nach Angaben des Kirchenhistorikers Eusebius siedelte Philippus mit mindestens drei seiner Töchter später nach Hierapolis in Kleinasien um, wo sie beerdigt sind. Mindestens eine der Töchter heiratete.

sich nicht überzeugen. Er teilt ihnen mit, dass er bereit ist, in Jerusalem für den Namen Jesu Christi sogar zu sterben. Schließlich hören die Gläubigen auf, Paulus zu bedrängen, und sagen: „Der Wille des Herrn geschehe!"

Paulus, Lukas und die acht Mitarbeiter ziehen nun mit dem Hilfsfonds los nach Jerusalem. Von Cäsarea nach Jerusalem sind es ungefähr 100 km, etwa drei Tagereisen zu Fuß. Einige Brüder aus der Gemeinde in Cäsarea begleiten die Männer bis nach Jerusalem.[83]

Schwierigkeiten in Jerusalem

Als Paulus und seine Begleiter in Jerusalem eintreffen, empfängt die Gemeinde sie mit Freude. Da viele der Juden in der Gemeinde in Jerusalem Probleme damit haben, die heidnischen Begleiter des Paulus bei sich aufzunehmen, bringen die Brüder aus Cäsarea Paulus und seine Begleitung zum Haus des Mnason, einem Heidenchristen aus der Gemeinde in Jerusalem. Mnason stammt aus Zypern und war von Anfang an Teil der Jerusalemer Gemeinde.

Am nächsten Tag erscheinen Paulus und seine Begleiter bei Jakobus (dem Halbbruder des Herrn) und den Ältesten in Jerusalem. Paulus grüßt sie und gibt Zeugnis davon, was Gott durch seinen Dienst unter den Heiden getan hat. Dann händigt er ihnen die mitgebrachten Gelder des Hilfsfonds aus. Die Ältesten freuen sich sehr und verherrlichen Gott dafür.[84]

Die Ältesten informieren Paulus, dass Tausende von Juden in Jerusalem an den Herrn glauben, und dass sie alle Eiferer für das Gesetz (des Mose) sind. Diese Juden haben Gerüchte gehört, Paulus würde die Juden in heidnischen Ländern lehren, dem Gesetz des Mose nicht mehr zu gehorchen und die überlieferten jüdischen Gebräuche aufzugeben. Daher ist Paulus in Jerusalem eine unerwünschte Person – sowohl bei den an Christus gläubigen

---

[83] Apg 21,7-16.

[84] Apg 24,17. Da Lukas den Hilfsfonds in der Apostelgeschichte nie erwähnt und Paulus dessen Wirkung in seinen „Gefangenschaftsbriefen" (den Briefen, die er während seiner Gefangenschaft in Rom schrieb) nicht erwähnt, können wir annehmen, dass der Hilfsfonds nicht die von Paulus erhoffte Auswirkung hatte – nämlich die Einheit der juden- und heidenchristlichen Gemeinden.

Juden als auch bei den Juden in der Stadt insgesamt. Daher ist sein Leben in Gefahr.

Die Ältesten haben zwar versucht, die Gerüchte zu unterbinden. Nun bitten sie Paulus jedoch darum, selbst zu demonstrieren, dass er nach wie vor ein praktizierender Jude ist. Sie schlagen ihm vor, sich an einer Reinigungszeremonie mit vier anderen jüdischen Gläubigen zu beteiligen.[85] Paulus stimmt zu und lässt sich für die Zeremonie das Haupt scheren. Er bezahlt sogar die Kosten für die vier Nasiräer aus eigener Tasche.[86]

Am nächsten Tag reinigt sich Paulus gemeinsam mit den vier jüdischen Brüdern und sie gehen gemeinsam zum Tempel. Sieben Tage später jedoch erkennen einige Juden aus Ephesus, die zum Pfingstfest Jerusalem besuchen, Paulus mit den vier Männern im Tempel. Sie erinnern sich aus seiner Zeit in Ephesus an Paulus und halten ihn für einen Feind des mosaischen Gesetzes.

Da diese Männer zuvor Paulus und Trophimus zusammen in Jerusalem gesehen haben, nehmen sie fälschlicherweise an, Paulus habe auch Trophimus in den Tempel gebracht. So schreien sie laut: „Männer von Israel, dies ist der Mann, der überall gegen das Gesetz des Mose lehrt, und nun ist er hierhergekommen und hat Heiden in den heiligen Tempel geführt!" (Es ist ein Kapitalverbrechen für einen Nichtjuden, den Tempelbereich zu betreten. Nichtjuden dürfen lediglich einen Bereich außerhalb des Tempels betreten, der „Vorhof der Heiden" genannt wird)[87]. Die Stadt gerät sofort in Aufruhr.

Wie im Rausch ergreifen die Juden Paulus, schleppen ihn aus dem Tempel, schließen dessen Tore und beginnen Paulus zu schlagen. Der römische Befehlshaber *(Tribun)* mit dem Namen Claudius Lysias hört davon und schickt Soldaten, um Paulus vor der wütenden Menge zu retten.

Als die Juden den römischen Kommandanten und seine Soldaten sehen, hören sie sofort auf, Paulus zu schlagen. Die Soldaten nehmen Paulus fest und fesseln ihn an beiden Händen. Dann verlangen

---

[85] 1 Kor 9,20.

[86] Bei dem Reinigungsritus handelt es sich um den in 4. Mose 6 erwähnten Nasiräerschwur.

[87] Eine Inschrift am Tempel warnte ausdrücklich, dass jeder Heide – einschließlich der römischen Bürger –, der den heiligen Bezirk betrat, sofort zu Tode gesteinigt würde.

sie zu hören, wer Paulus ist und was er getan hat. Aus der Menge werden unterschiedliche Antworten gerufen, sodass die Soldaten keine klare Aussage erhalten. So gibt der Kommandant den Soldaten die Anweisung, Paulus in die Burg Antonia zu bringen (oft auch einfach als „Kaserne" oder „Lager" bezeichnet). Wegen der gewalttätigen Menge müssen die Soldaten ihn praktisch in die Festung tragen. (Die Festung ist vom Vorhof des Tempels nur durch zwei Treppenfluchten getrennt und überragt den Tempelbezirk.) Die Volksmenge schreit: „Weg mit ihm!"

Als Paulus in die Festung gelangt, bittet er den römischen Kommandanten darum, zum Volk sprechen zu dürfen. Als der Kommandant bemerkt, dass Paulus Griechisch spricht, gibt er ihm die Erlaubnis. (Der Kommandant ist überrascht, dass Paulus Griechisch spricht, denn er hält ihn zunächst für einen bestimmten ägyptischen Aufrührer, der von den Juden gehasst wird[88].)

Paulus stellt sich auf die Stufen vor der Festung und winkt der Menge mit den Armen, um sie zur Ruhe zu bringen. Als die Menge schweigt, spricht Paulus sie auf Hebräisch an. Er beginnt mit einem Zeugnis über sein Leben als Pharisäer und darüber, wie er zum Nachfolger Jesu wurde. Die Juden hören ihm zu, bis er ihnen sagt, dass Gott ihn zu den Heiden gesandt hat. Doch an diesem Punkt beginnen sie zu schreien: „Weg mit ihm von der Erde! Er hat kein Recht mehr zu leben!" Die Menge schreit, wirft die Kleider ab und schleudert Staub in die Luft.

Die römischen Soldaten nehmen an, dass Paulus die Menge mit Absicht anstachelt (sie verstehen kein Hebräisch). So machen sie sich bereit, ihn unter Geißelhieben zu verhören. Diese neue, grausame Methode kann zur Verstümmelung oder sogar zum Tod (des Opfers) führen, noch bevor die Wahrheit ans Licht gekommen ist. Doch als Paulus den Soldaten deutlich macht, dass er römischer

[88] Drei Jahre zuvor kam ein Aufrührer aus Ägypten nach Jerusalem und behauptete, ein Prophet zu sein. Er führte eine große Schar von Nachfolgern auf den Ölberg und gebot ihnen, auf seinen Befehl zu warten. Dann würden die Mauern der Stadt in sich zusammenfallen und sie würden die römische Garnison überwältigen und die Stadt einnehmen. Der Statthalter Felix schickte allerdings seine Truppen, tötete einige der Nachfolger des Ägypters und warf viele andere ins Gefängnis. Der Ägypter verschwand heimlich und zog sich so den Zorn vieler Juden in Jerusalem zu. Der römische Kommandant hielt Paulus offensichtlich für eben diesen Ägypter.

Bürger ist, lässt der Zenturio die Peitsche sinken und informiert den Kommandanten vom Bürgerrecht des Paulus. Somit wird Paulus nicht ausgepeitscht. (Es ist nicht erlaubt, dass ein römischer Bürger ohne Gerichtsverfahren geschlagen wird.)

Am nächsten Tag lässt der römische Befehlshaber Paulus frei und befiehlt den Hohepriestern und dem Hohen Rat, ein Gerichtsverfahren für ihn abzuhalten. Als der Hohe Rat zusammenkommt, schaut Paulus die Richter an und beginnt mit der Aussage, er habe bis zu diesem Tag in allem mit gutem Gewissen vor Gott gelebt. Der Hohepriester Hananias befiehlt, Paulus auf den Mund zu schlagen, da eine solche Aussage Gotteslästerung sei. Paulus antwortet, Gott werde Hananias schlagen. Nach dieser Beleidigung des Hohepriesters fährt Paulus mit seiner Verteidigung fort.

Im Bewusstsein, dass die eine Hälfte des Hohen Rates aus Sadduzäern und die andere aus Pharisäern besteht, wirft er eine theologische Bombe mitten in den Hohen Rat: Er erklärt, er sei ein Pharisäer und Sohn eines Pharisäers und sei wegen seines Glaubens an die Auferstehung angeklagt! (Zwischen Sadduzäern und Pharisäern herrscht über diesen Punkt des Glaubens ein erbitterter Streit. Die Pharisäer glauben an die Auferstehung, während die Sadduzäer dies ablehnen.)

Sofort bricht im Hohen Rat ein Streit los. Die Pharisäer stellen klar, sie könnten nichts Böses an Paulus finden und möglicherweise habe ja ein Engel zu ihm gesprochen. Der Streit wird so heftig, dass die römischen Soldaten Paulus hinaus und zurück in die Festung bringen, da sie befürchten, die Sadduzäer könnten ihn zerreißen.

In der Nacht erscheint der Herr Jesus dem Paulus und steht bei ihm. Der Herr sagt ihm, er solle neuen Mut fassen und er werde auch in Rom ein Zeugnis für ihn sein, so wie er es in Jerusalem war[89].

In Fesseln nach Cäsarea

Bei Tagesanbruch versammeln sich mehr als vierzig Juden und planen einen Mordanschlag auf Paulus. Sie legen sich mit einem

[89] Apg 21,17–23,11.

Schwur fest, so lange nichts zu trinken oder zu essen, bis Paulus tot ist. Mit diesem Plan treten sie an den Hohen Rat heran, welcher Zustimmung zu ihrem Vorhaben signalisiert.

Der Neffe des Paulus erfährt von der Verschwörung und berichtet Paulus davon, der immer noch in der Festung gefangen gehalten wird. Paulus lässt seinen Neffen auch dem Kommandanten über die Verschwörung berichten. Als dieser davon erfährt, befielt er, dass Paulus von 470 schwerbewaffneten Soldaten mitten in der Nacht heimlich nach Cäsarea gebracht wird. (Die 470 setzen sich aus 200 Fußsoldaten, 70 Reitern und 200 Lanzenträgern zusammen.)[90] Paulus wird bewacht und ist gefesselt. Der römische Kommandant schreibt einen Brief an Felix, den Statthalter von Cäsarea, und erläutert darin, weshalb er ihm Paulus überstellt.

Paulus verbringt insgesamt nur zwölf Tage in Jerusalem, bevor er in das gut 102 km nordwestlich gelegene Cäsarea gebracht wird[91].

[90] Die zu jener Zeit in Judäa immer größer werdenden Spannungen zwischen Römern und Juden veranlassten den römischen Befehlshaber zu einer starken militärischen Reaktion, um jeden größeren und brisanten Aufstand zu verhindern, der aus dem Hinterhalt gegen Paulus entstehen könnte.

[91] Apg 23,12-35.

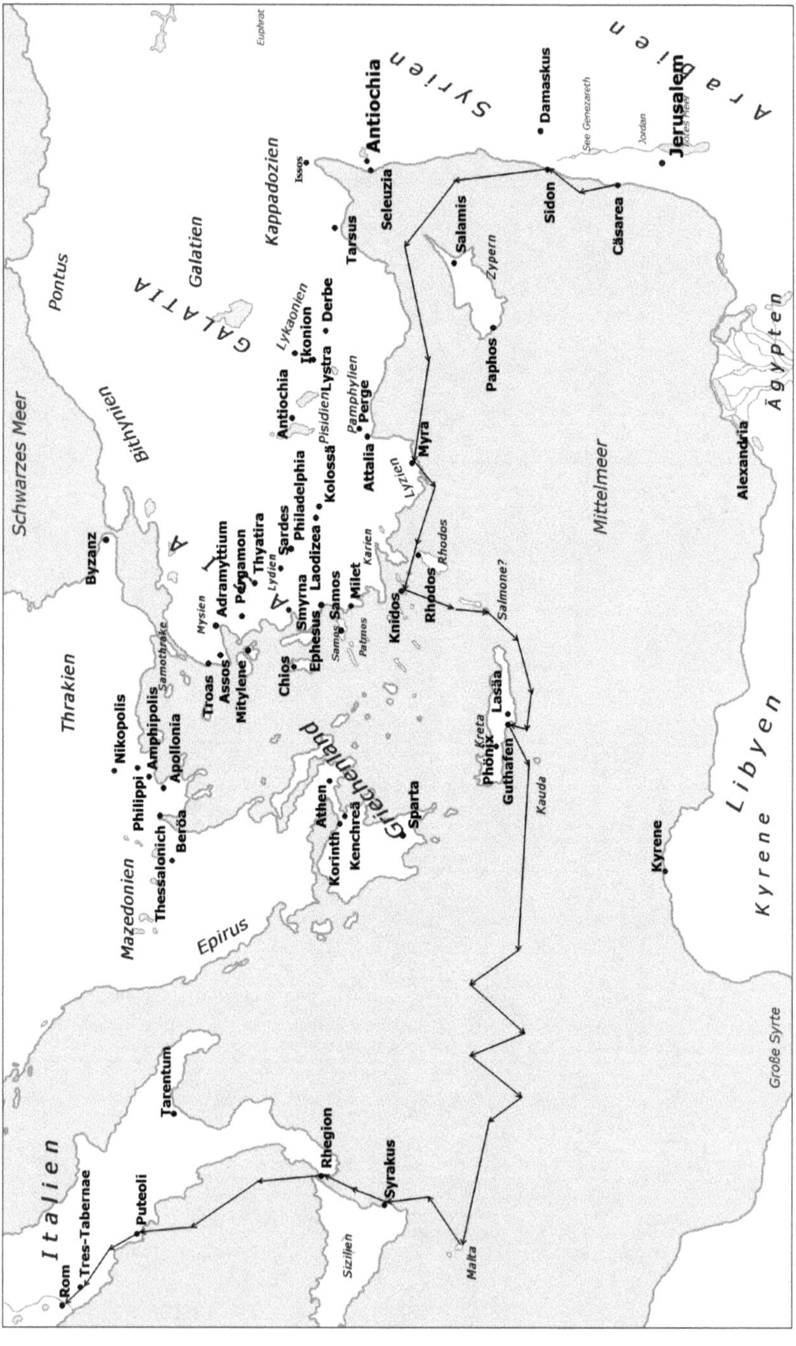

Schwarzes Meer
Pontus
Bithynien
Galatien
Kappadozien
GALATIA
ASIA
Thrakien
Mazedonien
Epirus
Griechenland
Italien
Sizilien
Malta
Syrien
Arabien
Ägypten
Libyen
Kyrene
Große Syrte
Mittelmeer
Euphrat
See Genezareth
Jordan
Totes Meer
Antiochia
Seleuzia
Issos
Tarsus
Damaskus
Jerusalem
Sidon
Cäsarea
Salamis
Zypern
Paphos
Lykaonien
Ikonion
Derbe
Lystra
Antiochia
Pisidien
Pamphylien
Perge
Attalia
Myra
Lyzien
Rhodos
Karien
Milet
Knidos
Salmone?
Alexandria
Byzanz
Adramyttium
Pergamon
Thyatira
Sardes
Philadelphia
Laodizea
Kolossä
Lydien
Mysien
Smyrna
Ephesus
Samos
Patmos
Chios
Mitylene
Assos
Troas
Samothrake
Nikopolis
Amphipolis
Apollonia
Philippi
Thessalonich
Beröa
Athen
Korinth
Kenchreä
Sparta
Kreta
Lasäa
Phönix
Guthafen
Kauda
Kyrene
Tarentum
Rhegion
Syrakus
Puteoli
Tres-Tabernae
Rom

Kapitel 12

Die Rom-Chronik

59–62 n. Chr.

Er aber blieb zwei ganze Jahre in seiner eigenen Mietwohnung und nahm alle auf, die zu ihm kamen; er predigte das Reich Gottes und lehrte die Dinge, die den Herrn Jesus Christus betreffen, mit aller Freimütigkeit ungehindert (Apg 28,30-31).

Die Gefangenschaft des Paulus in Cäsarea (Sommer 59 n. Chr.)

Cäsarea ist eine vorwiegend heidnische Stadt. Sie ist das römische Machtzentrum Judäas. Paulus wird im Palast des Statthalters in Gewahrsam genommen und von einem Offizier bewacht. Paulus wird hier zwei Jahre verbringen.

Felix ist der Statthalter der Provinz. Paulus wird zu Felix gebracht und dieser liest den Brief des römischen Kommandanten. Felix sagt Paulus eine faire Anhörung zu und lässt ihn im „Prätorium des Herodes" (dem Palast des Statthalters) bewachen.

Fünf Tage nach seiner Ankunft in Cäsarea wird Paulus vor Hananias, den Hohepriester, und einige jüdische Älteste gebracht, die nach Cäsarea gekommen sind, um Paulus zu verhören. Die Juden bringen einen Anwalt namens Tertullius mit, um Paulus vor Felix anzuklagen. Als Tertullius seine Anklagerede beendet hat, fordert Felix den Paulus auf, zu antworten.

Paulus verteidigt sein Handeln und betont, dass keine Zeugen der Anklage gegen ihn anwesend sind. Dieser Hinweis überzeugt Felix und er verkündet Paulus, dass sein Fall entschieden wird, wenn Claudius Lydias (der römische Kommandant Jerusalems) eintrifft.

Felix ordnet an, dass Paulus weiterhin in seinem Palast unter Bewachung stehen soll. Den Freunden des Paulus wird die Erlaubnis erteilt, für seine Bedürfnisse zu sorgen. Von Zeit zu Zeit ruft Felix Paulus zu sich und dieser spricht mit ihm über Jesus Christus. Als Paulus jedoch das Gericht Gottes anspricht, wird Felix furchtsam und geht. Felix hofft auch, dass Paulus ihm Bestechungsgeld anbietet, aber das tut dieser nicht. Felix lässt Paulus aber auch nicht frei, denn er möchte sich bei den Juden in Gunst setzen[1]. Infolgedessen verbringt Paulus zwei Jahre in Gefangenschaft in Cäsarea.[2]

Frühjahr 60 n. Chr.

Porcius Festus wird als Statthalter Nachfolger des Felix. Drei Tage nach seiner Ankunft in der Provinz stattet Festus Jerusalem einen Besuch ab. Dabei bitten ihn die dortigen Juden, Paulus zu einem Prozess nach Jerusalem bringen zu lassen. (In Wirklichkeit bitten sie um diesen Gefallen, weil sie einen Anschlag auf Paulus planen und ihn auf dem Weg dorthin töten wollen.)

Festus erwidert den Juden, sie sollten ihre Anführer nach Cäsarea senden und ihre Anklagen gegen Paulus dort vorbringen. Acht bis zehn Tage später kehrt Festus nach Cäsarea zurück und lässt Paulus zu sich bringen. Der Fall wird wieder eröffnet. Eine Abordnung des Hohen Rates kommt nach Cäsarea und bringt vor Festus ihre Anschuldigungen gegen Paulus vor; sie können jedoch keinen einzigen Punkt beweisen. Paulus besteht darauf, dass er nichts Falsches getan habe, weder gegen die Juden, noch gegen den Tempel, das Gesetz oder gegen den Kaiser.

Da Felix den Juden einen Gefallen tun möchte, fragt er Paulus, ob er bereit sei, nach Jerusalem zu gehen, um dort vor dem Hohen Rat zu erscheinen. Paulus weiß, dass die Juden im Falle seines Einverständnisses versuchen würden, ihn zu töten. So nimmt er sein Recht als römischer Bürger in Anspruch und beruft sich auf den Kaiser. Nach dem Gesetz muss Festus zustimmen, also tut er dies.

---

[1] Nach dem römischen Geschichtsschreiber Tacitus (117 n. Chr.) praktizierte Felix alle möglichen Grausamkeiten und Begierden und übte seine Macht „mit Wildheit und Gier" aus, „wie ein König mit dem Gemüt eines Sklaven".

[2] Apg 23,33–24,27.

Um Paulus nach Rom überstellen zu können, muss Festus einen Brief verfassen und diesen zusammen mit dem Angeklagten nach Rom schicken. Der Brief muss sowohl die Art des Falles beschreiben als auch die Ereignisse, die dazu geführt haben. König Agrippa, der einen Teil des nördlichen Heiligen Landes regiert, besucht mit seiner Schwester Bernice zu dieser Zeit gerade Cäsarea. Agrippa kennt sich sehr gut in der jüdischen Religion aus. Da Festus wegen seiner Unkenntnis über das jüdische Gesetz nicht weiß, wie er den Brief über den Fall des Paulus formulieren soll, legt er König Agrippa die Sache vor. Nachdem dieser von dem Fall erfahren hat, bittet Agrippa darum, Paulus selbst anhören zu können.

Am nächsten Tag wird Paulus vor König Agrippa und Bernice gebracht, um sich gerichtlich zu verteidigen. Als Paulus fertig ist, ruft Festus: „Du bist von Sinnen, Paulus! Deine große Gelehrsamkeit bringt dich zum Wahnsinn!" Agrippa dagegen findet das Zeugnis des Paulus ziemlich überzeugend. Agrippa kommt zu dem Schluss, dass Paulus nichts getan hat, was des Todes oder auch nur einer Gefängnisstrafe würdig wäre. Doch kann er Paulus nicht freilassen, da Paulus sich bereits auf den Kaiser berufen hat.[3]

Die Reise nach Rom

Paulus und einige weitere Gefangene werden einem römischen Zenturio namens Julius übergeben, der zum kaiserlichen Regiment gehört. Die Gefangenen werden von römischen Soldaten bewacht. Lukas aus Antiochia und Aristarch aus Thessalonich begleiten Paulus auf der Reise, Lukas als Schiffsarzt und Aristarch als Diener des Paulus.[4] Sie gehen an Bord eines Schiffes, welches die Häfen längs der Küste von Kleinasien anlaufen soll.

Am nächsten Tag legt das Schiff in Sidon an (107 km von Cäsarea entfernt). Julius, der Zenturio, behandelt Paulus wohlwollend und erlaubt ihm, die Gemeinde in der Stadt zu besuchen. Von Sidon aus segelt das Schiff aufgrund der vorherrschenden Westwinde nach Osten, nördlich an Zypern vorbei. Anschließend segeln

[3] Apg 25–26.

[4] Die anderen sieben apostolischen Arbeiter kehrten nach der Verhaftung des Paulus in Jerusalem vermutlich nach Hause zurück.

sie über das offene Meer und an der Küste von Zilizien und Pamphylien entlang. Sie machen einen Zwischenhalt in Myra in Lyzien[5] (von Sidon nach Myra sind es etwa 640 km).

In Myra findet der Zenturio ein Getreideschiff aus Alexandria, das nach Italien unterwegs ist. Die Männer gehen zusammen mit anderen Passagieren an Bord dieses Schiffes und fahren mit insgesamt 276 Personen los. Die Winde sind jedoch ungünstig und das Schiff kommt nur langsam voran. Sie fahren an Kreta entlang, an Knidus vorbei und machen Halt in Kaloi Limenes (Guthafen) in der Nähe der Stadt Lasäa, um dort auf günstigeren Wind zu warten.

Die Seefahrt wird nun immer gefährlicher und Paulus bietet dem Zenturio seinen Rat an. Er sieht voraus, dass die Fahrt im Schiffbruch enden wird, wenn die Mannschaft nun ablegt. Doch der Zenturio beachtet den Rat des Paulus nicht. Er verlässt sich auf das Urteil des Steuermanns, der lieber weiterfahren und im besser geeigneten Hafen von Phoenix, ebenfalls auf Kreta, überwintern will.

Schiffbruch

Während sie an der Küste Kretas entlangsegeln, kommt ein *Eurakylon* genannter starker Nordostwind auf und ergreift das Schiff, wobei er großen Schaden und Angst verursacht. Nicht lange danach kommt es zum kapitalen Schiffbruch. (Die Einzelheiten des Schiffbruchs habe ich an dieser Stelle bewusst weggelassen.)[6] Zuvor erscheint dem Paulus ein Engel und weist ihn an, keine Angst zu haben, denn er (Paulus) müsse vor den Kaiser gestellt werden. Der Engel sagt Paulus auch, dass Gott sein Leben und das aller Menschen an Bord verschonen wird. Paulus ermutigt die Mannschaft mit dieser Nachricht und gibt ihnen in der Seenot praktische Anweisungen.

---

[5] Nach Angaben des „Westlichen Textes" (siehe Kapitel 10, Anmerkung 9) dauerte die Reise von Cäsarea nach Myra 15 Tage.

[6] Lukas' Beschreibung des Schiffbruchs ist ein Klassiker der Literatur des Altertums. Sie stellt ein Meisterstück lebendiger Erzählung dar. Ein Gutteil unseres Wissens über die Seefahrt im Altertum stammt aus diesem Bericht. Daher empfehle ich, den Bericht im Original in Apg 27,14-44 zu lesen.

Das Schiff wird völlig zerstört und die Passagiere verlieren beinahe ihr Leben. Doch alle entkommen der Situation unverletzt, wie Paulus es vorhergesagt hat. Paulus erweist sich hier in einer großen Krise als ein sehr praktisch denkender und mutiger Mann.[7]

Winter in Malta (60–61 n. Chr.)

Am frühen Morgen erreicht die Gruppe schließlich sicher den Strand einer Insel namens Malta. Malta ist nur 29 km lang, 13 km breit und liegt etwa 100 km südlich von Sizilien. Die Schiffbrüchigen sind nass, unterkühlt, hungrig und krank. Die Bewohner der Insel sind gastfreundlich und zünden für die Männer ein Feuer an, damit sie sich aufwärmen können.

Wieder macht Paulus sich nützlich, indem er Reisig für das Feuer zusammenträgt. Als er die Zweige ins Feuer wirft, schießt eine Giftschlange heraus und beißt ihn in die Hand. Die Inselbewohner kommen zu dem Schluss, dass dies eine göttliche Strafe für ein Verbrechen des Paulus sein müsse. Paulus schüttelt die Schlange von seiner Hand und erleidet keinen Schaden. Nachdem die Inselbewohner Paulus längere Zeit beobachtet und festgestellt haben, dass er nach dem Schlangenbiss nicht anschwillt oder tot umfällt, halten sie ihn allerdings für einen Gott.

Publius, der Oberste der Insel, nimmt Paulus, Lukas und Aristarch drei Tage in sein Haus auf. Der Vater des Publius ist an der Ruhr erkrankt. Paulus legt ihm die Hände auf und betet, worauf der Mann geheilt ist. Die Nachricht von der Heilung verbreitet sich auf der Insel, worauf auch andere Kranke zu Paulus kommen und geheilt werden.

Die gesamte Schiffsbesatzung verbringt drei Wintermonate auf Malta. Als die Seefahrt keine Gefahr mehr darstellt, fahren sie auf einem alexandrinischen Schiff ab nach Rom[8].

---

[7] Apg 27.

[8] Apg 28,1-11.

Markus schreibt sein Evangelium

Zeitpunkt: Ende der 50er- bis Anfang der 60er-Jahre n. Chr.
Ort: Rom
Adressat: unbekannt
Anlass: Das Evangelium von Johannes Markus basiert auf den Berichten des Petrus. Markus zeigt Christus als den leidenden Diener Gottes.

Matthäus schreibt sein Evangelium

Zeitpunkt: Ende der 50er- bis Anfang der 60er-Jahre n. Chr.
Ort: Antiochia in Syrien
Adressat: die Judenchristen
Anlass: Matthäus zeigt Christus als König der Juden.

Lukas schreibt sein Evangelium

Zeitpunkt: 60–61 n. Chr.
Ort: Rom
Adressat: Theophilus und die Heidenchristen im Allgemeinen

Anlass: Lukas berichtet, wie das in Jesus Fleisch gewordene Evangelium von Galiläa nach Jerusalem gelangt. Lukas zeigt das Menschsein von Jesus Christus auf. Theophilus ist ein „Patron" (siehe Hintergrundinformationen Seite 114), der die Veröffentlichung des von Lukas verfassten zweibändigen Werkes (Lukasevangelium und Apostelgeschichte) finanziert.

Die Christen aus Rom begrüßen Paulus

Die Mannschaft des Schiffes macht Halt in Syrakus, wo sie drei Tage verweilen. Danach erreichen sie Rhegion. Ein starker Wind bringt sie bis nach Puteoli, dem wichtigsten Hafen für Reisende nach Rom. In Puteoli treffen Paulus und seine Begleiter auf einige Gläubige. Die Christen in Puteoli laden Paulus ein, sieben Tage bei ihnen zu bleiben, und Julius gibt ihm die Erlaubnis dazu.

Von Puteoli aus werden Paulus und seine Begleiter auf der „Via Appia" (Straße des Appius) geleitet. Die Via Appia ist eine große Römerstraße, bekannt als die „Königin der langen Straßen". Als die Gemeinde in Rom erfährt, dass Paulus sich nahe der „Ewigen Stadt" befindet, kommen einige der Brüder ihm bis zur Stadt Tres Tabernae („Drei Tavernen") entgegen, die etwa 55 km südlich von Rom liegt, um ihn dort zu empfangen. Einige gehen noch gut 15 km weiter und begrüßen Paulus mit seinen Begleitern in Forum Appii.

Als Paulus die römischen Gläubigen trifft, ist er ermutigt und dankt Gott. (Erinnern wir uns: Vier Jahre zuvor hatte Paulus in seinem Brief an die Gemeinde in Rom den Wunsch geäußert, sie persönlich besuchen zu wollen. Allerdings hätte wohl keiner von ihnen erwartet, dass er als Gefangener nach Rom kommt!)

Die erste Gefangenschaft des Paulus in Rom

Schließlich erreicht Paulus Rom und wird unter Hausarrest gestellt. Er lebt in seiner eigenen Mietwohnung im dritten Stockwerk einer römischen *insula* (Apartment) und ist mit einer Kette am Handgelenk an einen Wächter gefesselt. Die Wache wechselt alle vier Stunden. Alle Wächter gehören zur Prätorianergarde, der persönlichen Leibwache des Kaisers.[9] Paulus wird bald zum Gesprächsthema unter ihnen. Dankenswerterweise erhält Paulus auch die Erlaubnis, Besucher zu empfangen.

Am dritten Tag lädt Paulus die Leiter der örtlichen jüdischen Gemeinschaft zu sich ein, da er nicht die Synagoge besuchen und zu ihnen kommen kann. Als die jüdischen Leiter eintreffen, stellt Paulus sich ihnen vor und berichtet kurz über die Ereignisse, die ihn nach Rom gebracht haben. Die jüdischen Leiter in Rom haben noch nie etwas über Paulus gehört. Niemand aus Judäa hat Briefe über ihn geschrieben, und kein Jude, der Judäa besucht hat, hat Schlechtes über ihn berichtet. Allerdings wissen die jüdischen Leiter von „den Christen", denen „überall widersprochen" wird. Sie wollen hören, was Paulus über den neuen Glauben zu sagen hat.

---

[9] Phil 1,13.

Sie vereinbaren einen Tag, an dem die jüdischen Leiter Paulus erneut besuchen wollen (der weiter unter Hausarrest steht), um von ihm das Evangelium zu hören. Es wird eine Marathon-Sitzung, die von früh morgens bis spät abends dauert. Als Paulus schließt, nehmen einige der Leiter seine Worte zu Herzen und lassen sich überzeugen. Andere weisen seine Botschaft offen zurück. Paulus kündigt an, dass er von nun an den Heiden predigen wird, da diese, anders als die Juden, die Botschaft annehmen werden. Die jüdischen Leiter sind sich uneins über die Botschaft des Paulus und gehen wieder.[10]

Die nächsten zwei Jahre führt Paulus das Werk, Jesus Christus zu predigen und zu lehren, von seiner *insula* aus weiter. Obwohl er unter Hausarrest steht, empfängt er alle, die ihn besuchen wollen, und genießt vollständige Redefreiheit.[11]

Die Gefangenschaft des Paulus führt zur weiteren Verbreitung des Evangeliums. Zum einen hören die Bewacher die Botschaft von Paulus selbst. Zum anderen fassen einige andere Gläubige durch seine Gefangenschaft Mut und wagen viel mehr, das Wort Gottes ohne Furcht weiterzusagen. Drittens gibt es einige Prediger, die neidisch darauf sind, wie erfolgreich Paulus das Evangelium in so kurzer Zeit an so vielen Orten verkündet hat. Nun, da Paulus festgehalten wird, glauben sie, seine Erfolge übertrumpfen zu können. Paulus' Reaktion auf diese irregeleiteten Seelen ist echte Freude darüber, dass das Evangelium verkündet wird – gleich aus welcher Motivation.[12]

Paulus ist inzwischen in die Jahre gekommen. Er ist inzwischen etwa 56 Jahre alt und hat damit ein für die Verhältnisse des ersten Jahrhunderts bereits sehr hohes Alter erreicht. Er muss für die Miete seiner *Insula* selbst aufkommen.[13] Lukas und Aristarch sind noch immer bei ihm und kümmern sich um seine Bedürfnisse.[14] Auch die folgenden Männer besuchen Paulus in Rom:

---

[10] Apg 28,12-29.

[11] Apg 28,30-31.

[12] Phil 1,12-18.

[13] Im Altertum sorgten die Gefängnisse nicht für Nahrung oder Bekleidung; diese Aufgabe fiel also der Familie oder den Freunden der Gefangenen zu.

[14] Kol 4,10.14.

- Tychikus aus Ephesus[15]
- Timotheus aus Lystra; er dient Paulus als sein Amanuensis (Schreiber)[16]
- Demas aus Thessalonich[17]
- Johannes Markus aus Jerusalem[18]

Krise in Kolossä

Die Gemeinde in Kolossä hat Probleme. Einige der Gläubigen kommen nicht miteinander zurecht und behandeln einander schlecht. Noch schlimmer, es sind falsche Lehrer in die Gemeinde eingedrungen und haben das Evangelium der Gnade unterhöhlt. Sie bringen eine bizarre Form jüdischer Gesetzlichkeit, gemischt mit einer gefälschten Spiritualität. Sie lehren die Kolosser Folgendes:

- Um Gottes „Fülle" erleben zu können, muss man die zeremoniellen Gesetze des Alten Testaments halten. Man muss besondere „heilige" Tage einhalten und darf nur „reine" Nahrung zu sich nehmen. Man muss beschnitten sein.
- Einheit mit Gott erweist sich durch mystische Visionen und Besuche von Engeln.
- Was man benutzt, schmeckt und/oder auch nur berührt, kann die Einheit mit Gott entweder fördern oder ihr schaden. Wer mit „unreinen" Dingen umgeht, sie isst oder berührt, verliert die Einheit mit Gott und kann niemals seine Fülle erleben.

Diese falschen Lehren haben sich auch bis zur Gemeinde in Laodizea verbreitet. Epaphras, der Gründer der Gemeinden in Kolossä und Laodizea, ist besorgt wegen dieses geistlichen Angriffs. Daher reist er nach Rom, um Paulus um Rat zu fragen. Zur selben Zeit flieht Onesimus, der Sklave Philemons. Aber er verschwindet nicht mit leeren Händen, sondern stiehlt Geld von Philemon – ein

---

[15] Eph 6,21; Kol 4,7.
[16] Kol 1,1; Phil 1,1; 2,19.
[17] Kol 4,14; Phlm 24.
[18] Phlm 24; Kol 4,10.

Kapitalverbrechen! Epaphras trifft auf Onesimus und nimmt ihn mit nach Rom, im Vertrauen, dass Paulus ihm helfen kann. Onesimus ist kein Christ, erinnert sich aber an Paulus als einen freundlichen Menschen und glaubt, dass dieser ihm helfen wird.

Auf seinem Weg nach Rom macht Epaphras (auch Epaphroditus genannt[19]) Halt in Philippi, um die dortige Gemeinde zu besuchen. Die Gemeinde in Philippi wird durch Epaphras sehr ermutigt und sie geben ihm ein kleines Vermögen als Liebesopfer für Paulus mit. Dies ist das vierte Mal, dass die Gemeinde in Philippi Paulus finanziell unterstützt. Die Philipper machen sich große Sorgen um Paulus und bitten Epaphras darum, ihnen über das Wohlergehen des Paulus zu berichten.

Epaphras und Onesimus reisen weiter nach Rom, doch Epaphras wird unterwegs sterbenskrank. Trotz seiner Krankheit besteht Epaphras jedoch darauf, um des Herrn willen nach Rom zu gelangen. Onesimus schickt eine Nachricht an die Gemeinde in Philippi, informiert sie von der Krankheit des Epaphras und bittet um Gebet für ihn.

Als Epaphras in Rom eintrifft, übergibt er Paulus das Geldgeschenk aus Philippi. Er berichtet Paulus von der Liebe der Philipper zu ihm und was sich bei ihnen in letzter Zeit getan hat.

Epaphras berichtet auch von der Gemeinde in Kolossä. Er erzählt voller Freude von der Liebe, welche die Gläubigen in Kolossä füreinander haben, geht aber auch ausführlich auf die Probleme der Gemeinden in Kolossä, Laodizea und Philippi ein. Außerdem lässt er Paulus wissen, dass Archippus – der Sohn von Philemon und Aphia – zutiefst entmutigt ist und aufgehört hat, den Ge-

---

[19] Epaphroditus und Epaphras scheinen ein und dieselbe Person zu sein. Siehe John L. McKenzie, S. J., *Dictionary of the Bible* (Macmillan Publishing, 1965), S. 239; Matthew Henry's *Commentary on the Whole Bible: Introduction to the Epistle to the Colossians.* Sowohl Epaphroditus (Phil 2,25; 4,18) als auch Epaphras (Phlm 23; Kol 1,7; 4,12) waren Mitarbeiter des Paulus, und beide waren während der Gefangenschaft bei Paulus in Rom. Epaphras gründete Gemeinden, und Paulus nennt Epaphroditus einen Apostolos (Phil 2,25). Diese Tatsachen legen nahe, dass es sich um dieselbe Person handelt. Außerdem taucht der Name sehr häufig bei lateinischen und griechischen Inschriften auf, sowohl in voller Länge als „Epaphroditus" als auch in der gekürzten Version als „Epaphras" (Lightfoot, *Philippians*, S. 123).

meinden in Kolossä und Laodizea so zu dienen, wie er es zuvor getan hatte.[20]

Als Paulus all die schlechten Nachrichten hört, kämpft er im Gebet um die Gemeinden sowohl in Kolossä als auch in Laodizea und Philippi. Onesimus, der ja zusammen mit Epaphras gekommen ist, wird von Paulus zu Christus geführt und erweist sich bald als ein echter Diener für Paulus, der sich immer mehr auf ihn verlässt.

Als die Gemeinde in Philippi von der Krankheit des Epaphras erfährt, schreiben sie Paulus einen Brief und fragen nach Epaphras' Gesundheitszustand. Paulus schreibt daraufhin drei Briefe, die er jeweils Timotheus diktiert.

Alle drei Briefe lässt Paulus durch Tychikus überbringen.[21] Er gibt Tychikus die Anweisung, die Gemeinden zu ermutigen und sie, was seine (Paulus') Gefangenschaft angeht, auf den neuesten Stand zu bringen.[22]

Onesimus kehrt mit Tychikus und einem Brief, den Paulus an Philemon schreibt, nach Kolossä zurück.[23]

Paulus schreibt den Kolosserbrief

Zeitpunkt: 61 n. Chr.
Ort: Rom
Adressat: Die Gemeinde in Kolossä (die zu diesem Zeitpunkt etwa 4 Jahre alt ist)

Anlass: Paulus geht auf das falsche Evangelium ein, dass in Kolossä Eingang gefunden hat. Dazu entfaltet er vor den Christen in Kolossä ein unvergleichliches Bild des kosmischen Christus, der das Haupt seines Leibes ist. Paulus bekämpft die Irrlehre, indem er verkündet, dass die ganze Fülle Gottes in Christus wohnt und dass die Gläubigen in Kolossä durch Jesus die Einheit mit Gott *bereits*

---

[20] Phlm 1-2.

[21] Kol 4,7; Eph 6,21.

[22] Dieses Szenario ergibt sich aus den Worten des Paulus in den Briefen an die Kolosser und an Philemon.

[23] Kol 4,9. Nach der Überlieferung wurde Onesimus ein Ältester in der Gemeinde von Ephesus. Zweifellos hat Philemon ihn also freigelassen. Hätte er dies nicht getan, würde der Brief des Philemon nicht länger existieren.

besitzen, unabhängig von religiösen Werken oder mystischen Erfahrungen. Paulus schließt den Brief mit der Ermahnung an die Christen in Kolossä, in dem neuen Menschen zu wandeln und einander in Liebe, mit Vergebung und Respekt zu ertragen. Dann fügt er noch Grüße von einigen der Leute, die bei ihm sind, hinzu und bittet die Gemeinde darum, diesen Brief auch in der Gemeinde in Laodizea vorlesen zu lassen, die sich im Haus der Nympha versammelt. Im Gegenzug soll der Brief für Laodizea auch an die Kolosser weitergeleitet und auch dort vorgelesen werden. (Der Brief an die Gemeinde in Laodizea ist verloren gegangen; manche Gelehrte glauben jedoch, dass es sich dabei um unseren Epheserbrief handelt.)

Lesen Sie nun den Kolosserbrief

Paulus schreibt den Brief an Philemon

Zeitpunkt: 61 n. Chr.
Ort: Rom
Adressat: Philemon, in dessen Haus sich die Gemeinde in Kolossä versammelt

Anlass: Nachdem er Philemon samt dessen Frau Apphia und Sohn Archippus gegrüßt hat, informiert Paulus als der „betagte" Gefangene Jesu Christi Philemon davon, dass Onesimus nun ein Bruder im Herrn ist. Da Onesimus geflohen ist und seinen Herrn (Philemon) bestohlen hat, erwartet ihn eine schwere Strafe. (Entlaufenen Sklaven wurde der Buchstaben „F" für fugitive – „Flüchtiger" – in die Haut gebrannt und sie wurden sehr grob behandelt.) Paulus legt Philemon sehr deutlich nahe, er solle Onesimus vergeben, ihn aus dem Sklavenstand entlassen und zurück zu Paulus schicken, um ihm im Gefängnis zu helfen. Paulus verspricht, alles Geld zurückzuzahlen, das Onesimus Philemon schuldet. Im gesamten Brief erinnert Paulus Philemon daran, dass er ihn zu Christus geführt hat und Philemon ihm somit sein Leben verdankt. Paulus ist zuversichtlich, dass er wieder aus dem Gefängnis entlassen wird und bittet deshalb Philemon darum, ein Zimmer bereitzuhalten für den Zeitpunkt, wenn er die Gemeinde besuchen kommt.

Lesen Sie nun den Brief an Philemon

Paulus schreibt den Epheserbrief

Zeitpunkt: 61 n. Chr.
Ort: Rom
Adressat: Ein Rundbrief an die Gemeinden in Kleinasien, insbesondere diejenigen im Lykos-Tal (die etwa 4 Jahre alt sind). In den ältesten Manuskripten fehlen die Worte „in Ephesus", und im gesamten Brief gibt es keine persönlichen Grüße.

Anlass: Dieser Brief ist die Krönung von Paulus' Dienst, „das göttlichste von Menschen verfasste Werk" und der „Gipfelpunkt der Heiligen Schrift". Während der Kolosserbrief sich um *Christus als das Haupt* dreht, geht es im Epheserbrief um *Christus als den Leib*. Epheser ist eine einzigartige Präsentation von Gottes ewigem Ratschluss und den unausforschlichen Reichtümern, die wir in Christus ererbt haben.

Paulus beginnt damit, den Reichtum der Gemeinde zu enthüllen, die mit Christus in der Himmelswelt *sitzt* (Kapitel 1–3). Er fährt damit fort, die Gemeinde in ihrem *Wandel* in dieser Welt zu ermahnen (Kapitel 4–5), und schließt, indem er darauf eingeht, wie die Gemeinde im Kampf gegen den Feind siegreich sein kann (Kapitel 6).

Lesen Sie nun den Epheserbrief

Lukas verlässt Rom und reist nach Philippi, wo er bei der Gemeinde bleibt.[24] Titus reist auf die Insel Kreta und legt dort den Grundstein für eine Reihe von Gemeinden.

Krise in Philippi (Frühjahr 62 n. Chr.)

Nach einiger Zeit entscheidet sich Paulus, die Probleme in Philippi anzugehen, von denen ihm Epaphras berichtet hat. Es geht dabei um Folgendes:

- Es gibt unter den Gläubigen Streit, Murren und Auseinandersetzungen, deren Wurzel Stolz und Eifersüchteleien sind. Besonders zwei Schwestern, Evodia und Syntyche, leben in erbittertem Streit. (Zusammen mit Clement haben diese beiden Frauen Paulus jedes Mal bei der Arbeit für das Evangelium geholfen, wenn er in Philippi war.)
- Die Philipper leiden unter Verfolgung durch ihre heidnischen Mitbürger, die *Libertiner* sind. (Diese sind für ihren zügellosen Lebensstil und ihre Hingabe an fleischliche Gelüste bekannt.)
- Die Philipper werden auch durch jüdische Missionare aufgestachelt, die sie dazu drängen, sich beschneiden zu lassen und sich dem mosaischen Gesetz zu unterwerfen.
- Epaphras erholt sich von seiner Krankheit und Paulus schickt ihn zurück nach Philippi. Paulus plant, auch Timotheus nach Philippi zu schicken, sobald er das Ergebnis seines bevorstehenden Verfahrens kennt. Er möchte, dass Timotheus ihm über die zwischenzeitliche Entwicklung der Gemeinde berichtet. Paulus ist zuversichtlich, dass er freigelassen wird, und plant, die Gemeinde in Philippi zu besuchen, wenn es so weit ist. Der Philipperbrief ist Paulus' letzter Brief an eine Gemeinde, den wir im Neuen Testament finden[25].

---

[24] Im Philipperbrief spricht Paulus jemanden an, den er als seinen „wahren Gefährten" bezeichnet (Phil 4,3). Viele Gelehrte sind der Ansicht, dass damit Lukas gemeint ist.

[25] Dieses Szenario ergibt sich aus den Worten des Paulus im Philipperbrief.

Paulus schreibt den Philipperbrief

Zeitpunkt: 62 n. Chr.
Ort: Rom
Adressat: Die (damals etwa 12 Jahre alte) Gemeinde in Philippi

Anlass: Paulus möchte die Philipper wissen lassen, wie es ihm in Rom ergeht. Er hält sie über Epaphras (Epaphroditus) auf dem Laufenden und schreibt, dass er ihn bald nach Philippi zurücksenden will. Paulus ermutigt die Gemeinde angesichts der Verfolgung. Ihren Streitereien begegnet er, indem er ihnen Christus neu vor Augen malt – seine Demut und seinen Verzicht auf Selbsterhaltung. Paulus mahnt die Gemeinde dringend zur Wachsamkeit gegenüber den Judaisierern (die „Verstümmelungspartei", wie er sie nennt) und gegenüber den heidnischen Libertinern.

Er berichtet von seinem Plan, Timotheus zu ihnen zu senden, sobald er eine klarere Vorstellung von seiner eigenen Zukunft hat. Zu dieser gehört auch sein Wunsch, sie nach seiner Freilassung aus dem Gefängnis zu besuchen. Paulus spricht Lukas direkt an und bittet ihn darum, zwei Schwestern in der Gemeinde zu helfen, sich zu versöhnen und wieder in Harmonie miteinander zu leben (Kapitel 4,3). Er beendet den Brief mit einem Dank an die Gemeinde für ihre großzügige finanzielle Gabe.

Ein Höhepunkt des Briefes findet sich in Kapitel 2,6-11, wo Paulus ein altes christliches Lied über die Fleischwerdung Jesu Christi zitiert.

Lesen Sie nun den Philipperbrief

Der Märtyrertod des Jakobus (des Halbbruders Jesu)

Porcius Festus stirbt noch während seiner Amtszeit. Albinus wird zu seinem Nachfolger bestimmt, doch dauert es mindestens fünf Wochen, bis die Nachricht von Judäa nach Rom gelangt, und weitere fünf Wochen, bis Albinus von Rom nach Judäa gelangt. In dieser dreimonatigen Wartezeit beruft der Hohepriester Ananus[26] den Hohen Rat ein und stellt „Jakobus den Gerechten" (den Halbbruder Jesu) und einige andere in Jerusalem vor den Rat. Ananus klagt Jakobus vor dem Hohen Rat an, gegen das Gesetz gelästert zu haben. Jakobus wird auf die Zinne des Tempels geführt und hinabgestürzt, mit Keulen geschlagen und zu Tode gesteinigt.

Da Jakobus in Jerusalem als „thoratreuer Jude" hoch geachtet war, sind die unvoreingenommenen Juden in der Stadt über seine Hinrichtung höchst aufgebracht. Als Albinus sein Amt antritt, wird Ananus wegen illegaler Einberufung des Hohen Rates abgesetzt.[27]

---

[26] Ananus wurde auch Annas (Hannas) genannt. Er ist der Sohn des Hohepriesters gleichen Namens, der in den Evangelien erwähnt wird (Joh 18,13.24).

[27] Von dieser Begebenheit erfahren wir durch den jüdischen Geschichtsschreiber Josephus und den Kirchenhistoriker Eusebius.

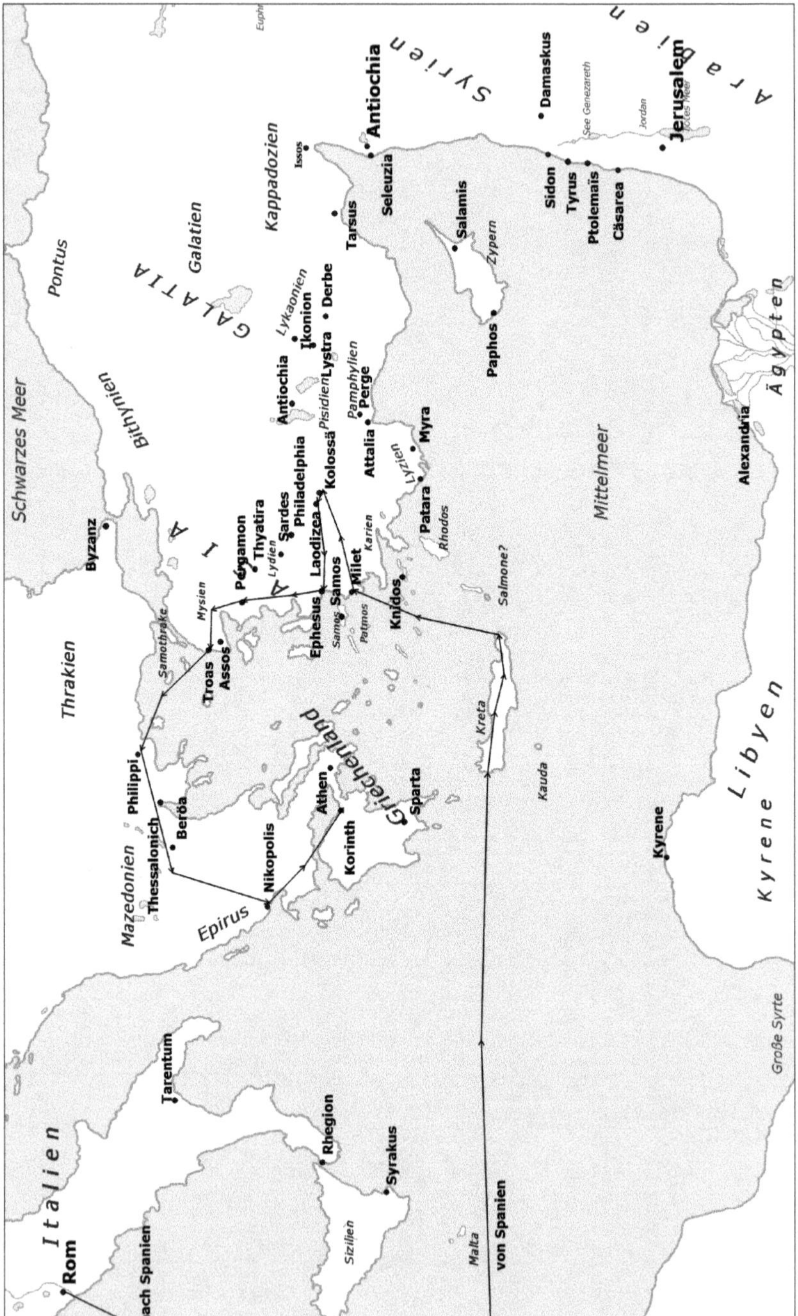
Schwarzes Meer
Pontus
Bithynien
Galatien
GALATIA
Kappadozien
Syrien
Arabien
Antiochia
Damaskus
See Genezareth
Jordan
Jerusalem
Totes Meer
Issos
Seleuzia
Tarsus
Lykaonien
Ikonion
Derbe
Lystra
Antiochia
Pisidien
Pamphylien
Perge
Attalia
Myra
Lyzien
Patara
Rhodos
Salamis
Zypern
Paphos
Sidon
Tyrus
Ptolemaïs
Cäsarea
Ägypten
Alexandria
Mittelmeer
Byzanz
Thrakien
Samothrake
Mysien
ASIA
Pergamon
Thyatira
Sardes
Philadelphia
Lydien
Kolossä
Laodizea
Karien
Milet
Samos
Ephesus
Patmos
Knidos
Salmone?
Troas
Assos
Philippi
Beröa
Thessalonich
Mazedonien
Epirus
Nikopolis
Korinth
Athen
Griechenland
Sparta
Kreta
Kauda
Libyen
Kyrene
Große Syrte
Italien
Rom
nach Spanien
Tarentum
Rhegion
Syrakus
Sizilien
Malta
von Spanien

Kapitel 13

Die Chronik der Zeit nach der Gefangenschaft

63–70 n. Chr.

Denn ich werde schon als Trankopfer gesprengt, und die Zeit meines Abscheidens steht bevor. Ich habe den guten Kampf gekämpft, ich habe den Lauf vollendet, ich habe den Glauben bewahrt; fortan liegt mir bereit der Siegeskranz der Gerechtigkeit, den der Herr, der gerechte Richter, mir geben wird an jenem Tag: nicht allein aber mir, sondern auch allen, die sein Erscheinen liebgewonnen haben (2 Tim 4,6-8).

Vorschau auf die vierte apostolische Reise des Paulus

Dauer: 2 Jahre
Zeitpunkt: 63–65 n. Chr.
Wegstrecke: unbekannt

Gegründete Gemeinden (2) und Zeitbedarf:
Nikopolis: unbekannt
Milet: unbekannt

Petrus und Silas waren einige Zeit im Nordwesten Kleinasiens entlang des Schwarzen Meeres unterwegs (in der heutigen Türkei) – insbesondere in den Gegenden von Pontus, Nordgalatien, Kapadozien und Bithynien. Dort gibt es einige gemischte Gemeinden aus juden- und heidenchristlichen Gläubigen.[1] Nun kommen

[1] 1 Petr 1,1. Der Herr hatte nicht zugelassen, dass Paulus in einigen dieser Gegenden diente (Apg 16,6-10). Pontus und Bithynien bilden zusammen eine Provinz. Sie

Petrus und Silas nach Rom, wo sie sich mit Johannes Markus zusammentun.[2]

63 n. Chr.

Nachdem Paulus in Rom zwei Jahre unter Hausarrest verbracht hat, wird er aufgrund mangelnder Beweise gegen ihn freigelassen. Nach seiner Freilassung unternimmt Paulus seine lang ersehnte Reise nach Spanien.[3] Der Besuch ist nur kurz und es werden keine Gemeinden gegründet.[4]

Paulus reist wieder nach Südosten und trifft Titus auf der Insel Kreta. Beide Männer dienen den Gemeinden auf der Insel. Diese Gemeinden erleben gerade einen Angriff durch falsche Lehren und sind deshalb im Zerfall begriffen. Paulus lässt Titus auf der Insel zurück, um die Gemeinden zu stärken und um Aufseher (Älteste) auszuwählen, die in der Lage sind, nach seiner Abreise für die Gemeinden zu sorgen.

Paulus reist nach Nordosten weiter und verbringt einige Zeit in Kleinasien. Er besucht Milet und verkündet dort das Evangelium. Paulus schickt eine Nachricht an Trophimus in Ephesus, er solle zu ihm nach Milet kommen und ihm helfen. Trophimus kommt zu ihm, und in Milet entsteht eine Gemeinde – eine Gemeinschaft, die Jesus Christus zum Ausdruck bringt. Leider wird Trophimus krank. Paulus macht sich auf den Weg nach Kolossä, wie er es versprochen hat,[5] muss Trophimus aber in Milet zurücklassen.[6]

Timotheus benachrichtigt Paulus in Kolossä, dass die Gemeinde von Ephesus von falschen Lehrern heimgesucht wird. Paulus trifft sich in Ephesus mit Timotheus und schließt zwei Männer aus der

---

werden in 1 Petr 1,1 jedoch einzeln aufgeführt, da die Liste des Petrus die Reiseroute aufzeigt, auf welcher er zusammen mit Silas diese Gemeinden besucht hat.

[2] 1 Petr 5,12-13. Petrus betrachtet Johannes Markus wie einen Sohn.

[3] Röm 15,24-28. Nach Angaben von Clemens von Rom (96 n. Chr.) und des Muratorischen Kanons aus dem zweiten Jahrhundert reiste Paulus nach der Entlassung aus seiner ersten römischen Gefangenschaft nach Spanien.

[4] Indem Paulus nach Spanien ging, erfüllte er Christi Auftrag an ihn (Apg 13,47). Er brachte das Evangelium zu den „Enden der Erde". Historisch gesehen gibt es keine Gemeinde in Spanien, die beansprucht, von Paulus gegründet worden zu sein. Daher nehmen wir an, dass diese Reise wenig Frucht brachte.

[5] Phlm 22.

[6] 2 Tim 4,20.

Gemeinde aus: Hymenäus und Alexander. Diese Männer lästern Gott und lehren, die Auferstehung habe bereits stattgefunden. Sie sind nicht zur Umkehr bereit, sodass Paulus keine andere Wahl hat, als sie aus der Gemeinde hinauszuwerfen, da sie dem Glauben einiger Gemeindeglieder schaden.[7] Alexander, ein Schmied, wendet sich aus Rache gegen die Botschaft des Paulus und verursacht damit großen Schaden.[8] Ein Bruder aus der Gemeinde in Ephesus mit dem Namen Onesiphorus ist Paulus in dieser Situation eine große Hilfe.[9]

Paulus lässt Timotheus in Ephesus und gibt Anweisungen, wie die falschen Lehrer in der Gemeinde zu bekämpfen sind, die voller Ehrgeiz das Gesetz verkünden (und doch selbst so wenig darüber wissen). Diese Männer lehren Fabeln, die den Schöpfungsbericht verdrehen, und debattieren über Geschlechtsregister.[10] Paulus reist ab nach Mazedonien.

Auf dem Weg nach Mazedonien besucht Paulus die Gemeinde in Troas und wohnt dort im Haus des Karpus. Dann verlässt Paulus Troas, lässt aber seinen Wintermantel, einige Schriftrollen und mehrere Pergamente bei Karpus zurück.[11] Paulus erreicht Mazedonien und besucht die Gemeinde in Philippi, wie er es sich während seiner Zeit im Gefängnis vorgenommen hat.[12]

Krise in Ephesus

Trotz der Bemühungen des Timotheus, die Gemeinde in Ephesus neu auf Christus auszurichten, verschärfen sich die Probleme. Die

---

[7] 1 Tim 1,20; 2 Tim 2,17-18. Auch Philetus verbreitete die Irrlehren, verließ die Gemeinde vermutlich aber von selbst.

[8] 2 Tim 4,14-15.

[9] 2 Tim 1,16-18.

[10] 1 Tim 1,3-7; 2 Tim 4,4.

[11] Diese Schriftrollen waren möglicherweise Bücher aus dem Alten Testament, während es sich bei den Pergamenten um „Notizbücher" handelte. Vermutlich enthielten sie Notizen, die Paulus bei seinem Dienst in den verschiedenen Gemeinden benutzt hatte. Möglicherweise waren dies auch Kopien früherer Briefe, die er an die Gemeinden geschrieben hatte. Zu dieser Zeit war es üblich, von verschickten Briefen eine Kopie aufzubewahren.

[12] Phil 1,19.25; 1 Tim 1,3.

Warnung des Paulus an die Ältesten in Ephesus erfüllt sich schließlich: Fünf Jahre zuvor hatte er sie gewarnt, es würden „Wölfe" in die Gemeinde eindringen und die Jünger mit verdrehten Lehren an sich binden.[13]

Die Wölfe sind nun in Ephesus aufgetaucht.[14] Die Irrlehre, die sie verbreiten, ist eine Art von jüdischem Proto-Gnostizismus. (Der eigentliche Gnostizismus wird dann im zweiten Jahrhundert erscheinen. Nach der Lehre der Gnosis wird die volle Erlösung durch besonderes geheimes Wissen – die *gnosis* – erreicht, welches nur die Eingeweihten besitzen. In Ephesus ist offenbar eine Vorform dieser Irrlehre aufgetaucht.[15] Die „Wölfe" lehren Folgendes:

- Es ist eine Sünde, Fleisch zu essen oder zu heiraten.[16]
- Eva ist sowohl Vermittlerin als auch Erlöserin und hat bereits vor Adam existiert.[17]
- Der Mann kam nur durch die Frau in Existenz und empfing durch die Frau Erleuchtung. Da Eva als Erste vom Baum der Erkenntnis gegessen hat, ist sie Trägerin eines besonderen spirituellen Wissens (genannt „Gnosis").[18]
- Frauen sind berufen, Menschen in die Erleuchtung der Gnosis zu führen, welche durch den Baum der Erkenntnis repräsentiert wird. Diese Erlösung hat die Auswirkungen des Sündenfalls vollständig rückgängig gemacht, sodass der Mensch nicht mehr länger weltlicher Autorität untersteht und die Frau nicht mehr ihrem Ehemann.[19]

Diejenigen in der Gemeinde von Ephesus, welche diese Irrlehre angenommen haben, bevorzugen die Leitung von Frauen über die Männer. Anfangs wurde diese falsche Lehre in Ephesus von

---

[13] Apg 20,28-30.

[14] 1 Tim 1,3-7; 6,3-5.

[15] Paulus bezieht sich auf diese Irrlehre, wenn er Timotheus schreibt: *„Meide das gottlose Geschwätz und die widersprüchlichen Vorstellungen der fälschlich so bezeichneten Weisheit"* (1 Tim 6,20).

[16] 1 Tim 4,1-3.

[17] Paulus weist dieses Konzept 1 Tim 2,5.13-14 scharf zurück.

[18] Dies lehrten die Gnostiker des zweiten Jahrhunderts nach Christus.

[19] Paulus widerspricht dieser Vorstellung in 1 Tim 2,9-15.

männliche Lehrern verbreitet,[20] aber sie findet schnell fruchtbaren Boden unter den Frauen der Gemeinde[21].

Die Häuser der Frauen in Ephesus bieten ein Netzwerk, über das sich die Irrlehre mittels „Klatsch und Tratsch“ sehr schnell verbreitet[22]. Einige Frauen lehren die Irrlehre in den Gemeindetreffen und herrschen (dominieren) über die Männer. Sie haben auch die Vorstellungen der „neuen Frauen“ des Römischen Reiches übernommen. Sie kleiden sich auf eine unanständige und manipulierende Art (vergleichbar mit Prostituierten) und widersetzen sich anderen anerkannten Normen in Bezug auf Ehe und Familie[23].

Es gibt auch Unklarheiten darüber, wie die Gemeinde für Witwen sorgen soll.[24] Einige der Witwen haben die Irrlehren angenommen und andere haben noch Familienmitglieder, die in der Lage sind, für sie zu sorgen. Noch schlimmer ist, dass einige der jüngeren Witwen, die sich gegen eine erneute Heirat entschieden haben, sehr freizügig leben.

Daher möchte Timotheus wissen, für welche Witwen die Gemeinde sich verantwortlich fühlen sollte. Außerdem vertrauen einige der reicheren Brüder in der Gemeinde auf ihren Besitz und verführen ihre ärmeren Brüder dazu, ebenfalls nach Reichtum zu streben.

---

[20] 1 Tim 1,20; 2 Tim 2,17.

[21] 1 Tim 4,7; 2 Tim 3,6-9.

[22] 1 Tim 3,11; 5,13-15.

[23] Unter dem alten römischen Gesetz war man das, was man anhatte. Wie Ehefrauen sich in der Öffentlichkeit kleideten, sandte deutliche Signale an die Männer – dass sie entweder keusche oder entsprechend freizügige Frauen waren. Wie bereits erwähnt, waren die „neuen Frauen“ des Römischen Reiches emanzipierte verheiratete Frauen, die ihr gesellschaftliches Leben auf Kosten ihrer Familien führten und die bisher akzeptierten Normen der ehelichen Treue und Zurückhaltung verwarfen. Sie waren sexuell freizügig und kleideten sich, um zu verführen.
Da Paulus ein Befreier der Frauen war, ist es nicht schwer zu verstehen, weshalb manche christlichen Frauen seine Sicht von der Freiheit der Frau mit den unmoralischen Vorstellungen der „Neuen Frauen“ in Zusammenhang brachten. Siehe auch Bruce Winters Buch „Roman Wives, Roman Widows: The Appearance of New Women and the Pauline Communities“ (Eerdmans), Kapitel 6-7.

[24] Etwa 40 % der Frauen zwischen 40 und 50 waren verwitwet. Diese Gruppe stellte fast ein Drittel der Frauen in der antiken Welt dar. Die christliche Gemeinde in Ephesus entschied, dass nur Frauen im Alter von mindestens 60 Jahren von der Gemeinde versorgt werden sollten.

Die Gemeinde in Ephesus steckt in einer tiefen Krise und Timotheus schreibt Paulus darüber. Als Paulus diese Nachrichten hört, möchte er am liebsten nach Ephesus zurückkehren. Doch er kann nicht. Daher antwortet er Timotheus mit einem Brief.[25]

Paulus schreibt den 1. Timotheusbrief

Zeitpunkt: 63 n. Chr.
Ort: Philippi in Mazedonien
Adressat: Timotheus, der sich in Ephesus aufhält

Anlass: In diesem Brief erinnert Paulus Timotheus daran, wie sich Gläubige in der Gemeinschaft verhalten sollten (3,15). Er ermutigte Timotheus dazu, in seinem Dienst treu zu sein, und ermahnt ihn, gegen die vorgnostische Irrlehre zu kämpfen, die sich in Ephesus wie ein Krebsgeschwür verbreitet. Er gibt Timotheus ganz praktische Anweisungen dafür, wie das zu tun ist. Eine Lösung ist es, bei den Gemeindetreffen diejenigen Frauen nicht mehr lehren zu lassen, welche falsche Lehren verbreiten. Er spricht auch das Problem der Frauen in Ephesus an, die in ihrem Kleidungsstil die Vorstellungen der „Neuen Frauen" übernommen haben (2,9 ff.). Paulus zeigt die Notwendigkeit auf, neue Aufseher (Älteste) auszuwählen (3,1 ff.), und fordert die Gemeinde dazu auf, denjenigen Aufsehern Respekt entgegenzubringen, die der Gemeinde auf eine gute Weise dienen (5,17 ff.). Er stellt den Geist bloß, der hinter der gegenwärtigen Irrlehre steht, und sagt voraus, dass sich das in der Zukunft noch ausweiten wird (4,1 ff.).

Paulus ermahnt Timotheus, sich nicht wegen seines noch jungen Alters verachten zu lassen, sondern stattdessen angesichts der Irrlehre mutig die Wahrheit auszurufen. Er gibt Timotheus auch Anweisungen darüber, wie für die Witwen gesorgt werden soll (5,1 ff.). Paulus schließt seinen Brief mit Ermahnungen an die Streitsüchtigen und die Wohlhabenden (6,3 ff.).

Lukas ist bei Paulus und dient ihm beim Schreiben des Briefes als sein *Amanuensis*. Dieser Brief, genau wie der Titusbrief und der zweite Timotheusbrief, sind an Mitarbeiter des Paulus geschrieben,

[25] Dieses Szenario ergibt sich aus den Worten des Paulus im 1. Timotheusbrief.

nicht an Gemeinden. Dies und die Tatsache, dass Lukas die Briefe niederschreibt, ist Ursache für die Einzigartigkeit in Vokabular und Stil der sogenannten „Pastoralbriefe". (Die Bezeichnung der beiden Timotheusbriefe und des Titusbriefes als „Pastoralbriefe" oder „Pastorale" ist eigentlich falsch. Diese Bezeichnung trat erst im 18. Jahrhundert auf. Timotheus und Titus waren keine Pastoren, sondern apostolische Arbeiter.) Während Paulus für den Inhalt verantwortlich war, prägt Lukas die Wortwahl und den Schreibstil.

Lesen Sie nun den 1. Timotheusbrief

Lukas schreibt die Apostelgeschichte

Zeitpunkt: 63 n. Chr.
Ort: Mazedonien
Adressat: Theophilus und die Heidenchristen

Anlass: Die Apostelgeschichte ist ein chronologischer Bericht des Aufstiegs und der Entwicklung des Christentums in den ersten 30 Jahren. Sie stellt keine Biografie des Paulus dar. Lukas schreibt die Apostelgeschichte, um die frühe christliche Bewegung zu legitimieren (wobei er die zeitgenössischen Einwände widerlegt) und um aufzuzeigen, wie sie sich bis nach Rom ausgebreitet hat. Aus diesem Grund endet die Apostelgeschichte mit der Ankunft des Paulus in Rom.

Lukas zeigt ebenso auf, dass der christliche Glaube die Erfüllung des Judentums ist und ihm somit dieselben Freiheiten zustehen, die das Römische Reich dem Judentum zugesteht.

Lukas schreibt auch zur Erbauung der Gemeinden. Die Apostelgeschichte ist der zweite Band seines zweiteiligen Werkes (Lukasevangelium / Apostelgeschichte), welches die Historizität des christlichen Glaubens beschreibt.

Timotheus gerät in Schwierigkeiten mit der Obrigkeit in Ephesus und wird ins Gefängnis gesteckt[26]

Der Brand in Rom (19. Juli 64 n. Chr.)

Neun Tage lang wütet in Rom ein Großbrand und zerstört zehn der vierzehn Stadtteile. Geschäfte, Wohnungen und Tempel im Herzen der Stadt werden vernichtet. Gerüchte machen Kaiser Nero für den Brand verantwortlich, weshalb dieser nach einem Sündenbock sucht, um die Aufmerksamkeit von sich selbst wegzulenken. Da die Christen überall in der Stadt verachtet werden, schiebt Nero ihnen die Schuld für den Brand in die Schuhe und behauptet, sie hätten die Stadt angezündet, um ihre Prophezeiungen zu erfüllen.

Die römischen Christen werden von den übrigen Bürgern Roms sofort als vogelfrei betrachtet und deshalb schikaniert. Obwohl sie für ihren Glauben noch nicht gleich mit dem Leben bezahlen müssen, nimmt die Unterdrückung immer mehr zu. Einige der Judenchristen beginnen wieder die Synagoge zu besuchen, um der Verfolgung zu entgehen[27]. Sie kehren zurück unter das Gesetz, denn das scheint sicherer zu sein.[28] Timotheus wird aus dem Gefängnis entlassen.[29]

Der Hebräerbrief wird geschrieben

Zeitpunkt: 64 n. Chr.
Von: Unbekannt, vermutlich Apollos, Barnabas oder Silas
Adressat: Die griechischen (hellenistischen) Judenchristen in Rom

Anlass: Der Schreiber ermutigt die jüdischen Gläubigen unter Verfolgung und legt dar, dass sie nicht mit einem Fuß im jüdischen Lager und mit dem anderen auf der Seite Christi stehen können. Er argumentiert: „Lasst uns zu ihm hinausgehen, außerhalb des

[26] Hebr 13,23.

[27] Bereits fünfzehn Jahre zuvor hatten die Judenchristen in Rom öffentliche Misshandlungen und Enteignungen erlebt, als Claudius sie im Jahr 49 n. Chr. aus der Stadt verbannte (Hebr 10,32-34).

[28] Der jüdische Glaube wird vom römischen Gesetz geschützt, während das Christentum sehr schnell als eine vom Judentum getrennte Sekte betrachtet wird.

[29] Dieses Szenario lässt sich durch „Spiegellesen" aus dem Hebräerbrief ableiten.

Lagers, und seine Schmach tragen!" Das Buch enthält fünf Einschübe mit Warnungen gegen den Abfall vom Glauben – beispielsweise Christus zu verlassen und zu Sünde und Gesetz zurückzukehren (Kapitel 2,1-4; 3,7-4.13; 5,11–6,20; 10,26-39; 12,15-29).

Das wunderbare eigentliche Thema, welches sich deutlich durch den ganzen Brief zieht, ist der hohepriesterliche Dienst Jesu Christi. Jesus Christus ist der erhabene und einzige wirkliche Vermittler zwischen Gott und den Menschen. Er ist der Urheber eines *Neuen Bundes*, welcher dem *Alten Bund* weit überlegen ist. Der Neue Bund ist der „bessere" Bund, der eine „bessere" Hoffnung, „bessere" Verheißungen und ein „besseres" Opfer in einem „vollkommeneren" Heiligtum mit sich bringt. Der Verfasser schließt den Brief, indem er seinem Verlangen Ausdruck verleiht, die Gemeinde zu besuchen, und er übermittelt Grüße von denjenigen italienischen Christen, die sich zu diesem Zeitpunkt mit dem Verfasser außerhalb Italiens aufhalten.

Lesen Sie nun den Hebräerbrief

Die Verfolgung unter Nero (Frühjahr 65 n. Chr.)

Der Massenmord Neros an den Christen beginnt. Im Lauf der nächsten drei Jahre wird Nero die Christen auf so unsagbar grausame Weise verfolgen, dass sogar die Römer selbst Mitleid mit ihnen empfinden. Er lässt einige in die Haut von wilden Tieren einnähen und von Hunden zu Tode hetzen. Andere lässt er in mit Wachs getränkte Tücher wickeln, an die Bäume in seinem Garten binden und als menschliche Fackeln anzünden.[30] Aufgrund dieser Hinrichtungen ist die Gemeinde in Rom geschrumpft. Priszilla und Aquila siedeln nach Ephesus über und helfen dort Timotheus, für die Gemeinde zu sorgen. Die Christenverfolgung verbreitet sich über das gesamte Römische Reich und dauert bis ins Jahr 68 n. Chr. an, als Nero aus Rom verbannt wird und Selbstmord begeht.

---

[30] Der römische Geschichtsschreiber Tacitus beschreibt das Blutbad sehr plastisch.

Krise auf Kreta

Paulus ist noch immer in Mazedonien, wo ihn Apollos zusammen mit einem Anwalt namens Zenas besucht. Paulus erhält derweil Nachricht von Titus aus Kreta, dass die Gemeinden auf der Insel die Krise noch nicht überwunden haben. Der Einfluss der falschen Lehrer nimmt weiter zu. Sie verbreiten dieselben Irrlehren, gegen die Timotheus in Ephesus ankämpft. Einige ermuntern sogar zu Rebellion und zu einem unmoralischen Lebensstil. (Die Kreter als Volk sind bekannt für ihre Lügen, ihren Hang zu wilden Festen und zur Völlerei.)[31] Als Folge davon zerbrechen einige Familien.

Insbesondere sind sowohl die jungen als auch die älteren Männer in der Gemeinde vom kretischen Lebensstil beeinflusst und üben keinerlei Selbstbeherrschung. Einige von ihnen begehren gegen die lokale Obrigkeit auf. Ein paar der älteren Frauen beteiligen sich an übler Nachrede und Weingelagen. Paulus fühlt sich gedrängt, an Titus zu schreiben und ihm weitere Hilfestellung für den Umgang mit der Krise zu geben.[32]

Paulus schreibt den Titusbrief

Zeitpunkt: 65 n. Chr.
Ort: Mazedonien
Adressat: Titus, der auf Kreta ist

Anlass: Paulus ermutigt Titus dazu, in den Gemeinden auf Kreta das zu stärken, was noch übrig ist. Er gibt ihm praktische Hilfestellung für die Auswahl von Ältesten (Titus 1,5 ff.). Paulus weist Titus an, diejenigen zum Schweigen zu bringen, welche die Irrlehren in Kreta verbreiten, und dass er die Gläubigen an die Wahrheit, die in Christus ist, erinnern und damit ermutigen soll (1,10-3,11).

Am Schluss des Briefes bittet er Titus, ihn im Winter in Nikopolis zu treffen, und verspricht, Tychikus oder Artemas zu schicken, um ihn in Kreta abzulösen. Paulus sendet den Brief durch Apollos und den

---

[31] In seinem Brief an Titus zitiert Paulus den kretischen „Propheten" Epimenides mit dessen Worten: „Kreter sind immer Lügner, böse, wilde Tiere, faule Bäuche" (Tit 1,12).

[32] Dieses Szenario ergibt sich aus dem Titusbrief und aus dem 2. Timotheusbrief.

Anwalt Zenas und bittet Titus darum, während ihres Aufenthaltes auf Kreta für die beiden zu sorgen. Lukas schreibt den Brief nieder.

Lesen Sie nun den Titusbrief

Apollos und Zenas reisen nach Kreta und überbringen Titus den Brief. Paulus reist über den Winter nach Nikopolis in Griechenland.[33] Dort pflanzt er eine Gemeinde – eine Gemeinschaft, die Gottes Wesen zum Ausdruck bringt. Paulus entsendet Tychikus nach Kreta, um Titus abzulösen.[34]

Nachdem Tychikus in Kreta eingetroffen ist, stößt Titus in Nikopolis zu Paulus und hilft ihm bei der Gründung der neuen Gemeinde. Als der Winter vorüber ist, machen Paulus und Titus sich auf den Weg nach Korinth, um die Gemeinde dort zu besuchen. Anschließend reisen sie nach Ephesus und bitten Erastus, sie zu begleiten. Allerdings kann Erastus nicht mitkommen und bleibt in Korinth.[35]

Die zweite Gefangenschaft des Paulus in Rom

Die Verfolgung unter Nero breitet sich auch außerhalb von Rom immer weiter aus. Auf seinem Weg nach Ephesus wird Paulus verhaftet und nach Rom gebracht, wo er erneut im Gefängnis landet. Dieses Mal erhält Paulus nicht die Freiheiten eines Hausarrests, wie es bei seiner ersten Gefangenschaft der Fall war. Stattdessen wird er in den Mamertinischen Kerker (Roms Staatsgefängnis) gebracht, um dort auf sein Verfahren zu warten.[36] Er kann zwar Besuch empfangen, doch ist es sehr schwierig, ihn überhaupt zu finden.

---

[33] Da das Reisen im Winter gefährlicher war, sowohl zur See als auch über Land, wählte Paulus sich immer einen Ort aus, wo er den Winter über blieb (z. B. Korinth, Malta, Nikopolis). Dies erklärt auch seine dringende Bitte an Timotheus, sich zu „beeilen, noch vor dem Winter zu kommen" (2 Tim 4,21).

[34] Tit 3,12-13. Möglicherweise hat Paulus statt Tychikus auch einen Mann namens Artemas geschickt.

[35] 2 Tim 4,20.

[36] Paulus verbrachte bis zu 25 Prozent seines apostolischen Dienstes im Gefängnis.

Ein Gläubiger aus Ephesus mit dem Namen Onesiphorus sucht in Rom nach Paulus. Schließlich macht er Paulus ausfindig und ermuntert ihn im Gefängnis, ohne sich dessen Gefangenschaft zu schämen.[37] Auch Tychikus, Demas, Titus und ein Mann namens Kreszenz finden Paulus und bleiben eine Zeit lang bei ihm.[38]

Die Juden in den Gemeinden im Heiligen Land erkennen, dass ein Krieg droht, und beginnen in die Gemeinden von Kleinasien umzusiedeln. Unter ihnen sind auch Philippus und seine vier Töchter, die zur Gemeinde in Hierapolis umziehen.[39]

Der Apostel Johannes zieht nach Ephesus

Da Paulus im Gefängnis ist, kommt der Apostel Johannes nach Ephesus und stößt dort zu Timotheus. Johannes sendet einige seiner Mitarbeiter, um den Gemeinden Kleinasiens zu dienen. In einer dieser Gemeinden trifft er auf einen selbsternannten Volksverführer namens Diotrephes, der sich gegen den Dienst des Johannes und den seiner Mitarbeiter stellt.

Diotrephes Drang, der Erste in der Gemeinde zu sein, ist so stark, dass er Johannes mit bösartigen Verleumdungen anklagt und diejenigen aus der Gemeinde ausschließt, welche die Mitarbeiter aufnehmen wollen, die Johannes gesandt hat.

Auch in Kleinasien hat sich die Irrlehre in die Gemeinden eingeschlichen, die Freiheit der Kinder Gottes sei ein Freibrief zum Sündigen. In den Gemeinden sind falsche Propheten aufgestanden und verbreiten nun diese Irrlehre. Diese falschen Propheten sind „Anti-Christen“. Sie haben die Gemeinden verlassen und das Fundament des Evangeliums Jesu Christi untergraben. Allerdings stehen sie noch immer in Kontakt mit den Gläubigen und führen einige von ihnen mit ihrem verdrehten „Evangelium“ in die Irre.

---

[37] Die römische Kultur des ersten Jahrhunderts wird von den Vorstellungen von Ehre und Schande beherrscht. Wer einmal im Gefängnis war, ist gebrandmarkt. Die öffentliche Bloßstellung, als Krimineller angeklagt zu sein, ist sowohl entwürdigend als auch lebenslang. Zu den Gedanken des Paulus über die Schande siehe Phil 1,12-20; 2 Tim 1,8.11-12.16; 2,9.

[38] 2 Tim 1,16; 4,10-12.

[39] Ihre Gräber liegen in dieser Stadt.

Dies sind ihre Lehren:

- Die stoffliche Welt der Materie ist böse. Daher konnte der „Göttliche Christus" nicht tatsächlich in Menschengestalt auf die Erde kommen. Vielmehr ist er im Geist erschienen und war nicht wirklich ein Mensch aus Fleisch und Blut.[40]
- Jesus war nicht der Sohn Gottes.
- Da die Erlösung die Befreiung von der physischen Welt bedeutet, inklusive des Leibes, ist es fortan nicht mehr wichtig, wie man sich im Leib verhält.
- Da Sünde ein Teil der materiellen Welt ist, existiert sie für einen Christen nicht mehr. Wir (die falschen Propheten) sind ohne Sünde.
- Wir (die falschen Propheten) besitzen durch den Geist Gottes besondere Einsicht, um diese tieferen Wahrheiten erkennen zu können.

Da sie dieses falsche Evangelium angenommen haben, zeigen einige der Geschwister offenen Hass gegen andere. Andere behaupten, niemals gesündigt zu haben, und dass Sünde gar nicht existiere.[41] Johannes fühlt sich gedrängt, ein Evangelium niederzuschreiben, das den wahren Christus vor Augen malt. Ebenso schreibt er einige Briefe, die sich speziell mit der Krise in Kleinasien befassen.

Johannes schreibt sein Evangelium

Zeitpunkt: 65 n. Chr.
Ort: Ephesus
Adressat: unbekannt

Anlass: Johannes stellt Jesus als den himmlischen, ewigen, göttlichen Sohn Gottes vor. Das Buch beinhaltet auch Informationen

---

[40] Diese Verleugnung der Menschwerdung des Herrn wurde später als *Doketismus* bekannt. Doketismus ist die Auffassung, dass Christus unmöglich in einem normalen menschlichen Körper gewohnt haben könne, da alle Materie unrein sei. Sein Körper könne daher nur scheinbar menschlich gewesen sein (griechisch *dokeo* – scheinen).

[41] Dieses Szenario ergibt sich aus den Worten des Johannes in den drei Johannesbriefen.

über den frühen Dienst Jesu Christi unter den Juden, die in den synoptischen Evangelien (Matthäus, Markus und Lukas) nicht enthalten sind. Johannes widmet auch den Festen des Volkes Israel besondere Aufmerksamkeit, während er das Leben des Herrn nachzeichnet.

Johannes schreibt den 1. Johannesbrief

Zeitpunkt: 65 n. Chr.
Ort: Ephesus
Adressat: die Gemeinden in Kleinasien

Anlass: Christus ist Leben, Licht und Liebe, und Er ist im Fleisch gekommen, wurde von Johannes selbst gesehen, gehört und betastet. Johannes widerlegt die gegenwärtig in Kleinasien verbreitete Irrlehre in allen Punkten, indem er das Wesen Gottes in Christus offenbart. Die Frucht dieses Wesens ist Liebe zu den Geschwistern sowie die Weigerung, gewohnheitsmäßig in Sünde zu leben. Alle Christen haben Einsicht („Erkenntnis") vom Heiligen Geist empfangen, und alle besitzen die Salbung des Geistes, der sie darin lehrt, was wahr ist. Johannes ermahnt die Väter, die jungen Männer und die Kinder in der Gemeinde, in Christus zu bleiben. Er schließt den Brief mit Ermahnungen an die Gläubigen, gegenüber falschen Vorstellungen von Gott („Götzen") wachsam zu sein.

Lesen Sie nun den 1. Johannesbrief

Johannes schreibt den 2. Johannesbrief

Zeitpunkt: 65 n. Chr.
Ort: Ephesus
Adressat: Eine unbekannte Ortsgemeinde in Kleinasien

Anlass: Johannes spricht die Gemeinde als eine Frau an („der auserwählten Frau") und ihre Glieder als ihre „Kinder". Der Brief warnt die Gemeinde davor, reisende Lehrer aufzunehmen, die ein falsches Evangelium verbreiten. Johannes ermahnt die Gläubigen, solche Irrlehrer nicht in die Gemeinde zu lassen (die sich in einem Wohnhaus trifft), ja sie nicht einmal zu grüßen. Er schließt mit Grüßen von den Gläubigen in Ephesus, die er als die „Kinder" einer „Schwester"-Gemeinde beschreibt.

Lesen Sie nun den 2. Johannesbrief

Johannes schreibt den 3. Johannesbrief

Zeitpunkt: 65 n. Chr.
Ort: Ephesus
Adressat: Gaius in Kleinasien

Anlass: Johannes dankt Gaius, dass er die apostolischen Mitarbeiter aufgenommen hat, die er (Johannes) gesandt hat. Doch er warnt Gaius vor Diotrephes, der weder Johannes noch dessen Mitarbeiter akzeptiert. (Gaius ist Teil einer nahegelegenen Gemeinde, zu der Diotrephes gehört.) Johannes lobt Gaius für seine Gastfreundschaft und ermahnt ihn, nicht das Böse (d. h. Diotrephes) nachzuahmen. Er verurteilt Diotrephes für dessen Oberherrschaft und Ruhmsucht. Johannes sendet den Brief durch Demetrius, einen seiner Mitarbeiter, den er Gaius sehr empfiehlt.

Lesen Sie nun den 3. Johannesbrief

Krise bei den Gemeinden in Nordwestasien

Die Christen im gesamten Römischen Reich leiden unter schwerer Verfolgung. Petrus hat erfahren, dass besonders die Gemeinden im Nordwesten von Kleinasien massiv unter Druck stehen. Sie sind verzweifelt und brauchen dringend Ermutigung.

Die Verfolgung ist so stark geworden, dass die Heidenchristen in Versuchung stehen, zu ihrem alten, heidnischen Lebensstil zurückzukehren, nur um den auf ihnen lastenden Druck zu mildern.

Einige Gläubige rebellieren wegen der Misshandlungen und Verleumdungen gegen die lokale Obrigkeit. Es gibt Konflikte in den Familien; Männer und Frauen zanken miteinander. In einigen Gemeinden üben die Ältesten zu viel Kontrolle aus in dem Versuch, die Gläubigen inmitten der Unterdrückung zur Treue anzuhalten.[42]

Petrus schreibt den 1. Petrusbrief

Zeitpunkt: 65 n. Chr.
Ort: Rom
Adressat: Die Gemeinden im Nordwesten Kleinasiens: Pontus, Nordgalatien, Kapadozien und Bithynien.

Anlass: Petrus ermutigt seine jüdischen und heidnischen Geschwister in der Zeit des Leidens, von dem auch ihre Mitchristen überall sonst betroffen sind (5,9). Er ermahnt die heidenchristlichen Geschwister, nicht zu ihrem alten Lebensstil als Heiden zurückzukehren. Außerdem ermahnt er die Gemeinde, sich der Obrigkeit unterzuordnen, und gibt praktische Anweisungen dazu, wie Familienmitglieder einander behandeln sollten. Petrus fordert die Ältesten heraus, durch ihr Vorbild zu leiten anstatt durch Zwang. In diesem Brief gebraucht Petrus das allgemeine griechische Wort für Leiden (pascho) insgesamt zwölfmal – so oft kommt es in keinem anderen Brief des Neuen Testaments vor. In Anbetracht seines hervorragenden griechischen Sprachstils wurde der Brief vermutlich von Silas (Silvanus) niedergeschrieben, der sich mit Petrus in Rom aufhält. (Petrus ist ein Fischer aus Galiläa. Obwohl er zweifellos schon von Berufs wegen etwas Griechisch sprechen und schreiben konnte, sind seine schriftstellerischen Fähigkeiten auf Griechisch wohl eher begrenzt.) Petrus schließt den Brief, indem er Grüße von Johannes Markus und der Gemeinde in Rom übermittelt. Er nennt Rom mit dem Codenamen „Babylon“. Petrus sendet den Brief durch Silas, welcher ihn in jeder der Gemeinden vorliest.

---

[42] Dieses Szenario ergibt sich durch „Spiegellesen“ des 1. Petrusbriefes.

Lesen Sie nun den 1. Petrusbrief

Krieg in Jerusalem (Frühjahr 66 n. Chr.)

Der jüdische Aufstand gegen Rom bricht aus. Die nächsten vier Jahre herrscht Krieg zwischen jüdischen Revolutionären und römischen Soldaten. Der Aufstand beginnt in Judäa und breitet sich bald über das ganze Heilige Land aus. In der Stadt Jerusalem herrscht große Aufregung und Spannung. Die Christen verlassen die Stadt und verstreuen sich über die heidenchristlichen Gemeinden außerhalb des Heiligen Landes.

67 n. Chr.

Paulus befindet sich noch immer in Rom in Gefangenschaft. Priszilla und Aquila sind noch in Ephesus und versuchen, die Gemeinde vor der ständigen Bedrohung durch Irrlehren zu retten. Die falschen Lehrer setzen sich jedoch durch, was in Kleinasien dazu führt, dass sich sehr viele vom Dienst des Paulus distanzieren. Da Paulus im Gefängnis sitzt, wollen zudem viele Christen nicht länger mit ihm in Verbindung gebracht werden, da sie selbst fürchten, gefangen genommen zu werden.

Zwei Brüder in Christus namens Phygelus und Hermogenes, denen Paulus vertraut hatte, wenden sich von ihm ab. Demas verlässt Paulus aufgrund seiner Liebe zur Welt und kehrt nach Thessalonich zurück. Paulus sendet nun einen Mann mit Namen Kreszenz nach Kleinasien und Titus nach Dalmatien (Illyrien), um unter den dortigen Gemeinden zu arbeiten. Er schickt Tychikus und Onesiphorus zurück nach Ephesus, um Priszilla und Aquila zu unterstützen.

Für Paulus findet die erste Anhörung *(primo actio)* statt, doch ist niemand zu seiner Unterstützung anwesend.[43] Aufgrund der mangelnden Unterstützung für Paulus wird das Verfahren fortgesetzt. Als Lukas dies erfährt, besucht er Paulus unverzüglich im Gefängnis.[44] Auch einige aus der Gemeinde in Rom, welche die

[43] 2 Tim 4,16.

[44] Dieses Szenario ergibt sich durch „Spiegellesen" des 2. Timotheusbriefes.

Verfolgung durch Nero überlebt haben, besuchen Paulus von Zeit zu Zeit. Unter ihnen sind Eubulus, Pudens, Linus und Claudia.

Paulus sorgt sich um die Zukunft der Gemeinden. Er weiß, dass sein Abscheiden bevorsteht. Paulus sehnt sich danach, Timotheus zu sehen, und betet Tag und Nacht für ihn. Er möchte Timotheus in seiner Berufung ermutigen, ihn ermahnen, im Angesicht seiner Gegner optimistisch und stark zu sein. Auch möchte er ihn vor dem kommenden Abfall warnen und ihn an die immateriellen Dinge erinnern, die er (Paulus) über all die Jahre in ihn hineingelegt hat.

Paulus schreibt den 2. Timotheusbrief

Zeitpunkt: 67 n. Chr.
Ort: Rom
Adressat: Timotheus, der sich in Ephesus aufhält

Anlass: Paulus ermutigt Timotheus und erinnert ihn an die Gefahren und Pflichten im Leben eines apostolischen Arbeiters. Er ermahnt Timotheus, berufene Männer zu trainieren, so wie er selbst (Paulus) Timotheus ausgebildet hat (2,2). Er gibt Timotheus Anweisungen darüber, wie er mit denjenigen umgehen soll, die sich von der Gemeinde abgewandt haben. Er weist ihn an, wie er für die Gemeinde sorgen kann, ermahnt ihn zum Durchhalten im Leid, ruft ihn zur Treue seiner Berufung gegenüber auf und warnt ihn vor dem, was die Zukunft bringen wird.

Paulus erklärt, er sei den christlichen Lauf wohl gelaufen und bereit, für seinen Herrn in den Tod geopfert zu werden. Er ruft Timotheus zur Wachsamkeit auf gegenüber Alexander, dem Schmied. Paulus schließt seinen Brief mit der Bitte an Timotheus, ihn noch vor dem Winter zu besuchen. Er bittet ihn, auch Johannes Markus mitzubringen. Er bittet um seinen Wintermantel (was darauf hindeutet, dass es im Kerker sehr kalt ist) und um seine Schriftrollen und Pergamente, die er alle in Troas zurückgelassen hatte. Paulus sendet Grüße an Priszilla und Aquila sowie den Haushalt des Onesiphorus. Er übermittelt auch Grüße an Timotheus von Eubulus, Pudens, Linus, Claudia und der ganzen Gemeinde in Rom. Lukas schreibt den Brief für ihn nieder.

Lesen Sie nun den 2. Timotheusbrief

Auch Petrus weiß, dass seine Zeit auf der Erde zu Ende geht. Er fühlt sich gedrängt, einen letzten Brief an die Gemeinden in der Zerstreuung (Diaspora) zu schreiben.[45] Er hat es auf dem Herzen, sie an die Dinge Christi zu erinnern, die in sie hineingelegt wurden. Er möchte sie zu einem auch weiterhin unerschütterlichen Wandel im Herrn ermutigen und sie vor kommenden Irrlehrern warnen.[46]

Petrus schreibt den 2. Petrusbrief

Zeitpunkt: 67 n. Chr.
Ort: Rom
Adressat: Die Gemeinden im Nordwesten Kleinasiens: in Pontus, Nordgalatien, Kapadozien und Bithynien

Anlass: Petrus erinnert die Gemeinden an die wahre apostolische Botschaft, die in Gefahr ist. Auch ermutigt er die Gläubigen, ihr geistliches Leben zu pflegen. Petrus warnt die Gemeinden vor dem Kommen falscher Lehrer und deren zerstörerischen Irrlehren, wobei er deren Motive und Lehren detailliert bloßstellt. Er informiert die Gemeinden auch drüber, dass seine Zeit auf dieser Welt zu Ende geht. Petrus schließt den Brief, indem er ihnen die Briefe des Paulus ans Herz legt, die er als „Schrift" bezeichnet.

Lesen Sie nun den 2. Petrusbrief

---

[45] Damit sind die Juden gemeint, die unter die nichtjüdischen Völker (Nationen) zerstreut sind.
[46] Dieses Szenario ergibt sich aus den Worten des Petrus in seinem zweiten Brief.

Paulus und Petrus werden hingerichtet (29. Juni 67 n. Chr.)

Nach der frühen kirchlichen Überlieferung wird Paulus an diesem Tag in Rom unter der Herrschaft Neros enthauptet. Ungefähr zur selben Zeit macht Petrus die Zaubereien des Simon Magus zunichte, der in Neros Gunst steht. Petrus wird ins Gefängnis gesteckt und führt (neben vielen anderen) einen Hauptmann der Wache zu Christus. Petrus wird ausgepeitscht und anschließend gekreuzigt – kopfüber, denn er hält sich nicht für würdig, so wie sein Herr zu sterben.[47]

Auch Aristarch aus Thessalonich, Erastus aus Korinth, Trophimus aus Ephesus, Josef Barsabbas aus Jerusalem und Ananias aus Damaskus, gemeinsam mit vielen anderen Christen, sterben während der Herrschaft Neros den Märtyrertod.[48]

68 n. Chr.

Andreas, der Apostel und Bruder des Petrus, wird in Patras (Griechenland) an einem x-förmigen Kreuz hingerichtet.[49] Lukas wird zusammen mit ihm gekreuzigt.[50] Nachdem Bartholomäus (auch Nathanael genannt), ein weiterer der Zwölf, das Evangelium in Indien, Armenien, Südarabien und Äthiopien gepredigt hat, wird er in Albanos (Armenien) ausgepeitscht und gekreuzigt.[51]

Johannes Markus bringt das Evangelium nach Alexandria in Ägypten. Er verkündet dort, dass der heidnische Gott Serapis wertlos ist, und bringt dadurch die Volksmenge gegen sich auf. Markus wird an einem Seil um den Hals von Pferden durch die Straßen geschleift und über Nacht ins Gefängnis geworfen. Am nächsten Tag wird die Prozedur bis zu seinem Tod wiederholt.

---

[47] So berichtet es die Überlieferung. Jesus hatte den Tod vorhergesagt, den Petrus erleiden würde (siehe Joh 21,18-19).

[48] Auch diese Aussagen basieren auf der kirchlichen Überlieferung.

[49] Die folgenden Ereignisse basieren auf dem Bericht der kirchlichen Überlieferung.

[50] Eine andere Überlieferung besagt, dass Lukas im Alter von 84 Jahren in Böotien eines natürlichen Todes gestorben sei.

[51] Nach einigen Quellen wurde er bei lebendigem Leib mit der Geißel praktisch gehäutet und anschließend kopfüber gekreuzigt.

Nero und Vespasian (9. Juni 68 n. Chr.)

Nach vierzehn Jahren der Herrschaft Neros kann das römische Volk seinen grausamen und abstoßenden Kaiser nicht mehr länger tolerieren. Es kommt zum Aufstand gegen Nero. Der Senat erklärt ihn zum Staatsfeind und lässt ihn von Soldaten suchen. Als Nero das mitbekommt, versteckt er sich im Landhaus eines seiner Freigelassenen außerhalb Roms, wo er Selbstmord begeht. Seine berühmten letzten Worte sind: „Welch einen Künstler verliert die Welt in mir."

Krise bei den Gemeinden in der Zerstreuung

Inzwischen haben Irrlehrer fast unbemerkt die judenchristlichen Gemeinden unterwandert und verbreiten die falsche Lehre, die Gottes Gnade in einen Freibrief zum Sündigen verkehrt. Diese falschen Brüder haben sich erfolgreich als wahre Gläubige ausgegeben und es geschafft, mit der Gemeinde am Mahl des Herrn teilzunehmen.[52] Diese Irrlehrer können wie folgt beschrieben werden:

- Sie verdrehen das Evangelium, indem sie im Namen der Gnade Gottes für sexuelle Freizügigkeit eintreten.
- Sie sind „Träumer" und sehen Visionen, die aus ihnen selbst kommen, nicht aus Gott.
- Sie machen sich über Engel lustig, d. h. sie verachten das Gesetz des Mose, das durch Engel überbracht wurde.
- Sie denken nur an ihre eigenen Bedürfnisse, wenn sie das Mahl des Herrn nehmen.
- Sie sind Nörgler und Schlechtmacher, die statt dem Willen Gottes ihren eigenen Willen durchsetzen wollen.
- Sie sind arrogant und setzen Schmeicheleien ein, um Gottes Volk auszunutzen.
- Sie sind Spötter und lachen über moralische Reinheit und über Gottes Gericht.

[52] Judas beschreibt das Herrenmahl als das „Festmahl der Liebe *(agape)*" (Jud 12).

- Sie haben den Geist Gottes nicht und sorgen für Spaltungen in der Gemeinde.

Judas besitzt eine Abschrift des 2. Petrusbriefes.[53] Er erkennt, dass sich die Voraussage des Petrus über das Kommen von falschen Lehrern vor seinen Augen erfüllt.[54] Judas, dem Halbbruder Jesu und Bruder von „Jakobus, dem Gerechten“, macht dies zu schaffen.[55]

Judas schreibt den Judasbrief

Zeitpunkt: 68 n. Chr.
Ort: unbekannt
Adressat: Die verstreuten Judenchristen in und außerhalb des Heiligen Landes

Anlass: Judas stellt die Irrlehrer bloß, die die Gemeinden unterwandert haben, und kündigt Gottes Gericht über sie an. Er erinnert und ermahnt die Gläubigen, zu dem ursprünglichen Glauben zurückzukehren, welchen ihnen die Apostel überbracht haben, und für diesen Glauben zu kämpfen.

Lesen Sie nun den Judasbrief

Dezember 69 n. Chr.

Vespasian wird offiziell zum Kaiser von Rom ausgerufen.

70 n. Chr.

Vespasian hat in Alexandria zu tun. Während seiner Abwesenheit von Rom setzt er seinen älteren Sohn Titus über alle militärischen

[53] Vermutlich erhielt er die Abschrift von Silas.

[54] Petrus sagte das Auftreten von Irrlehrern in 2 Petr 2,1 ff. voraus. Judas bezieht sich in Jud 17 ff. auf diese Prophetie (vgl. Jud 17-18 mit 2 Petr 3,3). In seinen Worten über die Irrlehrer bedient sich Judas stark aus dem 2. Petrusbrief (vgl. Jud 4-18 mit 2 Petr 2,1–3,3).

[55] Dieses Szenario ergibt sich aus den Worten des Judasbriefes.

Angelegenheiten. Seinem jüngeren Sohn Domitian überträgt er die kaiserliche Macht über das Reich.

Domitian verbannt den Apostel Johannes wegen seines Zeugnisses für Jesus Christus auf die Insel Patmos.[56] Johannes wird verurteilt, in den Minen der Insel zu arbeiten (die Insel Patmos ist etwa 13 km lang und 8 km breit und liegt ungefähr 80 km südwestlich von Ephesus).

Johannes schreibt die Offenbarung

Zeitpunkt: 70 n. Chr.
Ort: die Insel Patmos
Adressat: sieben Gemeinden in Kleinasien.

Anlass: Auf der Insel Patmos empfängt Johannes eine symbolische Vision von Jesus Christus und dem zukünftigen Ratschluss Gottes. Der Herr Jesus gibt Johannes den Auftrag, die Vision in einem Buch niederzuschreiben und an die sieben Gemeinden in Kleinasien zu senden (Kapitel 1,10-11). Die Offenbarung umfasst das, „was jetzt geschieht, und das, was später geschehen wird" (Kapitel 1,19).

Lesen Sie nun die Offenbarung

[56] Aufgrund der kirchlichen Überlieferung, dass es Domitian war, der Johannes auf die Insel Patmos verbannte, datieren viele Gelehrte das Buch der Offenbarung in die Zeit der Herrschaft Domitians als Kaiser in den neunziger Jahren des ersten Jahrhunderts. Domitian regierte allerdings bereits im Jahr 70 n. Chr. während der Abwesenheit seines Vaters aus Rom vorübergehend mit kaiserlicher Macht. Die inneren Indizien der Offenbarung weisen darauf hin, dass sie noch vor der Zerstörung Jerusalems geschrieben wurde. (Näheres siehe John A. T. Robinson: *Redating the New Testament*, Westminster Press, Kapitel 8.) Die wenig bekannte Tatsache der vorübergehenden Herrschaft Domitians passt sehr gut zu den inneren Hinweisen der Offenbarung und dem Zeugnis der Kirchengeschichte.

Die Belagerung Jerusalems durch die Römer (Mai bis August 70 n. Chr.)

Die Bevölkerung von Jerusalem beträgt nun etwa 600000 Menschen. Titus, der Sohn von Kaiser Vespasian, marschiert mit seinen Truppen gegen Jerusalem und nimmt die äußere Stadt ein. Die römischen Armeen reißen die erste und zweite Mauer Jerusalems nieder. Es beginnt eine Massenhinrichtung der Überlebenden. Außerhalb der Stadt finden bis zu 500 Kreuzigungen pro Tag statt.[57]

In der inneren Stadt beginnt nun der Hunger. Als der Hunger seinen Tribut fordert, greifen manche unter den Juden zu Kindermord und Kannibalismus, um zu überleben. Die Römer zerstören den Turm der Festung Antonia und sind angesichts der Zustände innerhalb der Stadt – einschließlich des Kannibalismus – völlig schockiert.

Die Römer nehmen den Tempel und die Stadt ein. Sie dringen in den Tempel ein und setzen ihn fahrlässig in Brand. Der Tempel wird entweiht und schließlich völlig zerstört.[58] Die Christen haben sich an die Warnung Jesu in Lukas 21,20-24 erinnert und sind bereits aus der Stadt geflohen.[59] Während der Belagerung sterben nicht weniger als eine Million Menschen und über 90000 werden in Gefangenschaft geführt.

Die Gemeinde von Jerusalem ist erneut zerstreut. Die jüdischen Christen sind nun gezwungen, sich in den heidenchristlichen Gemeinden, die Paulus und seine Mitarbeiter überall im Römischen Reich gepflanzt haben, mit ihren „unreinen", vom Gesetz freien heidenchristlichen Brüdern an einen Tisch zu setzen und mit ihnen zu essen.[60]

---

[57] Nach Aussage des jüdischen Geschichtsschreibung Josephus fällten die Römer zur Herstellung der Kreuze so viele Bäume, dass die Wälder auf den Hügeln rund um Jerusalem anschließend restlos abgeholzt waren.

[58] Dieser Bericht stammt von dem jüdischen Geschichtsschreiber Josephus.

[59] Der Kirchenhistoriker Eusebius (oft als der „Vater der Kirchengeschichte" bezeichnet) berichtet, dass die Christen von Gott übernatürlich gewarnt und zur Flucht aufgerufen wurden, bevor das Blutbad begann. Viele von ihnen zogen in die griechische Stadt Pella in der Region Peräa, östlich des Jordans (im heutigen Jordanien).

[60] Einige wenige Hartnäckige führten die Irrlehre der Ebioniten ein, die die Schriften des Paulus, die jungfräuliche Geburt und die Gottheit Jesu ablehnten. Außerdem traten sie dafür ein, dass alle Nachfolger Jesu das mosaische Gesetz halten müssten.

Die Gemeinde nach dem Jahr 70

Der Apostel Johannes wird aus der Verbannung auf der Insel Patmos entlassen. Er kehrt nach Ephesus zurück, wo er den Rest seines Lebens verbringt. Johannes stirbt im Jahr 98 n. Chr. im Alter von 100 Jahren eines natürlichen Todes.

Der Abfall vom Glauben, den Paulus und Petrus prophezeit haben, greift weiter um sich. Silas bringt das Evangelium auf die Insel Rhodos. Danach zieht er in den Norden Griechenlands, wo er später stirbt.[61] Philippus, ein weiterer der zwölf Apostel, hat einen mächtigen Dienst in Karthago (Nordafrika). Später zieht er nach Kleinasien, wo er die Frau eines römischen Statthalters (Proconsul) zum Glauben führt. Zur Vergeltung lässt der Statthalter Philippus verhaften und grausam hinrichten.

Matthäus (auch Levi genannt), einer der Zwölf, verbreitet das Evangelium in Persien, Ägypten und Äthiopien. Er wird mit einem Speer in Nadabah in Äthiopien getötet.

Matthias, der einst Judas Iskariot ersetzte, verkündigt Christus in Kleinasien und Syrien. Er wird in Syrien verbrannt.[62]

Thomas (auch „Zwilling" genannt), einer der Zwölf, bringt das Evangelium nach Syrien und Indien. Er predigt zu Parthern, Medern und Persern. Thomas wird 72 n. Chr. von brahmanischen Priestern in Mylapore (Indien) erstochen. Barnabas stirbt 73 n. Chr. in Salamis auf Zypern den Märtyrertod.

Simon der Zelot und Judas (auch Thaddäus genannt), zwei weitere der Zwölf Apostel, bringen das Evangelium nach England. Danach gehen sie nach Persien, um Christus zu verkündigen, und werden dort 79 n. Chr. von einer aufgebrachten Volksmenge zerrissen.[63]

---

[61] Diese Aussagen basieren auf der kirchlichen Überlieferung.

[62] Nach anderen Überlieferungen soll er in Jerusalem von den Juden gesteinigt und enthauptet, von den Juden mit einer Lanze oder einer Axt getötet oder von den Römern gekreuzigt worden sein.

[63] Eine andere Überlieferung besagt, Simon sei 74 n. Chr. in England als Märtyrer gestorben.

Auch Jakobus, der Apostel und Sohn des Alphäus, predigt das Evangelium in Persien, wo er im Alter von 94 Jahren von den Juden geschlagen und zu Tode gesteinigt wird.[64]

Im Jahr 96 n. Chr. stirbt Titus auf der Insel Kreta, Timotheus ein Jahr später in Ephesus. Er wird zu Tode gesteinigt, nachdem er gegen die Festlichkeiten zu Ehren der heidnischen Göttin Diana (Artemis) protestiert hat.

Nach dem Tod der Apostel und ihrer Mitarbeiter beginnt das Licht der Gemeinde des ersten Jahrhunderts zu verblassen. Ihre Herrlichkeit wird durch von Menschen gemachte Systeme und menschliche Überlieferungen langsam ersetzt, die ihr Licht verdecken.[65] Doch Gott gibt seinen ewigen Plan mit der Gemeinde nicht auf. Durch die Jahrhunderte hindurch arbeitet er daher weiter an der Wiederherstellung ihrer ursprünglichen Einfachheit und Herrlichkeit ... bis hin zu der Zeit, wenn sie – die Ekklesia, die Gemeinschaft des Königs, die Braut Christi – sich für ihren Bräutigam bereit gemacht hat.[66]

---

[64] Eine andere Überlieferung besagt, Jakobus sei gekreuzigt worden.

[65] In meinem Buch *Heidnisches Christentum?* finden Sie Einzelheiten darüber, wie die Gemeinde menschliche Überlieferungen angenommen, „getauft" und in den christlichen Glauben eingefügt hat.

[66] Zur Einführung in die Geschichte von Gottes Werk der Wiederherstellung durch die Jahrhunderte empfehle ich folgende Bücher: John Kennedy – „The Torch of the Testimony" (SeedSowers), E. H. Broadbent – „Gemeinde Jesu in Knechtsgestalt. Ein Gang durch ihre zweitausendjährige Geschichte" (Hänssler Verlag), Charles Schmitt – „Floods Upon Dry Ground" (Destiny Image).

Kapitel 14

Vierter Akt:

Der Sohn kehrt auf die Erde zurück

Und der siebente Engel posaunte: und es geschahen laute Stimmen im Himmel, die sprachen: Das Reich der Welt ist unseres Herrn und seines Christus geworden, und er wird herrschen von Ewigkeit zu Ewigkeit (Offb 11,15).

Er tat das, damit er die Gemeinde sich selbst verherrlicht darstellte, die nicht Flecken oder Runzel oder etwas dergleichen habe, sondern dass sie heilig und tadellos sei (Eph 5,27).

Er hat uns ja das Geheimnis seines Willens zu erkennen gegeben nach seinem Wohlgefallen, das er sich vorgenommen hat in ihm, für die Verwaltung [bei] der Erfüllung der Zeiten: alles zusammenzufassen in dem Christus, das, was in den Himmeln, und das, was auf der Erde ist – in ihm (Eph 1,9-10).

Er (der Vater) wird den Jesus Christus senden, der euch zuvor gepredigt wurde! Den muss freilich der Himmel aufnehmen bis zu den Zeiten der Wiederherstellung aller Dinge, von denen Gott durch den Mund seiner heiligen Propheten von jeher geredet hat (Apg 3,20-21).

Dann das Ende, wenn er das Reich dem Gott und Vater übergibt; wenn er alle Herrschaft und alle Gewalt und Macht weggetan hat. Denn er muss herrschen, bis er alle Feinde unter seine Füße gelegt hat. Als letzter Feind wird der Tod weggetan (1 Kor 15,24-26).

Die Stunde ist gekommen. Der Sohn Gottes kehrt auf die Erde zurück, um seine geliebte Braut zu sich zu nehmen ... denn sie hat sich bereit gemacht. Der Sohn stellt seine Braut vor sich und dann vor den Vater. Der Sohn richtet sein Reich auf der Erde auf und regiert über alle Dinge. Er stellt alles unter Seine Füße – sogar den Tod, als den letzten Feind. Der Sohn versöhnt das Universum mit sich selbst und bringt alle Dinge in den Gehorsam gegenüber seiner Herrschaft. Jesus Christus ist nun der König aller Könige und Herr aller Herren, Eigentümer des Himmels und der Erde. Er überragt alles und steht über allem. Dann übergibt der Sohn alles, was er in sich und zu sich versammelt hat, zurück an den Vater.

Die Geschichte setzt sich in der zeitlosen Zukunft fort ...

KAPITEL 15

Letzter Akt: Gott in der ewigen Zukunft

Und ich sah einen neuen Himmel und eine neue Erde; denn der erste Himmel und die erste Erde waren vergangen, und das Meer ist nicht mehr. Und ich sah die Heilige Stadt, das neue Jerusalem, aus dem Himmel von Gott herabkommen, bereitet wie eine für ihren Mann geschmückte Braut. Und ich hörte eine laute Stimme vom Thron her sagen: Siehe, das Zelt Gottes bei den Menschen! Und er wird bei ihnen wohnen, und sie werden sein Volk sein, und Gott selbst wird bei ihnen sein, ihr Gott.
Und es kam einer von den sieben Engeln, welche die sieben Schalen hatten, voll der sieben letzten Plagen, und redete mit mir und sprach: Komm her! Ich will dir die Braut zeigen, die Frau des Lammes (Offb 21,1-3.9).

Denn alles hat er seinen Füßen unterworfen. Wenn es aber heißt, dass alles unterworfen sei, so ist klar, dass der ausgenommen ist, der ihm alles unterworfen hat. Wenn ihm aber alles unterworfen ist, dann wird auch der Sohn selbst dem unterworfen sein, der ihm alles unterworfen hat, damit Gott alles in allem sei (1 Kor 15,27-28).

Raum und Zeit sind nicht mehr. Nichts existiert mehr außer der Gemeinschaft der Dreieinigkeit: Gott, der Vater, Gott, der Sohn und Gott, der Heilige Geist. Und eine weitere Person gehört nun dazu: eine Frau, die Braut. Und diese besteht aus der Gemeinschaft der Erlösten. Der Sohn nimmt seine Braut in die Einheit der Ehe hinein; und die *Braut* – eine Jungfrau – wird zur *Ehefrau* des Lammes.

Diese Frau war von Ewigkeit her im Sohn verborgen. Aber jetzt, in der zukünftigen Ewigkeit, ist sie vollkommen offenbart und in die Einheit mit Gott gebracht. Diese Frau ist die Gemeinde. Sie ist das Geheimnis, das von Grundlegung der Welt an in Gott verborgen war. Und Sie, lieber Christ, sind ein Teil von ihr!

Die drei Personen der göttlichen Gemeinschaft vollenden ihren Plan, ihre Gemeinschaft zu erweitern – Jesus und seine Frau erleben Einheit mit und in Gott. Der Sohn bringt alles, was er ererbt hat, zum Vater zurück, und Gott wird *Alles in Allem*.

Nachwort

Die Geschichte, welche Sie soeben gelesen haben, ist die weithin unbekannte Geschichte von Gottes ewigem Plan. Es ist die Geschichte von Jesus Christus und seinem herrlichen Gegenüber – der Ekklesia – der Gemeinde – jener geistlichen Gemeinschaft, welche die Gemeinschaft in Gott auf Erden widerspiegelt.

Das Neue Testament enthält den ergreifenden Bericht über das Leben ihres Herrn auf dieser Erde, über ihre Empfängnis, ihre Geburt, über die ersten Jahre ihres Lebens auf der Erde und ihre Bestimmung. Sie selbst, gemeinsam mit ihrem Bräutigam, dem Herrn Jesus Christus, ist Gottes zentraler und verzehrender Gedanke. Er ... und sie ... sind das zentrale Thema des gesamten Neuen Testaments.

Und weil Sie selbst ein Teil von ihr sind – Teil dieser himmlischen Gemeinschaft, der Braut Jesu Christi –, ist diese Geschichte auch *Ihre* Geschichte!

Anhang

1. Verzeichnis der neutestamentlichen Bücher

2. Verzeichnis der Gemeinden im Neuen Testament (alphab.)

Literaturverzeichnis

Dieses einfache Literaturverzeichnis erhebt keinen Anspruch auf Vollständigkeit. Es stellt vielmehr den Versuch dar, dem Leser die Quellen für dieses Buch zur Verfügung zu stellen. Allgemein diskutierte Themen wie die Nord- gegen die Südgalatische These, die Theorie, dass Paulus in Ephesus im Gefängnis war, und der Gelehrtenstreit über die Chronologie des Neuen Testaments, die Datierung, den Ursprung und die Autorenschaft der einzelnen Bücher des NT werden in vielen dieser Bücher behandelt.

Gottes zentrales Anliegen, Gemeinschaften zu gründen, die sein Wesen widerspiegeln

Austin-Sparks, T. *The Stewardship of the Mystery: Volumes 1 & 2,* Testimony Book Ministry.

Giles, Kevin. *What on Earth is the Church? An Exploration in New Testament Theology,* InterVarsity Press.

Grenz, Stanley. *Theology for the Community of God,* Eerdmans.

Lohfink, Gerhard. *Jesus and Community,* Fortress Press.

Miller, Hal. *Christian Community: Biblical or Optional?,* Servant Books.

Nee, Watchman. *The Glorious Church,* Living Stream Ministry.
The Mystery of Christ, Living Stream Ministry.

Snyder, Howard. *The Community of the King,* InterVarsity Press.

Leben und Dienst des Paulus

Ball, Charles Ferguson. *The Life and Times of the Apostle Paul,* Tyndale.

Bornkamm, Gunther. *Paul,* Harper and Row.

Bruce, F. F. *In the Steps of the Apostle Paul,* Kregel.
Jesus and Paul: Places They Knew, Thomas Nelson.
Paul: Apostle of the Heart Set Free, Eerdmans.
The Pauline Circle, Paternoster Press.

Coneybeare, W. J. and J. S. Howson. *The Life and Epistles of St. Paul,* Eerdmans.

Galli, Mark, ed. *Paul and His Times: Christian History Magazine,* Christianity Today Publishers.

Glover, T. R. *Paul of Tarsus,* Hendrickson.

Grant, Michael. *Paul in the Roman World: The Conflict at Corinth,* Westminster Press.

Hawthorne, Gerald F., *Ralph P. Martin, Daniel G. Reid, eds. Dictionary of Paul and His Letters,* InterVarsity Press.

Hengel, Martin. *Paul Between Damascus and Antioch: The Unknown Years,* John Knox Press.

Meinardus, Otto F. A. *St. Paul in Ephesus and the Cities of Galatia and Cyprus,* Lycabettus Press.
St. Paul in Greece, Lycabettus Press.
St. Paul's Last Journey, Melissa Media (or Caratzas Brothers Publishing).
St. John of Patmos and the Seven Churches of the Apocalypse, Lycabettus Press.

Marshall, David. *Footprints of Paul,* Autumn House.

Murphy-O'Connor, Jerome. *Paul: A Critical Life,* Clarendon Press.
Paul the Letter-Writer: His World, His Options, His Skills, The Liturgical Press.

Pollock, John. *The Man Who Shook the World,* Victor Books.

Porter, Stanley *E. Paul in Acts,* Hendrickson.

Riesner, Rainer. *Paul's Early Period: Chronology, Mission Strategy,* Theology, Eerdmans.

Ramsey, W. M. *St. Paul the Traveler and Roman Citizen,* Hodder and Stoughton.

Smith, David. *Life and Letters of St. Paul,* Harper Brothers.

White, Jefferson. *Evidence & Paul's Journeys.* Parsagard Press.

Winter, Bruce. *When Paul Left Corinth: The Influence of Secular Ethics and Social Change,* Eerdmans.

Witherington, Ben. *The Paul Quest: The Renewed Search for the Jew of Tarsus,* InterVarsity Press.

Worth, Roland H. *The Seven Cities of the Apocalypse and Greco-Asian Culture,* Paulist Press.

Der Bericht der Apostelgeschichte

Bruce, F. F. *The Acts of the Apostles: Greek Text with Introduction and Commentary,* Wipf & Stock.
The Book of the Acts (Revised, 1988 Edition), Eerdmans.

Hemer, Colin J. *The Book of Acts in the Setting of Hellenistic History,* J. C. B. Mohr.

Guthrie, Donald. *The Apostles,* Zondervan.

Marshall, I. Howard. *The Acts of the Apostles,* InterVarsity Press.

Scroggie, W. Graham. *The Unfolding Drama of Redemption: Volume 2,* Kregel.

Wenham, David and Steve Walton. *Exploring the New Testament: A Guide to the Gospels and Acts,* Society for Promoting Christian Knowledge.

Winter, Bruce, ed. *The Book of Acts in Its First Century Setting* (6 Volumes), Eerdmans.
Volume 1: The Book of Acts in Its Ancient Literary Setting, Eerdmans.
Volume 2: The Book of Acts in Its Graeco-Roman Setting, Eerdmans.

Volume 3: The Book of Acts and Paul in Roman Custody, Eerdmans.
Volume 4: The Book of Acts in Its Palestinian Setting, Eerdmans.
Volume 5: The Book of Acts in Its Diaspora Setting, Eerdmans.
Volume 6: The Book of Acts in Its Theological Setting, Eerdmans.

Witherington, Ben. *The Acts of the Apostles: A Socio-Rhetorical Commentary,* Eerdmans.

Die Briefe des Neuen Testaments

Bruce, F. F. *The Epistles of John,* Eerdmans.

Guthrie, Donald. *New Testament Introduction,* InterVarsity Press.

Marshall, I. Howard, Steven Travis, & Ian Paul. *Exploring the New Testament: A Guide to the Letters & Revelation,* InterVarsity Press.

New Century Bible (New Testament Series), Oliphants.

New International Biblical Commentary (New Testament Series), Hendrickson.

Roetzel, Calvin. *The Letters of Paul: Conversations in Context,* Westminster John Knox Press.

The New International Commentary of the New Testament, Eerdmans.

The New International Greek Testament Commentary, Eerdmans.

The Tyndale New Testament Commentaries, InterVarsity Press.

Witherington, Ben. *Grace in Galatia: A Commentary on Paul's Letter to the Galatians,* Eerdmans.
Conflict & Community in Corinth: A Socio-Rhetorical Commentary on 1 and 2 Corinthians, Eerdmans.
Paul's Letter to the Romans: A Socio-Rhetorical Commentary, Eerdmans.
Revelation, The New Cambridge Bible Commentary.

Word Biblical Commentary (New Testament Portion), Word Books.

Leben im Römischen Reich

Blaiklock, E. M. *Cities of the New Testament,* Fleming Revell.

Casson, Lionel. *Everyday Life in Ancient Rome,* John Hopkins University Press.

Travel in the Ancient World, John Hopkins University Press.

Corbishley, Mike. *What Do We Know About the Romans?,* Peter Bedrick Books.

Cornell, Tim and John Matthews. *Atlas of the Roman World,* Facts on File, Inc.

Durant, Will. *Caesar and Christ,* Simon and Schuster.

Harris, William. *Ancient Literacy,* Harvard University Press.

Goodenough, Simon. *Citizens of Rome,* Crown Publishers.

King, Marie Gentert, ed. *Foxe's Book of Martyrs,* Spire Books.

Lampe, Peter. *From Paul to Valentinus: Christians at Rome in the First Two Centuries,* Fortress.

Liversidge, Joan. *Everyday Life in the Roman Empire*, G. P. Putnam's Sons.

Macaulay, David. City: *A Story of Roman Planning and Construction*, Houghton Mifflin Co.

Marks, A. J. and G. I. F. Tingay. *The Romans*, EDC Publishing.

Ramsey, W. M. *The Church in the Roman Empire*, G. P. Putnam's Sons.

Rhoads, David M. *Israel in Revolution 6-74 C. E.*, Fortress Press.

Saller, Richard. *The Roman Empire: Economy, Society, and Culture*, Berkeley.

Smallwood, E. Mary. *The Jews Under Roman Rule*, Leiden.

Winter, Bruce. *Roman Wives, Roman Widows: The Appearance of New Women and the Pauline Communities*, Eerdmans.
Seeking the Welfare of the City: Christians as Benefactors and Citizens, Eerdmans.

Der gesellschaftliche, kulturelle und politische Hintergrund der Gemeinde des Neuen Testaments

Barr, David. *An Introduction: New Testament Story*, Wadsworth Publishing Company.

Bruce, F. F. *New Testament History*, Doubleday.

Peter, Stephen, James & John: Studies in Non-Pauline Christianity, Eerdmans.

Evans, Craig and Stanley Porter, eds. *Dictionary of New Testament Background*, InterVarsity Press.

Ferguson, Everett. *Backgrounds of Early Christianity*, Eerdmans.

Jeffers, James. *The Greco-Roman World of the New Testament Era: Exploring the Background of Early Christianity*, InterVarsity Press.

Judge, E. A. *The Social Pattern of Christian Groups in the First Century*, Tyndale Press.

Malherbe, Abraham J. *Social Aspects of Early Christianity*, Fortress Press.

Martin, Ralph P. and Peter Davids, eds. *Dictionary of the Later New Testament & Its Development*, InterVarsity Press.

Meeks, Wayne. *The First Urban Christians: The Social World of the Apostle Paul*, Yale University Press.
The Moral World of the First Christians, John Knox Press.

Miller, Wayne D. *New Testament Churches*, Miller Publications.

Stambaugh, John E. and David L. Balch. *The New Testament in Its Social Environment*, The Westminster Press.

Stark, Rodney. *The Rise of Christianity: A Sociologist Reconsiders History*, Princeton University Press.

Stowers, Stanley. *Letter Writing in Greco-Roman Antiquity*, John Knox Press.

Theissen, Gerd. *Social Reality and the Early Christians: Theology, Ethics, and the World of the New Testament*, Fortress Press.

Tidball, Derek. *The Social Context of the New Testament: Sociological Analysis*, Zondervan.

Witherington, Ben. *New Testament History: A Narrative Account*, Baker Books.

Die Chronologie der Gemeinde im ersten Jahrhundert

Barker, Kenneth, ed. „Timeline of Paul's Life", *The NIV Study Bible*, Zondervan.

Bruce, F. F. *Chronological Questions in the Acts of the Apostles*, J. Rylands.

Finegan, Jack. *Handbook of Biblical Chronology*, Princeton University Press.

Gunther, John J. Paul: *Messenger and Exile: A Study in the Chronology of His Life and Letters*, Judson Press.

Hoehner, Harold. „A Chronological Table of the Apostolic Age", *Chronological and Background Charts to the New Testament*, ed. H. Wayne House, Zondervan.
Chronological Aspects of the Life of Christ, Zondervan.
„New Testament Chronology", *Nelson's Illustrated Bible Dictionary*, Nelson.

Jewett, Robert. *A Chronology of Paul's Life*, Fortress Press.

Ludemann, Gerd. *Paul, Apostle to the Gentiles: Studies in Chronology*, Fortress.

Ogg, George. *The Chronology of the Life of Paul*, Epworth.
„Chronology of the New Testament", *New Bible Dictionary (Second Edition)*, InterVarsity Press.

Piper, John. „New Testament Chronology", *Encyclopedia of the Bible*, Baker.

Robinson, John A. T. *Redating the New Testament*, The Westminster Press.

Chronologische und/oder datierte Bibelausgaben

Acts in First-Person by the Men Who Lived It, SeedSowers.

Berkeley Version of the New Testament by Gerrit Verkuyl, Zondervan.

The Greatest Story by Johnston Cheney, Multnomah.

The Letters of Paul: An Expanded Paraphrase by F. F. Bruce, Eerdmans.

The Narrated Bible in Chronological Order by F. LaGard Smith, Harvest House.

The New Testament: A Translation by William Barclay, Westminster/John Knox Press.

The Seamless Bible, Destiny Image.

The Story of My Life as Told by Jesus Christ, SeedSowers.

Über den Verfasser

Frank Viola ist eine einflussreiche Stimme in der heutigen Hausgemeinde-Bewegung. Er ist ein beliebter Sprecher auf Tagungen und Konferenzen und hat zahlreiche Bücher über vertieftes christliches Leben und die radikale Wiederherstellung der Gemeinde verfasst.

Franks Homepage *www.FrankViola.com* bietet viele kostenlose Materialien, die Ihnen dabei helfen können, die Aussagen dieses Buches in der Praxis anzuwenden, darunter Vortragsmitschnitte, ein interaktiver Blog, ein monatlicher Newsletter, Artikel und vieles mehr. Frank lebt mit seiner Familie in Gainesville, Florida.
Weitere Bücher von Frank Viola, die bereits erschienen sind:

- (zus. mit George Barna) *Heidnisches Christentum? – Über die Hintergründe mancher unserer vermeintlich biblischen Gemeindetraditionen*
- *Ur-Schrei – Gottes Herzensanliegen seit ewigen Zeiten*
- *Ur-Gemeinde – Wie Jesus sich seine Gemeinde eigentlich vorgestellt hatte*
- *Ur-Praxis – Gründung und Aufbau organischer Gemeinden*
- *Jesus-Manifest* (zus. mit Leonard Sweet)
- *Jesus-Epos*

Weitere Bücher von GloryWorld-Medien

„Kirche nach dem Herzen Gottes"

Wayne Jacobsen

Die Gemeinschaft der Neuen Schöpfung

Wie wir sie finden und warum es noch so viel mehr gibt

272 S.; Paperback

Seit über 50 Jahren beschäftigt den Autor die Frage nach der authentischen neutestamentlichen Gemeinde. Er hat sie schließlich an den ungewöhnlichsten Orten entdeckt und möchte uns dabei helfen, diese unglaubliche, von Jesus geformte Braut zu finden.

Dazu betrachtet er die Gemeinde aus Gottes Sicht. Sie beginnt im Herzen Einzelner und fügt sich dann zu einer weltweiten Gemeinschaft von Menschen zusammen, die untereinander Gottes Herrlichkeit zum Ausdruck bringen.

Frank Krause, Die Armee

Impulse zur aktuellen geistlichen Revolution; 300 S., Pb.

Die Zukunft hat begonnen. Das Verlangen nach Wahrheit, Orientierung und positiven Visionen schwillt an wie eine Flut. Menschen wollen definitiv wissen, wie sie vom Heiligen Geist verwandelt werden können, um in die Dimension der Herrlichkeit Gottes und die enge Beziehung mit Jesus, genannt „Jüngerschaft", eintreten zu können.

Sie sind bereit, dafür zu kämpfen und alle Hindernisse zu überwinden. Sie haben das Spiel religiöser Nichtigkeit und frommen Missbrauchs satt und wollen zu Jesus selbst finden und mit ihm gehen – in Liebe und Wahrheit.

Larry Crabb, Orte der Geborgenheit und Heilung

Auf dem Weg zu authentischen geistlichen Gemeinschaften

280 S.; Paperback

In diesem bahnbrechenden Buch stellt uns Larry Crabb ein inspirierendes Bild vor Augen, was Kirche bzw. Gemeinde, ja auch jede Ehe, Familie und Kleingruppe eigentlich sein könnte: eine echte geistliche Gemeinschaft, ein Ort, an dem nicht erwartet wird, dass man schon eine gewisse Perfektion erreicht hat, sondern wo sich Menschen miteinander auf den Weg zu Gott machen.

In *Orte der Geborgenheit und Heilung* befasst sich Larry Crabb mit einem solchen Ort, an dem Gott Menschen heilen kann und an dem sie wieder miteinander in Verbindung kommen und letztlich auch mit ihm.

Wayne Jacobsen / Dave Coleman

Der Schrei der Wildgänse

Aufbrechen zu einem freien Leben in Christus jenseits von Religion und Tradition; 220 Seiten, Paperback

Wie können wir heute als Einzelne und in Gemeinschaft in der Freiheit leben, zu der uns Christus befreit hat? Wie können wir religiöse Zwänge entlarven, die uns diese Freiheit immer wieder rauben wollen?

Die Autoren beantworten diese Fragen mitten aus dem Leben. Sie zeigen auf, wie wir heute ganz praktisch mit Jesus leben und eine Freude und eine Freiheit erleben können, von der wir bisher bestenfalls träumen konnten.

Larry Kreider

Authentisches geistliches Mentoring

Anderen helfen, im Glauben zu reifen; 240 Seiten, Pb.

Es ist kein Geheimnis, dass es einen großen Bedarf an geistlichen Vätern und Müttern gibt, die Mentoren für jüngere Christen sein können. Mit diesem praktischen Handbuch gibt uns Larry Kreider bewährte biblische Prinzipien an die Hand, sodass Mentor-Beziehungen gelingen.

Er stellt insbesondere das Mentoring-Modell Jesu vor und zeigt auf, wie wir dieses in unserer geistlichen Familie anwenden können. Ob Sie nun einen geistlichen Mentor suchen oder einer werden wollen – dieses Buch ist gleichermaßen für Sie geeignet!

Mike & Sue Dowgiewicz

Zeiten der Wiederherstellung

Fundamente für ein authentisches Christsein; Fundamente für die Endzeitgemeinde; 320 Seiten, gebunden

Wie können wir die Vertrautheit und Vollmacht der ersten Christen zurückgewinnen?

Dieses Buch lädt zu einer Entdeckungsreise ein. Sie lernen die Charakteristiken des urgemeindlichen, noch hebräisch geprägten Lebensstils kennen, aber auch die Fehlentwicklungen der frühen Kirche. Im Wesentlichen bietet es jedoch eine Orientierung auf dem Weg zu geistlicher Erneuerung.

Bestellen Sie im Buchhandel oder direkt beim Verlag:

GloryWorld-Medien | Beit-Sahour-Str. 4 | D-46509 Xanten
Fon: 02801-9854003 | Fax: 02801-9854004 | info@gloryworld.de

Aktuelles, Leseproben, Downloads & Shop: **www.gloryworld.de**